서울대 석학이
알려주는
자녀교육법

문해력

서울대 석학이 알려주는
자녀교육법

문해력

초판 1쇄 발행 2024년 1월 18일

지은이　최나야

펴낸곳　서울대학교출판문화원
주소　08826 서울 관악구 관악로 1
도서주문　02-889-4424, 02-880-7995
홈페이지　www.snupress.com
페이스북　@snupress1947
인스타그램　@snupress
이메일　snubook@snu.ac.kr
출판등록　제15-3호

ISBN 978-89-521-3400-4 04370
　　　978-89-521-3396-0 (세트)

ⓒ 최나야, 2024

이 책은 저작권법에 의해서 보호를 받는 저작물이므로
무단 전재와 복제를 금합니다.

서울대 석학이 알려주는 자녀교육법

문해력

최나야 지음

서울대학교출판문화원

발간사

부모에게 자녀교육은 가장 큰 관심사입니다. 부모는 자녀들이 공부를 잘해서 원하는 직업을 갖고 행복하게 살길 원합니다. 문제는 대부분의 부모가 자녀교육에서는 초보자라는 것입니다. 관련 교육을 받은 적도 없고, 자녀가 많은 경우도 흔치 않기에 시행착오를 통해 배우기도 어렵습니다. 그래서 자신이 공부한 경험에 비추어 보거나, 주변 사람의 조언을 듣거나, 학원 면담을 받아 가면서 아이들을 키웁니다.

　다행히도 아이들의 교육과 성장에 대한 연구 결과가 많이 쌓여 있고, 그것을 연구하고 가르치는 교수님들이 계십니다. 이런 전문 지식을 활용하여 젊은 부모들이 자녀들을 잘 키우는 데 도움을 주고자 이 시리즈를 기획했습니다. 부모들이 많은 관심을 가진 여덟 가지 주제를 선정하고 그 분야에서 가장 전문성이 높은 서울대학교 교수님들과 함께 강의 동영상을 제작하고 책을 출간하게 되었습니다.

　이 시리즈를 출간하는 과정에서 많은 분들이 도움을 주셨습니다. 교육과 연구로 매우 바쁘신 중에도 시리즈의 기획 취지에 공감하여 작업에 동참해 주신 여덟 분의 교수님께 진심으로 감사드립니다. 부모들과 학생들의 주요 관심사항을 심층 조사해서 독자들께 도움을 줄 만한 내용으로 책을 집필하는 데 큰 도움을 준 NHN에듀의 김상철 부대표님을 비롯한 임직원들께 감사드립니다. 또한 신속한 출간을 위해 열정을 쏟아 주신 출판문화원 곽진희 실장님과 선생님들께도 깊이 감사드립니다.

    이 시리즈에 참여해 주신 이경화 교수님께서 '부모는 자녀들의 감독이 아닌 팬이 되라'고 하신 말씀을 기억합니다. 이번 시리즈가 부모님들이 아이들의 팬이 되어 친밀한 관계를 유지하는 동시에 아이들을 훌륭한 인물로 키우는 데 큰 도움을 줄 것이라 믿습니다.

서울대학교출판문화원 대표이사 / 원장
이경묵

머리말

저는 서울대학교 아동가족학과에서 아동의 언어·인지 발달을 연구하는 최나야라고 합니다. 시리즈 이름에 들어가는 '석학'이라는 말의 무게는 감당이 안 되지만, 서·알·자 시리즈를 통해 자녀를 위한 문해력 지도법을 알려 드릴 수 있어서 기쁩니다.

20세기를 떠나보내던 무렵, 대학원생이었던 저는 서울대학교 중앙도서관의 서가 한 칸을 가득 메운 리터러시 관련 책에 매료되어 있었습니다. 아동의 언어 발달에 관심을 가지고 언어학에서 아동학으로 전공을 넓힌 참이어서 '앞으로 나의 연구 주제는 이것이다, 리터러시!' 하고 결심할 수 있었죠. 요즘 우리 사회에서도 문해력에 대한 관심이 커져서 뿌듯함과 책임감을 함께 느끼고 있습니다.

문해력은 현대사회에서 인간이 잘 살아가기 위해 반드시 필요한 역량입니다. 단순히 문자를 익혀 읽고 쓸 수 있느냐를 넘어서, 타인과 효과적으로 의사소통하고 새로운 분야를 이해하는 데에 문해력이 쓰입니다. 무엇보다 학습의 바탕이 되는 기초 능력이라 우리 자녀들

에게 부족하면 안 되는 것이 문해력이지요. 하루아침에 키울 수는 없지만 잘 키워 두면 두고두고 큰 역할을 해낼 겁니다. 문해력은 여러분의 자녀가 학교에서 우수한 성적을 거두고 대학에서 원하는 공부를 할 수 있도록 돕는 가장 확실한 밑천이 될 것이고, 전문적인 직업을 얻어 업무 역량을 펼치는 데에도 효자 노릇을 할 것입니다.

    자녀의 문해력을 키우는 데 시간이 걸린다고 해서 비용까지 들일 필요는 없습니다. 요새 유행하기 시작한 문해력 사교육까지 시키지 않아도 된다는 뜻입니다. 대신 부모가 자녀의 문해력 발달을 위해 직접 해줄 수 있는 부분이 상당히 크다는 점을 기억해 주세요.

    아이는 부모가 믿는 만큼 자라는 법입니다. 요즘 부모들은 자녀를 잘 믿지 못하는 경향이 있습니다. 부모가 매사에 불안해하며 아이의 일을 일일이 챙겨 주거나 공부하라고 감시하거나 잔소리만 하면 아이는 새장처럼 좁아진 세계 안에서 날개를 활짝 펴지 못합니다.

    그런데 아이만 못 믿는 게 아니고, 부모 자신의 능력도 믿지 못

하는 것 같아요. 자녀의 발달에 가장 큰 영향을 미치는 인물이 바로 부모인데 말이죠. 문해력이야말로 부모의 영향으로 형성되는 부분이 매우 큰 능력입니다. 적절한 가정문해환경을 조성해 아이가 문자에 관심을 갖게 만들고, 아이가 하나씩 보이는 발현적 문해 행동을 격려함으로써 강화하며, 일상에서 아이와 풍부한 대화를 나누고, 책 읽어 주기를 습관화해 직접적인 문해 발달의 계기를 만들어 주는 것이 바로 부모입니다.

그러니 자신감과 용기를 가지고 '자녀의 문해력 탄탄하게 키우기 프로젝트'를 시작해 보세요. 비용을 들이지 않고, 가정에서 간단하게 조금씩 돕는 것으로 충분합니다. 이 책에서 총 16장에 걸쳐 문해력이 과연 무엇이고, 어떻게 하면 부모가 가정에서 자녀의 문해력을 잘 지도할 수 있는지 차근차근 말씀드리도록 하겠습니다.

이 책이 나올 수 있도록 많은 도움을 주신 서울대학교출판문화원의 이경묵 원장님과 곽진희 실장님, 서울대학교 아동 언어·인지 연구실의 편지애, 김효은, 이은혜 연구원에게 진심으로 감사를 전합니다.

2023년 12월

최나야

차례

발간사 4
머리말 6

1장 문해력, 왜 중요할까?
문해력이란 무엇인가? 15
문해력의 중요성 17
문해력의 빈익빈 부익부 현상, 매튜 효과 20
우리 아이들의 문해력 수준은? 22
국어교육과 문해력 25

2장 문해력 발달 과정
아기에게도 문해력이 있다 31
영유아의 발현적 문해 32
학교에서 시작되는 관습적 문해 33
문해 발달의 이정표 35
영아에게는 충분한 말 공급이 필요하다 36
유아는 풍부한 문해 경험이 필요하다 38
초등 저학년은 해독 연습의 시기 40
초등 중학년은 학습을 위한 읽기가 중요 41
읽기 동기가 뚝 떨어지기 쉬운 초등 고학년 42

문해력 격차가 어마어마한 중학생	44
성인 수준의 고등 문해력	45
해독과 독해의 관계	46
문해 지도 접근법	49

3장 풍부한 가정문해환경 만들기

가정문해환경이란 무엇인가?	53
환경인쇄물의 효과	54
자녀의 독서환경 구성하기	57
부모가 먼저 시작하라	61
풍부한 문해 자료 갖추기	63
소근육 운동 지원하기	66

4장 문해력을 키우는 그림책 활용법

그림책이란 무엇인가?	69
그림책의 장르별 특성 알아보기	70
그림책 함께 읽기의 놀라운 힘	78
좋은 그림책 고르는 법	80
그림책 읽어 주는 노하우	82

5장 한글, 언제 어떻게 가르칠까?

놀라운 알파벳, 한글	86
초등학교에서 한글 배워요: 한글책임교육제	89
한글, 언제부터 가르쳐야 할까?	92
한글, 어떻게 가르쳐야 할까?	95
유아기의 기초 문해력 탄탄하게 키우기	99

6장 문해력의 재료, 어휘력 키우기

어휘력이란 무엇인가?	105
아동의 어휘 발달에 미치는 부모의 영향	106
어휘력의 중요성	108
일상 대화로 어휘력 키우기	110
책 함께 읽으며 어휘력 다지기	119

7장 문해력과 공부의 관계

읽기란 무엇인가?	123
뇌 인지와 문해력의 관계	126
독서가 뇌에 미치는 영향	127
읽기장애나 난독증이라면 어떻게 해야 할까?	129
문해력과 학업성적의 관계	131

8장 영어와 문해력

한글 먼저? 영어 먼저?	134
이중언어와 이중문해의 개념	135
이중언어와 이중문해의 효과	139
우리 아이 영어교육, 어떻게 해야 할까?	142

9장 한자와 문해력

우리말 어휘력과 한자의 관계	153
교과서 속 한자어	156
자녀에게 한자 지도하기	161

10장 수학·과학과 문해력

미래 인재상과 우리의 현주소   169
수학과 과학의 개념 이해   171
수학과 문해력   172
과학과 문해력   176
문해력을 고려한 수학·과학 지도법   181

11장 미디어 리터러시

미디어 리터러시의 개념과 종류   186
미디어 리터러시의 중요성   190
미디어 리터러시 지도법   193
발달단계별 미디어 리터러시 지도법   196

12장 영상 시청 지도

디지털 페어런팅을 위한 주의 사항   200
가정 미디어 이용 규칙 마련하기   203
대화하며 영상 시청 지도하기   209

13장 문해력 쑥쑥 키우는 독서

책을 읽지 않으려는 아이들   215
독서, 왜 해야 할까?   217
다독과 정독, 어떤 것이 좋을까?   219
학습 독서와 여가 독서, 어떤 것이 좋을까?   222
독서, 독해 문제집으로 대체할 수 있을까?   225

14장 엄마표 책 동아리와 가족 북 클럽

국어 사교육, 꼭 해야 할까? 229
엄마표 책 동아리 운영하기 234
가족 북 클럽 운영하기 241

15장 함께 읽으며 독서 지도하기

발달단계별 독서의 목표 246
초등생 자녀를 위한 독서 지도법 248

16장 발달단계에 맞는 문해 지도 로드맵

문해 지도 이정표 263
일상생활과 놀이를 통한 문해 지도 265
한글을 지도할 때의 주안점 269
부모-자녀 대화로 문해력 키우기 271
효과적인 독서 지도법 274
공부 잘하는 아이로 키우는 법 277

문해력, 무엇이든 물어보세요 282
참고문헌 288

1장

문해력, 왜 중요할까?

1장에서는 먼저 문해력이란 무엇이고 왜 중요한지를 다룬다. 그리고 현재 우리 아이들의 문해력 수준이 어떠하며, 유아부터 초중고생을 위한 문해교육 목표와 교육 단계는 어떻게 달라지는지 짚어 본다.

문해력이란 무엇인가?

문해력의 사전적인 의미는 '글을 읽고 이해하는 능력'이다. 예전에는 '문식성文識性'이라는 말도 많이 썼는데 이는 '문맹'에 대비되는 개념, 즉 글을 배워서 읽고 쓸 줄 안다는 의미다. 그런데 요즘 들어 문자에 대한 지식 자체보다는 내용의 '이해'가 더 중시되는 경향이 생겼다. 이에 따라 문해력의 의미를 다시 정의해 보면 '문자와 글에 대한 이해를 바탕으로 읽고 쓸 수 있는 능력'이라 할 수 있겠다.

문해력의 정의는 그 폭이 점점 더 넓어지는 추세여서 읽고 쓰기를 넘어서 이제는 듣기와 말하기뿐 아니라 비언어적 의사소통인 몸짓까지 포함하는 일반적인 의사소통 능력을 의미하게 되었다. 문해력이 '언어 능력'과 거의 같은 뜻을 가지게 된 것이다. 즉, 문해력은 우리가 현대사회의 구성원으로 살아가는 데 있어서 필요한 '글을 읽고 이해하여 표현할 수 있는 능력'을 말한다.

문해력은 언어에만 국한된 것은 아니다. 사실 '리터러시 literacy'라는 말은 오래전부터 존재해 왔다. 이것이 최근 우리 사회에서 '문해력'이라는 표현으로 널리 쓰이게 된 것뿐이다. 넓은 의미의 리터러시는 특정 분야나 문제에 관한 지식, 능력, 기술 등을 의미한다.

리터러시가 적용되는 분야는 정말 다양하다. 예를 들어, 텔레비전을 볼 때도 리터러시가 필요하다. 우리는 시청자로서 배경음악, 클로즈업이나 페이드아웃 등을 통해 그 의미를 종합적으로 해석할 줄 알아야 한다. 어린이들도 영상물을 경험하며 이런 능력을 키워간다. 또 요즘 사회에서 아주 중요한 능력으로 '정보 문해력 information literacy'을 들 수 있다. 정보가 넘쳐 나는 현대사회에서 단순히 암기하기보다는 필요한 정보를 빠르고 정확하게 찾아내어 내 것으로 만들고 그것을 이용해 뭔가를 산출해 내는 능력이 아주 중요해졌다.

그런가 하면 '시각 문해력 visual literacy'은 다양한 시각 자료를 보고 의미를 파악하는 능력을 말한다. 즉, 간단한 이모티콘, 상징성 있는 도형, 포스터, 그림 등을 보고 무엇을 나타내는지 잘 이해하고 평가할 수 있는 능력이다. 우리는 문자와 글 못지않게 이런 다양한 시각적 요소에 둘러싸여 살고 있기 때문이다.

또 다른 예로 '기술 문해력technology literacy'은 새롭게 생겨나고 빠른 속도로 발달하는 기술에 얼마나 효율적으로 적응할 수 있으며 그 기술을 얼마나 잘 다룰 수 있는지를 말한다. 요즘 아이들을 떠올리면 금방 이해가 될 것이다. 아이들은 처음 보는 스마트 기기를 어떻게 써야 하는지 금세 터득한다. 이것 역시 현대사회에서 굉장히 중요한 능력이다.

이 외에도 리터러시가 적용되는 영역은 대단히 많다. 예를 들면 비평, 스포츠, 재정, 건강 등에 대해서도 적용할 정도로 다양하게 사용되는 개념이 바로 '리터러시'다.

문해력의 중요성

이제 문해력이 왜 중요한지도 생각해 보자. 맨부커상을 수상한 영국의 소설가 퍼넬러피 피츠제럴드Penelope Fitzgerald는 "우리가 인간으로 살아가면서 주변 모두에게 인정받았음을 느끼는 순간이 두 번 있다. 첫 번째는 첫걸음마를 뗄 때이고, 두 번째는 읽기를 배운 순간이다."라는 아주 유명한 말을 남겼다. 읽기 능력은 처음부터 갖고 태어나는 것이 아니라 성취에 의해 비로소 얻을 수 있는, 삶에서 아주 중요한 것이라는 뜻이다.

우리 인간은 처음부터 문해력을 가지고 태어나지 않는다. 인류의 긴 역사 중에서 이렇게 많은 인구가 문자를 익혀 글을 읽고 쓸 수 있게 된 것은 고작 최근 한두 세기에 불과하다. 오랜 세월 동안 글을 읽고 쓴다는 것은 일부 사람들에게만 주어진 특권과 같았다. 그만큼 문해력이라는 것은 경험과 노력을 통해 시간을 들여 학습해야만 내 것이 되는 능력이라고 이해할 수 있겠다.

개인 수준과 사회 수준에서 생각해 보면 문해력이 왜 중요한지 알 수 있다. 먼저 문해력은 '공부력'이라고 할 만큼 한 사람의 학업성취에 큰 영향을 미치고, 나아가 직업생활에도 도움을 준다. 한편 사회 구성원들의 문해력은 학업 중도 탈락률이나 범죄율과 높은 상관을 갖기 때문에 문해력이 사회 전체의 문화 수준을 가리키기도 한다. 우리가 살고 있는 4차 산업혁명 시대는 정보를 단순히 수집하는 것에 그치지 않고 제대로 잘 활용하는 것이 특히 중요한 시대다. 우리는 정확한 정보를 찾아내어 이해하고 그것을 바탕으로 새로운 정보를 만들어 내는, 즉 산출하는 능력까지 요구받고 있다. 정보를 잘 읽고 잘 다루는 능력과 직결되는 문해력은 그만큼 더 중요해졌다.

현대사회의 독서환경은 급변하고 있다. 우리 아이들은 '디지털 원주민'이라고 불린다. 태어났을 때부터 각종 스마트 기기에 둘러싸여 살아가는, 그야말로 디지털 시대의 아이들이라는 뜻이다. 이 아이들은 종이 인쇄물보다 전자 활자를 다루는 데 더 익숙하다. 그런데 이런 환경 속에서 다양한 텍스트를 읽을 수 있는 기회는 많아졌지만,

집중해서 책을 읽는 경험은 더 줄어들었다. 즉, 문해력을 키우기에 불리해졌다. 이런 때일수록 문해력을 잘 키우는 것이 더욱 중요하다.

우리 뇌는 가소성plasticity이 있어, 어떻게 사용하느냐에 따라서 다르게 발달된다. 예를 들어 책을 많이 읽으면 더 깊이 있게 사고할 수 있는 능력을 갖추게 된다. 독서가 문해력을 키우는 데 가장 효과적인 이유가 바로 이것이다. 텍스트를 처음부터 끝까지 읽어 내고 이해하는 과정을 거치는 동안 우리 뇌는 열심히 일을 한다. 이런 운동을 통해 우리 뇌는 더 우수하게 발달한다. 이는 독서뿐 아니라 인지적 행동이나 학습을 할 때에도 유리하게 쓰이게 된다.

문해력은 행복한 삶을 위해서도 꼭 필요한 능력이다. 2015년부터 진행 중인 OECD '교육 2030' 프로젝트는 2030년대를 살아갈 우

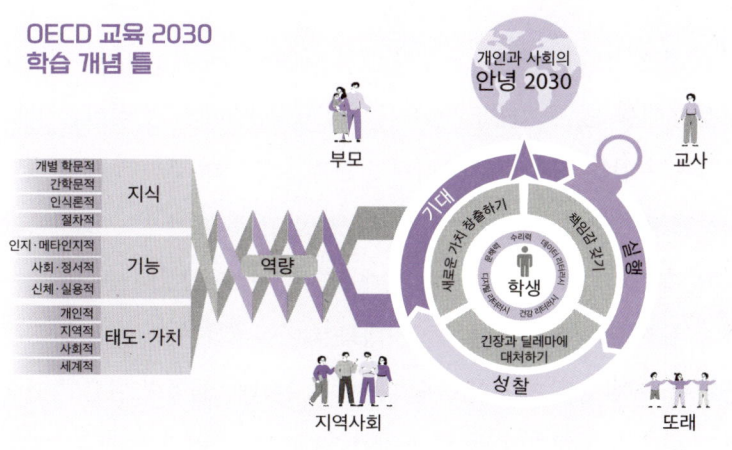

리 아이들이 과연 어떻게 하면 행복할 수 있을 것인가를 탐구하고 있다. 지금까지 나온 결과에 따르면 우리 아이들에게 정말 중요한 역량 중 첫 번째가 문해력이라고 한다. 문해력을 잘 갖춘 학생들은 학교에서뿐만 아니라 삶 전체에서 적절하고 다양한 텍스트를 해독하며 의미를 구성할 수 있고, 그것이 인생을 잘 살아 나가는 데 중요한 역할을 한다고 보는 것이다. 결론적으로 현재와 미래의 사회에서 문해력의 중요성은 아무리 강조해도 지나치지 않다.

문해력의 빈익빈 부익부 현상, 매튜 효과

마태복음 효과, 즉 '매튜 효과Mattew Effect'는 특히 문해력 분야에서 가장 빈번하게 인용되는 개념이다. 성경에 "있는 자는 받아서 풍족하게 되고 없는 자는 있는 것까지 빼앗기리라."(마태복음 25장 29절)라는 구절이 있다. 좀 무섭게도 느껴지는 말인데 한마디로 '빈익빈 부익부' 현상을 일컫는다. 이를 문해력에 적용해 보면 일찍부터 문해력 발달 수준이 우수한 아동은 성장하면서 문해력이 계속 잘 발달하는 반면, 어릴 때 문해력에 문제가 있는 경우 그 이후에도 성장이 둔화된다는 것이다. 어릴 때부터 우수한 독자, 즉 읽기를 잘하는 아이들이 있는 반면에 그렇지 못한 집단도 있다. 이 두 집단의 문해력 발달 곡선을 보면 기울기가 다르다. 초기에 읽기를 잘하는 아이는 읽기효능감이

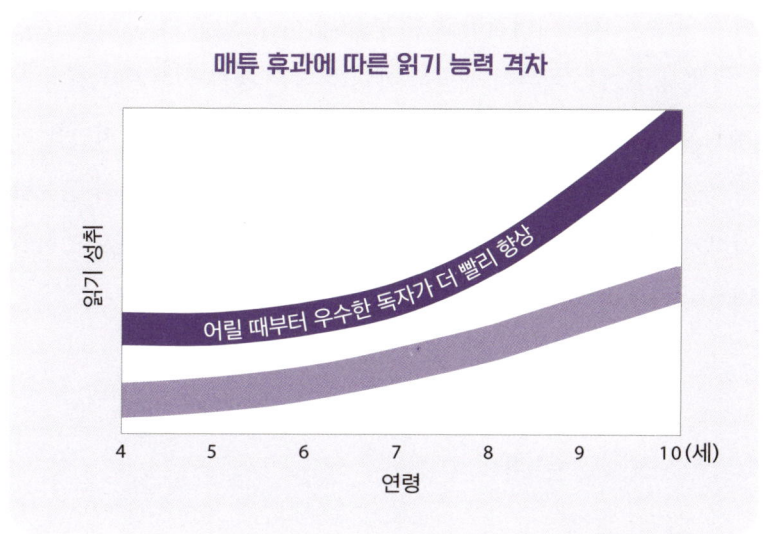

출처: Stanovich(2004: 97)

높고, 읽으면서 재미도 느낀다. 그에 따라 수준 높은 글도 더 많이 읽게 되고, 이는 다시 높은 수준의 문해력으로 이어지는 선순환을 일으킨다. 반대로 읽기에서 어려움을 느끼는 아동은 심리적으로 위축되어 관련 활동을 피하게 되고, 그로 인해 문해력 발달이 이루어질 기회가 줄어들어 악순환을 경험하는 것이다.

더 큰 문제는 이 현상이 읽고 쓰는 문해력 발달에만 영향을 미치는 것이 아니라는 점이다. 문해력은 학업성취에 직접적인 영향을 주기 때문에 초기 문해력이 좋지 않으면 학업성취에도 문제가 나타나고, 또래와의 격차가 점점 더 벌어지게 된다. 한마디로, 초기 문해력의 영향은 계속 이어진다고 할 수 있다.

　매튜 효과는 이론적 개념이 아니라 많은 경험적 사례에 걸쳐 실제로 나타나는 현상이다. 특히 문해력 발달에서 초등 3-4학년을 매우 중요한 시기로 보고 있다. 이 시기가 되기 전에 또래와의 문해력 격차가 있으면 이후 문해력 발달에 어려움이 생기므로 초등 2학년 때까지 반드시 바로잡아야 한다.

우리 아이들의 문해력 수준은?

문해력이 무엇이고 왜 중요한지 살펴보았으니 이제 아이들의 문해력 현황을 짚어 볼까 한다. 지금 우리 아이들의 문해력에 빨간불이 켜졌다는 지적이 많다. 특히 코로나19 팬데믹을 몇 년 거치는 동안 상황이 더 악화되었다는 것이다. 요즘 아이들은 유튜브 동영상을 좋아하는 반면에 책은 거의 안 읽어서 국어 능력이 매우 부족하다고들 한다. 교사들이 학생들의 문해력 수준을 평가한 결과, 평균은 60-70점대이고 90점 이상은 드문 반면에 59점 미만이 꽤 많았다. 즉, 상위 수준의 문해력을 가진 아이들은 줄어들고 문해력 지연을 보이는 아이들의 비율이 대단히 높음을 알 수 있다.

　교사가 꼽는 아이들의 문해력 하락 원인은 무엇일까? 학교에서의 한자 교육이나 어휘 지도의 부족 또는 커리큘럼상의 여러 가지 문

제도 지적이 됐지만 1, 2순위로 꼽은 원인은 바로 아이들이 영상매체 위주로 시간을 보내고 독서를 소홀히 한다는 것이었다. 이 두 가지는 서로 맞물리는 관계다. 아이들이 영상매체로만 정보를 받아들이고 이해하려고 하는 행동을 보일수록 독서는 덜 하게 되는 것이 당연하기 때문이다.

학교 현장에서는 팬데믹 이후 아이들이 한 학년 정도씩 느린 발달을 보인다는 평가가 이루어지고 있다. 초등학교의 경우 학급당 아이들의 15% 정도가 문해력이 크게 지연된 것으로 나타났다. 한편 중학교에서는 학생들이 글의 맥락을 잘 파악하지 못하는 등 독해력이 떨어진다는 문제도 제기되었다. 읽어야 하는 텍스트가 길수록 오답률이 높고, 어려운 단어가 포함되어 있을수록 이해도가 떨어졌다. 어휘력에도 빨간불이 켜졌다고 볼 수 있다.

더 나아가서 국제 수준의 비교를 위해 OECD의 국제 학업성취도 평가PISA를 살펴보자. 국제 학업성취도 평가는 주기적으로 실시되어 국가 간 성취 변동을 비교하기에 좋은 자료다. 여기에서도 최근 우리나라 학생들의 문해력은 아주 심각한 수준으로 나타난다. 읽기 영역의 학업성취도가 9년 만에 뚝 떨어진 것이다. 대한민국 아이들은 공부를 그렇게 많이 하는데 도대체 왜 이렇게 된 것일까?

학업성취도 평가 결과를 자세히 들여다보면 우리나라 학생들의 경우 어려운 문제와 혼합 문제에서 오답률이 높았다고 한다. 즉, 깊은 사고력을 요구하는 문제에서 낮은 점수를 받은 것이다. 그러니까 우리 아이들이 공부가 부족해서 그런 게 아니라, 자기 힘으로 생각하고 제대로 이해해서 표현하는 능력이 부족한 상황이다. 정보를 수동적으로 받아들이는 것에 익숙해진 탓에 자기 힘으로 뇌를 적극적으로 사용하면서 텍스트를 이해하는 데 어려움을 보이는 것이다.

그런가 하면 디지털 문해력 쪽에서도 문제가 나타난 것은 다소 놀라운 결과다. 학교에서 정보의 주관성과 편향성 교육을 했는가, 즉 디지털 교육 기회가 우수한가와 학생들이 사실과 의견을 식별하는 능력이 있는가를 살펴본 결과 우리나라는 가장 낮은 수준으로 평가되었다. 우리 아이들이 디지털 기기를 그렇게 많이 쓰는데도 디지털 정보 파악 능력은 매우 낮은 상황임을 알 수 있어 걱정스럽다. 사실과 의견을 식별하는 능력이 최하위라는 것은 정보를 제대로 이해하고 다루면서 거짓 정보에 속지 않고 비판적으로 정보를 수용하는 능력이 필요한 정보사회에서 살아가기에 아주 불리함을 의미한다. 따라서 지금부터라도 이 부분에 신경을 많이 써야 할 것이다.

국어교육과 문해력

부모들은 자녀의 발달단계나 학년별로 제시된 구체적인 교육 목표를 접할 기회가 별로 없다. 그래서 1장의 마지막 내용으로는 문해력과 직결되는 국어과 교육과정에서 아이들의 성장에 따라 어떤 목표를 설정하고 있는지 소개하고자 한다.

먼저 유아들은 전국의 어린이집과 유치원에서 2019 개정 누리과정을 경험한다. 그중 언어를 다루는 영역은 '의사소통' 영역이다. 이 영역의 교육 목표는 일상생활에 필요한 의사소통 능력과 상상력을 기르는 것이다. 여기서 말하는 의사소통 능력은 문해력이라고 바꿔 말해도 될 만큼 전반적인 언어 능력을 가리킨다.

구체적으로 첫째, "일상생활에서 듣고 말하기를 즐긴다."라는 목표를 통해 구어 능력의 탄탄한 발달을 강조한다. 유아기에는 영아기 때부터 쌓아 온 듣고 말하는 능력이 무엇보다 중요하다. 이 시기 문해력의 기초는 읽고 이해하기가 아니라 듣고 이해하기를 통해서 성장한다고 봐도 무방하다.

둘째로 "읽기와 쓰기에 관심을 가진다."라는 목표가 제시되어 있다. 이 시기에는 초등학교에서 관습적인 방식으로 지도하는 한글

2019 개정 누리과정 의사소통 영역

❶ 목표

일상생활에 필요한 의사소통 능력과 상상력을 기른다.
- 일상생활에서 듣고 말하기를 즐긴다.
- 읽기와 쓰기에 관심을 가진다.
- 책이나 이야기를 통해 상상하기를 즐긴다.

❷ 내용

듣기와 말하기	• 말이나 이야기를 관심 있게 듣는다. • 자신의 경험, 느낌, 생각을 말한다. • 상황에 적절한 단어를 사용하여 말한다. • 상대방이 하는 이야기를 듣고 관련해서 말한다. • 바른 태도로 듣고 말한다. • 고운 말을 사용한다.
읽기와 쓰기에 관심 가지기	• 말과 글의 관계에 관심을 가진다. • 주변의 상징, 글자 등의 읽기에 관심을 가진다. • 자신의 생각을 글자와 비슷한 형태로 표현한다.
책과 이야기 즐기기	• 책에 관심을 가지고 상상하기를 즐긴다. • 동화, 동시에서 말의 재미를 느낀다. • 말놀이와 이야기 짓기를 즐긴다.

출처: 교육부·보건복지부(2019)

교육에 대한 내용은 없다. 문자, 즉 읽고 쓰는 것에 흥미를 느끼는 것까지가 유아기를 보내는 동안의 목표다. 이 범주의 구체적인 내용을 보면 우선 "말과 글의 관계에 관심을 가진다"는 표현이 매우 중요하다. 이는 구어가 문어와 상호 작용해서 말이 글로 바뀔 수 있다는 것, 결국 글자가 소릿값을 가진다는 것을 유아기에 알아야 함을 의미한다. 그리고 유아기에는 주변의 상징, 글자 등에 대한 관심을 키워 나가게 된다. 유아기는 우리가 쓰는 한글뿐 아니라 각종 기호에 관심을 가지고, 점차 읽기에도 관심을 가져야 하는 시기다. 마지막으로 "자신의 생각을 글자와 비슷한 형태로 표현한다"는 것은 어른들이 알아볼 수 있도록 또박또박 정확하게 글자를 쓴다는 것이 아니라, 그림 또는 만들어 낸 문자와 같은 상징으로 나타낼 수 있는 수준을 말하는 것이다.

셋째, "책이나 이야기를 통해 상상하기를 즐긴다."라는 목표는 어른이 읽어 주는 책과 들려주는 이야기를 즐겁게 향유하면서 언어 능력과 상상력을 같이 키우는 내용을 담고 있다. 먼저 "책에 관심을 가지고 상상하기를 즐긴다."라는 내용은 유아기에 읽기 동기를 잘 형성하고 읽기 경험이 풍부해야 함을 강조한다. 이러한 경험은 기초 문해력을 기르는 데 있어서 가장 중요한 요소다. 그리고 "동화, 동시에서 말의 재미를 느끼고", "말놀이를 즐기는" 과정을 통해 우리 말소리에 대한 인식력이 향상되는데, 그게 바로 나중에 읽기와 쓰기를 배울 때 큰 도움이 되는 '음운론적 인식$_{phonological\ awareness}$'이다. 그리고 "이야기 짓기를 즐긴다"는 것은 아이들이 말과 글의 소비자일 뿐 아니라 생산자로서도 기능할 수 있음을 보여 주는 내용이다.

초중고 시기에 국어 과목이 추구하는 역량들은 단순히 읽고 쓰

◆ 초중고 '국어'가 추구하는 역량

- 비판적·창의적 사고 역량
- 자료·정보 활용 역량
- 의사소통 역량
- 공동체·대인관계 역량
- 문화 향유 역량
- 자기 성찰, 계발 역량

출처: 교육부(2015)

기에만 중점을 두고 있지 않음을 알 수 있다. 앞서 국제 학업성취도 평가 결과를 통해 최근 우리나라 학생들이 특히 고전하고 있는 부분이 비판적·창의적 사고임을 보았다. 또한 정보가 사실인지 아닌지 잘 가려내어 자료를 활용하는 역량에서도 다른 나라 학생들에 비해 크게 뒤떨어져 있었다. 그 밖에 듣기, 말하기, 읽기, 쓰기를 활용해 타인과 관계를 맺으면서 소통하려면 의사소통 역량과 공동체·대인관계 역량도 필요하다. 또한 문학 같은 예술을 즐기며 문화를 향유하는 역량과 자기 자신을 성찰하고 계발하는 역량까지도 국어과에서 추구하는 목표다. 국어 과목이 추구하는 이 모든 역량들이 문해력과 관련이 있다고 보면 된다.

이번에는 2015 개정 교육과정에서 초등 국어과 성취 기준을 살펴보자. 먼저 1-2학년들을 위해서는 취학 전의 국어 경험, 즉 유아기의 언어 경험을 발전시켜서 "일상과 학습에 필요한 기초 문해력"을 갖추는 것과 "말과 글 또는 책에 흥미 갖기"가 기준으로 제시되어 있다. 여기에서 더 나아가 실제로는 우리의 문해 체계인 한글을 익혀서 해독을 잘할 수 있게 되는 것까지가 이 시기의 중요한 목표가 된다.

3-4학년 때는 "생활 중심의 국어 활동"을 바탕으로 "일상과 학습에 필요한 기본적인 국어 능력"을 갖추고 "적극적이고 능동적인 의사소통 태도"를 생활화하는 것을 목표로 한다. 단순한 능력뿐 아니라 정의적 영역인 태도를 강조하는 것이 주목할 만하다.

5-6학년 성취 기준에서는 "공동체와 문화 중심으로 보다 확장된 국어 활동"을 바탕으로 "일상생활과 학습에 필요한 국어 교과의 기초 지식과 역량"을 갖추고, "국어의 가치와 국어 능력의 중요성을 인식"하는 것까지 포함된다. 특히 마지막 항목은 깊이 생각해 볼 필요가 있다. 요즘 우리 사회에서 문해력 문제가 유난히 많이 대두되는 바탕에는 바로 이 부분이 관련되어 있다. 우리가 한국인으로서 우리말과 우리글을 활용하면서도 그 가치를 모르거나 중요성을 알지 못한다면, 다시 말해서 초등 고학년의 성취 기준을 만족하지 못한다면 이는 문해력의 결핍으로 이어질 수 있다.

중학생의 성취 기준을 보면 국어 활동의 폭이 더 넓어진다. "목적, 맥락, 주제, 유형 등을 고려하는 다양한 활동"을 제시하고 있는데 중학생들이 교과서로 국어를 배우면서 경험하는 활동을 즐기고 있는지는 의문이긴 하다. 다만 목표상으로는 이러한 활동을 바탕으로

"국어 교과에 필요한 지식과 역량을 갖추고, 자신의 국어 활동과 공동체의 국어 문화를 비판적으로 성찰하고 개선하는 태도를 기른다."라고 제시되어 있어 비평 문해력critical literacy의 수준으로 올라갔음을 알 수 있다.

　마지막으로 고등학교 1학년의 성취 기준을 보면 국어 활동을 다양하고 심층적으로 경험하면서 "통합적인 국어 역량을 갖추고" 더 나아가 "국어 활동의 개선과 바람직한 국어 문화 형성에 이바지한다."라는 내용이 제시되어 있다. 거의 성인 수준에 가까운 성취라고 볼 수 있다. 이러한 교육과정을 거쳐 성취 기준을 차례차례 달성한다면 우리 국민의 문해력 발달에 아무 문제가 없을 텐데, 아마도 이 기준과 목표대로 교육이 순조롭게 진행되지 않는 측면이 있는 것으로 보인다.

2장
문해력 발달 과정

2장에서는 우리 아이들의 문해력이 발달해 가는 이정표를 따라가 보자. 취학 전후를 중심으로 발현적 문해와 관습적 문해를 비교해 보고, 읽기의 두 가지 중요한 축인 해독과 독해를 비교하고자 한다. 또한 다양한 문해 지도 접근법을 살펴볼 것이다.

아기에게도 문해력이 있다

인간의 문해력은 언제부터 발달할까? 놀랍게도 태어나면서부터라고 답할 수 있다. 과거에는 문해력이 문맹이냐 아니냐로 구분되었으니, 문자 교육을 받기 시작할 때를 문해력 발달의 시작점으로 봤을 것이다. 하지만 문해력은 단순히 문자를 배워 읽고 쓰기를 할 수 있는 능력에만 국한되지 않는다.

태내에서 6개월 정도 됐을 무렵, 태아의 귀는 뇌의 청각신경과 연결되어 실제로 소리를 들을 수 있다. 그래서 태아는 외부에서 들리는 소리를 인식하고 기억할 수도 있다. 주로 듣는 소리가 사람의 말소리이므로, 그때부터 언어에 대한 감각과 능력을 키워 간다고 볼 수 있다.

문해력은 뿌리부터 잘 키우는 것이 중요하다. 자녀의 문해력 뿌리가 과연 튼튼한지, 잘 자라고 있는지부터 살펴보길 권한다. 아동을 둘러싼 문해환경은 식물이 자라는 토양에 비유할 수 있다. 그 안에서 씨앗이 싹을 틔워 줄기가 자라고 나중에는 풍성한 잎과 열매를 갖게 되듯이, 문해력도 작은 씨앗으로부터 시작한다.

영유아의 발현적 문해

초기 문해력을 '발현적 문해emergent literacy'라고 부른다. '자연스럽게 나타난다, 출현한다'는 뜻이다. 학교에 들어가 제대로 글자를 배우는 관습적 문해가 시작되기 전에 이렇게 문해력의 기초가 성장하는 시기가 있다고 보는 것이 현재의 관점이다. 사실 문해력 발달에서 가장 중요한 시기는 영유아기라고 본다.

발현적 문해는 영아와 유아에게 잘 맞는 방식이다. 어린이들은 주변의 상징, 읽기나 쓰기에 자연스럽게 관심을 보이는 반면 아기들은 처음에 책을 놀잇감처럼 갖고 논다. 글자를 모르기 때문에 책을 거꾸로 들기도 한다. 어른이 책을 읽어 주는 것을 경험하면서 옹알이를 할 수 있는 때가 지나면 책을 들고 우스운 소리를 내며 읽는 흉내를 내기도 하고, 보드북의 페이지를 손가락으로 넘기기도 한다. 발현적 쓰기 행동도 나타난다. 아직 제대로 된 문자 형태를 쓰지는 못하지만, 마커를 손 전체로 쥐고 벽이나 종이에다 끼적이는 scribble 행동을 보이는 것이다. 유아기에는 세상에 없는 글자를

발현적 문해기의 영아

만들어 내기도 한다. 모두 제때 잘 나타나야 할 중요한 발현적 문해 행동이다. 이러한 의미 있는 행동을 부모와 교사가 인정하고 격려해 주면 기초 문해력이 잘 자랄 수 있다. 발현적 문해의 바탕에는 학습자가 스스로 자신의 지식을 구성한다고 믿는 구성주의 이론이 자리 잡고 있다.

학교에서 시작되는 관습적 문해

'발현적 문해'와 비교되는 '관습적 문해 conventional literacy'는 초등학교에 들어가서 본격적이고 형식적으로 이루어지는 문자 학습과 문해 지도를 말한다. 글자를 정확하게 소리 내어 읽고, 다른 사람이 알아

관습적 문해기의 아동

볼 수 있도록 또박또박 쓰는 수준을 목표로 하는 교육이다. 전 세계의 아이들이 만 6세경 학교에 들어가면서 이렇게 문자 학습을 시작한다.

그런데 문제는 이런 관습적 방식의 문해 지도를 우리 사회에서는 너무 일찍부터 적용하고 있다는 것이다. 만 2-3세 아이들에게 한글 학습지로 문자 교육을 하는 가정이 굉장히 많은 실정이다. 그 경우 어떤 문제가 생길 수 있을까? 아직 어려서 이해하고 받아들이기 어려운 내용을 오랫동안 반복적으로 주입하는 방식은 비효과적이다. 내리누르는 push-down 방식의 선행학습이기 때문에 학습자가 스스로 지식을 구성할 기회를 원천적으로 빼앗게 된다. 또한 자발적인 동기를 통한 학습을 하지 못하게 하고, 초기부터 배움을 어렵고 재미없는 일로 여기게 만든다. 어릴 때 이런 학습을 경험하면 그 이후 오랫동안 학습을 즐겁게 여길 수 없다. 누리과정에서 그토록 중시하는 '흥미 유발'을 하기 어렵게 되는 것이다. 왜냐하면 관습적 방식의 문해 교육은 영유아에게 너무나 딱딱하고 반복적이며, 무엇보다도 아이들이 경험하는 일상생활의 실제적인 언어 상황에서 벗어나 있기 때문이다.

문해 발달의 이정표

0세부터 청소년기까지 문해 발달 과정을 도식으로 살펴보자. 제일 처음에 영유아기의 발현적 문해기가 있다. 5년 정도 되는 이 기간 동안 기초 문해력이 뿌리처럼 마련되어 이후 문해력의 개인차를 결정한다.

　만 5세 이후부터 초등학교 1-2학년 정도까지 초기 아동기의 문해력이 자란다. 관습적 문해로 넘어가는 이때는 가정뿐만 아니라 학교에서도 문해력의 기초를 키우는 시기로, 문자를 익혀 해독 능력을 키우는 것이 아주 중요한 시기다. 초등학교 3-6학년 무렵인 중기 아동기 때는 문해력이 급성장한다. 학교에서 '읽기를 위한 학습'을 넘

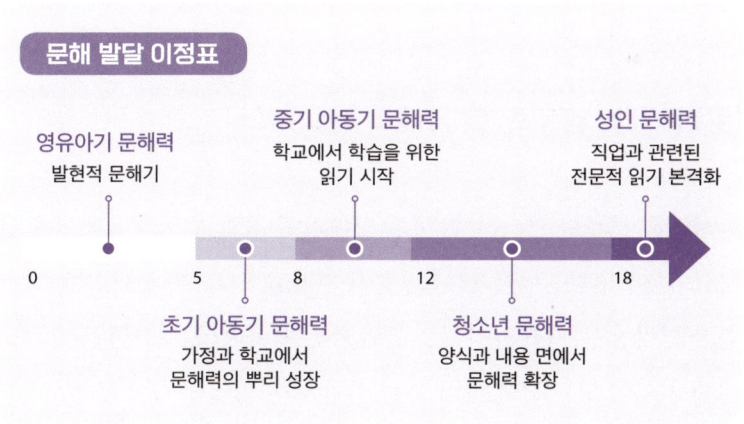

출처: 엄훈(2012)

어서서 '학습을 위한 읽기'가 이루어지는 때다. 교과 학습의 양과 깊이가 확대되면서 읽고 쓰는 능력이 중요한 바탕으로 작용한다.

청소년기는 양식뿐 아니라 내용 면에서 문해력이 또 한 번 크게 확장되는 시기다. 그런데 독해 문제를 속독으로 풀어 정답을 맞히는 것만 반복하다 보면 문해력 성장이 원만하게 이루어지지 않는다. 이는 최근 문해력이 낮은 청소년들이 많아진 것과 관련이 있다.

고등학교 이후는 직업과 관련된 전문적인 읽기가 본격화되는 시기다. 그 이후를 보여 주는 이정표가 제시되지 않았다고 해서 끝이 아니다. 중년과 노년기에도 문해력은 필요하며 계속 성장하고 발달할 수 있다. 혹시 자녀의 문해력을 걱정하기 이전에 부모인 나부터 문제라고 여겨진다면, 늦지 않았다. 부모 자신의 문해력을 돌아보고 노력을 통해 자녀와 함께 계속 키워 나갈 수 있다.

영아에게는 충분한 말 공급이 필요하다

아기들은 사람의 말소리, 특히 모국어의 소리와 부모의 목소리를 좋아한다. 여기에서 영아 언어 발달의 힌트를 얻을 수 있다. 영아에게 가장 의미 있는 사람은 자신을 돌봐 주는 양육자다. 대화를 통해 그들에게서 의미 있는 말을 많이 듣는 것이 언어 발달에 있어 무엇보다도 중요하다. 아기에게 언어 입력이 중요하다고 해서 텔레비전을 틀어 두거나, 사람이 많은 카페에 데려가거나, 어른들끼리 수다 떠는 것을 계속 들려주면 어떨까? 이런 것은 영아의 언어 습득에 아무 도움이 되지 않을 뿐 아니라 오히려 부작용이 있다. 과도한 소음 때문에 영아의 집중력이 약해질뿐더러 부모가 아기를 향해 말할 기회를 줄이는 역효과가 있기 때문이다. 아이에게 맥락이 통하고 의미가 있는 말을 많이 해주어야 한다. 듣기엔 별것 아닌 것 같지만 은근히 어려운 모양이다. 그렇게 못 해줬다는 부모가 정말 많다. 아이의 언어 능력 차이는 바로 여기서부터 시작된다.

영아들은 주변을 둘러싼 온갖 환경인쇄물environmental prints에 관심을 보인다. 환경인쇄물이란 우리 주변에 있는 모든 기호나 문자, 그림 같은 자료를 말한다. 어린아이들이 이런 자료에 관심을 가지면 발현적 문해가 효과적으로 자극될 수 있다. 또 영아들은 익숙한 책을 붙잡고 읽는 시늉을 하거나 부드러운 필기구로 끼적여 자국을 남기는marking 행동을 보이기도 한다.

그렇게 영아들은 인쇄물 인식print awareness을 키워 간다. 책이라는 게 뭔지, 페이지를 어떻게 넘기는지, 안에 있는 검은 자국들은 과연 뭔지를 하나하나 알아가는 것이 바로 인쇄물 인식 또는 인쇄물 개념이다. 이러한 인식은 유아기 이후의 문해력을 설명하는 바탕으로 작용한다.

아기들은 단순한 이야기나 반복되는 운율과 구절을 좋아하므로 아기용 책을 반복해서 자주 읽어 주거나 동요를 들려주면 좋다. 이럴 때 영아는 소리의 구조를 기억해서 따라 하는 행동을 보이기도 한다. 소리와 관련해 한 가지 유의해야 할 것은 과한 소음이다. 요즘 영아들은 소리 나는 놀잇감, 녹음된 이야기, 영어나 중국어 교육을 위한 음원 등에 둘러싸여 있어서 누가 조용하게 말하거나 책을 읽어 주는 것에 흥미를 가지기 힘들다. 영아의 순조로운 언어 발달을 위해 맥락에 맞는 인간의 말을 많이 들려줘야 하는데, 과하게 높은 데시벨로 서로 섞여 있는 복잡한 소리에 노출시키는 것은 집중력에도 문해력 발달에도 좋지 않다.

유아는 풍부한 문해 경험이 필요하다

유아기 역시 발현적 문해의 시기이므로 비형식적 방법으로 문자를 접하고 읽기와 쓰기를 충분히 경험하게 해야 한다. 만 3-5세 때는 주변이나 그림책에서 반복적으로 봤던, 본인에게 중요하거나 쉬운 글자들을 알아보기 시작한다. 자모 하나하나가 어떤 소릿값을 가지고 그렇게 읽히는지를 아는 건 아니기 때문에 불완전한 해독이다. 그냥 '저거 내 이름이네', '내가 좋아하는 과자 이름에 들어가는 글자네', '그림책에서 봤던 글자인데'와 같은 감각을 가지는 것이다. 이런 경험이 충분히 쌓여야 하므로 유아기 자녀가 있다면 지금이 그 시점인지 아닌지, 글자에 관심을 보이는지 아닌지를 주의 깊게 관찰해야 한다.

유아기에는 그림을 보면서 이해하는 시각 문해visual literacy가 많이 발달한다. 그리고 여러 번 반복해서 들려준 책의 내용이나 이야기를 기억한다. 심지어 책의 문장을 처음부터 끝까지 기억해 외우는 아이들도 있다. 이렇게 해서 이야기를 다시 말하는retelling 능력이 자라난다. 이것 역시 문해력을 키우는 매우 중요한 행동이자 단계다. 그러니 그림책을 읽어 줄 때 아이가 그림만 본다고 걱정할 필요가 없다. 오히려 그림을 보는 시간을 충분히 가질 수 있도록 해야 한다. 부모도 글만 읽어 주지 말고 그림에 오래 시선을 두며 대화를 이끌어 내는 것이 좋다.

무엇보다 유아기는 그림책 읽어 주기의 황금기다. 이 시기에 양질의 그림책을 충분히 보면서 이야기의 구조를 이해하고, 새롭고 세련된 낱말들을 접하며, 자신의 경험과 책의 내용을 연결해 주는 부모의 말을 듣고 대화에 참여하면서 문해력의 바탕이 다져진다. 기초문해력의 중요한 요소인 음운론적 인식, 이야기 이해, 어휘력이 발달하기 가장 좋은 경험이 바로 '부모와 함께 그림책 읽기'다.

또 유아기에는 이야기의 다음에 생길 일을 예상할 수 있는 수준으로 인지능력이 성장한다. 아이들은 친숙한 경험을 회상하기 위해 스크립트script를 사용하는데, 이 도식은 어떤 구체적인 행동을 해본 경험이 내재되는 것이다. 예를 들어 '어느 공원에 가면 이런 행동을 하게 돼', '식당에 가면 사람들과 이런 식으로 이야기를 나누면서 주문을 해' 이런 것이 경험을 통해 아이들에게 대본처럼 쌓이게 된다.

어린이에게 다양하고 풍부한 경험이 중요한 이유다. 즉, 유아기는 사회생활뿐 아니라 문해를 위한 스크립트가 축적되는, 언어 인지적 측면에서 중요한 단계다.

유아들은 글자처럼 생긴 것을 표시하는데 이런 걸 '마킹marking'이라고 한다. 아직 제대로 된 글자가 아닌데 무슨 소용이냐고 할 수도 있겠지만, 글자라는 게 어떻게 생겼다는 감각을 가지고 아이들이 첫 시도를 하는 것이므로 유아기의 아주 중요한 발현적 쓰기 행동이다. 다시 말해 아이들이 문자 언어의 의미 있는 특징을 조금씩 인식함을 보여 주는 행동이라고 할 수 있다. 이때 많이 보이는 현상이 좌우가 뒤집힌 거울상 글자mirror images와 세상에 없는 문자를 만들어 쓰는 창안적 글자invented spelling이다. '책이나 동네에서 자주 봤는데, 글자라는 게 이렇게 생겼던데?'라는 유아만의 감각을 활용해서 창의적으로 만들어 낸 것이다. 이것을 부모나 교사가 격려하고 인정해 줘야 아이들의 기초 문해력이 잘 클 수 있다. 그러니 유아가 외계어를 만들어서 쓰는 것을 보면 관심을 가져 주고 칭찬해 주면 된다.

초등 저학년은 해독 연습의 시기

초등 1-2학년 때는 초기 읽기, 즉 해독이 원활하게 학습·연습되어야 하는 시기다. 이때는 소리와 글자의 관계를 익히게 된다. 이것을 알파벳 원리alphabet principle라고 한다. 알파벳 문자를 쓰는 대다수 언어권에서는 각 글자가 어떤 소리로 나타나는지, 이 소리를 과연 어떤 글자로 표현할 수 있는지를 아는 것이 초기 읽기 학습에서 가장 핵심적이다. 취학 전후의 아이들은 이 원리를 이해했는지로 나뉜다.

아이들이 익숙한 철자 패턴을 잘 읽게 되고, 짧은 문장과 문단을 원활하게 읽을 수 있게 되면 간단한 텍스트를 해독하다가 점차 긴 텍스트로 넘어가게 된다. 이렇게 해독이 원활해지면 읽기 유창성이 확보되어 읽기의 나머지 부분인 이해도 탄력적으로 발달한다. 따라서 초등 저학년 시기는 읽기 발달에서 중요한 다리를 건너는 때라고 볼 수 있다. 이때 유아기부터 읽던 그림책에서 흔히 '동화책'이라고 부르는 짧은 챕터 북 유형의 책으로 넘어가기 때문에 원활한 전이가 요구된다. 저학년생들은 이렇게 더 길어진 책을 읽으면서 많은 이야기를 접하고 상상력의 성장도 경험한다.

초등 중학년은 학습을 위한 읽기가 중요

초등 3-4학년 때는 읽기 학습에서 나아가 다른 교과의 학습을 잘하기 위한 읽기가 크게 요구되는 시기다. 이때부터는 교과서를 잘 읽기 위해서도 기본적인 읽기 능력이 뒷받침되어야 한다. 그래서 문해력이 지연되면 중학년부터는 학업성취가 크게 타격을 받는다.

초등 중학년 때는 읽기 유창성이 더욱 향상되고, 이것을 바탕으로 문해력의 핵심이라고 볼 수 있는 읽기 이해력이 발달한다. 따라서 1-2학년 때까지 해독 능력이 확립되었는지, 그래서 중학년 때 읽기 유창성이 원활하게 발달하고 있는지를 꼭 확인해야 된다. 이때 일부 아동은 긴 줄글을 읽는 데 어려움을 느껴 독서량이 급격하게 줄어들거나, 학습만화와 같은 유형의 책만 읽기도 한다.

문장 수준의 글을 쓰던 저학년 때에 비해 중학년 때는 문단을 구성해서 유기적인 글을 쓸 수 있게 된다. 생각을 정리해서 초점을 잘 맞춘 하나의 문단을 쓰는 연습이 많이 필요한 시기다. 중심 문장을 잡고 뒷받침 문장들을 적절하게 배치하는 훈련이 도움이 된다.

읽기 동기가 뚝 떨어지기 쉬운 초등 고학년

초등 5-6학년 아이들이 왕성한 지적 호기심을 보인다면 사고력 발달이 잘 이루어지고 있다는 신호다. 아이한테 무언가를 질문하거나 제안했을 때, 무조건 싫다고 하거나 질문에 대해 생각도 하지 않은 채로 눈빛이 멍하지는 않은가 살펴보라. 사교육에 너무 많이 시달린 아이들이 보이는 전형적인 특징이다. 그런 아이들은 문해력은 고사하고 사고력에서부터 문제를 보인다. 어른들이 하는 말이나 선생님이 문제를 풀어 주는 것에 익숙해져서 스스로 깊게 생각하려는 의지

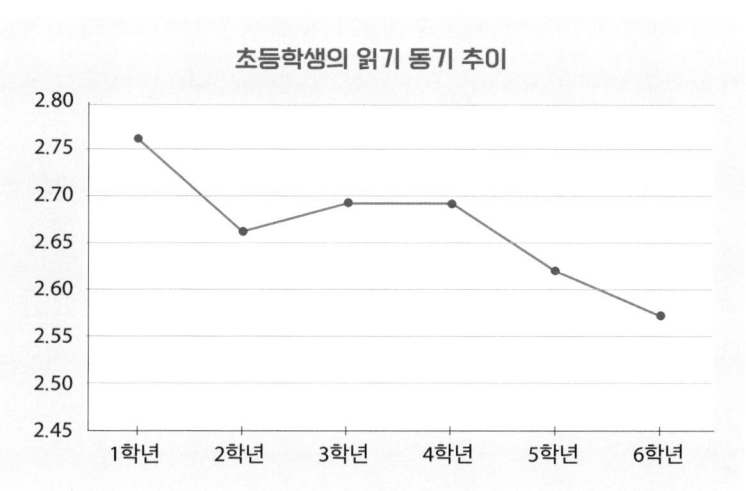

출처: 정수정·최나야(2018)

를 이미 포기한 상태다. 초등 고학년 때 지적 호기심이 있는지를 꼭 체크해 보길 바란다.

    이에 더해 초등 고학년이 될수록 읽기 동기가 떨어지기 쉽고, 이는 이후 문해력 발달에 큰 영향을 끼치게 된다. 5학년 때부터 읽기 동기가 급격히 낮아지는 것에 주의해야 한다. 만약 읽기 동기가 그다지 떨어지지 않는다면 다양한 장르의 책에 관심을 가질 때다. 이제는 더 넓은 범위의 책을 깊이 있게 읽을 수 있기 때문이다. 그래서 고학년 때 독서 동기가 떨어지지 않도록 하는 것이 대단히 중요하다. 학습을 위해서도 긴 글을 읽고 이해할 수 있는 능력이 필요하다.

    또 초등 고학년생은 은유, 유머, 중의적 의미 등을 이해하는 것으로 문해력의 성장을 보여 준다. 반면에 문해력이 아직 그만큼 성장하지 못한 아동은 표현을 있는 그대로만 받아들여서 글의 의미를 제대로 이해하지 못하는 경우가 발생한다.

글쓰기에서도 변화가 나타난다. 초등 고학년이 되면 독립된 문단 수준에서 나아가 문단들의 유기적 연결을 통해 완결된 형태의 글을 쓸 수 있게 된다. 따라서 설명문, 논설문, 감상문 등 다양한 목적과 유형의 글쓰기 연습이 필요한 시기다.

문해력 격차가 어마어마한 중학생

중학생들은 글의 조금 더 미묘한 부분도 이해할 수 있게 된다. 풍자, 해학, 속담, 비문해적 단어, 즉 우리가 일상생활에서 자주 사용하는 것보다 한층 어렵고 복잡한 표현의 깊은 의미를 읽어 낼 수 있다. 아직 그 수준이 안 된다면 또래와의 문해력 격차가 이미 크게 벌어져 있다는 뜻이다.

초기 청소년기에는 복잡한 문법 구조를 더 잘 이해하게 된다. 그래서 말을 할 때나 글을 쓸 때 더 긴 문장, 성분이 다양한 문장을 사용할 수 있다. 초등 고학년 때 시작된 새로운 정보를 얻기 위한 읽기에 더해 필요한 정보나 중요한 부분을 찾아서 읽는 전략적 독서도 하게 된다. 다른 말로 '목적 지향적 읽기'라고도 할 수 있다.

비판적 독서가 중시되기 시작하는 시기가 바로 중학교 때다. 이 시기에 이르면 저자가 이 글, 이 문장을 쓴 의도를 파악하면서 읽고, 모든 작가의 글이 옳다는 생각에서도 벗어나게 된다. 그렇게 나만의 관점을 가지고 글을 읽기 시작하면 맥락을 고려하는 읽기 능력도 자란다. 하지만 이렇게 우수한 중학생 독자가 있는 한편, 이때는 책을 전혀 읽지 않는 학생이 많아지는 시기이기도 하다.

성인 수준의 고등 문해력

신체적으로 거의 다 성장한 고등학생은 문해력에서도 어른과 상당히 비슷한 수준을 보일 수 있다. 청소년 소설을 '영 어덜트 young adult 문학'이라고 한다. 고등학생들에게 권장되는 책 중에는 어려운 용어가 다수 포함된 고전도 많은데, 이런 자료를 읽을 수 있게 된 바탕에는 문해력의 발달이 있다.

고등학생들은 다양한 관점을 가지고 서사가 있는 복잡한 텍스트를 읽을 수 있다. 하나의 고정된 관점에만 머무는 것이 아니라 다양한 관점을 조합할 수 있다는 뜻이다. 그에 따라 종합적 독서, 주제 통합적 독서를 할 수 있다. 다른 말로는 '상호텍스트적 독서'라고 할 수도 있는데, 다양한 글을 읽으면서 하나의 주제로 묶어 내고 통합시킬 수 있다는 뜻이다. '다문서 읽기'란 책을 한 권만 읽는 게 아니라 여러 자료를 함께 읽는 것이다. 수행평가 준비를 하거나 여러 지문을 읽고 문제를 풀어야 하는 학생들, 보고서를 쓰기 위해 다양한 자료를 수집해 비교하며 읽는 대학생이나 회사원, 구매 후기를 꼼꼼하게 읽어 보는 소비자들 모두 다양한 글을 읽고 종합한다. 이런 읽기 경험을 통해 하나의 입장에만 치우치지 않고 자신의 관점으로 읽은 내용을 묶어 재구성하는 능력을 갖추게 된다. 책뿐만 아니라 신문, 잡지, 디지털 자료 등의 매체 자료에도 적용할 수 있는 다문서 읽기는 현대 사회에서 매우 중요한 문해 활동이다. 고등학생들에게도 이러한 종합적 독서가 요구된다.

해독과 독해의 관계

읽기에는 크게 두 영역이 있다. 문자를 소리로 바꾸어 뭐라고 쓰여 있는지를 알아내는 해독decoding과 그 의미를 이해하는 독해comprehension이다. 해독은 단순히 글자를 정확하게 소리 내서 읽는 것을 말하고, 독해는 글자를 의미로 바꿔서 그 내용에 대해 제대로 사고하는 능력을 말한다.

    이 두 가지는 함께 발달한다. 그래서 초등 저학년까지 오로지 글자를 익히며 해독 연습만 하는 것은 아니다. 어른이 들려주는 이야기를 듣고 함께 그림책을 읽는 등 보고 듣는 경험을 통해 아이의 이해력은 이미 이른 시기부터 같이 발달한다. 즉, 독해는 해독이 달성된 다음에 나타나는 것이 아님을 이해하는 것이 중요하다. 읽기를 지도한다는 것은 두 가지를 균형적으로 가르치는 것이다.

해독과 독해는 상호작용을 한다. 해독이 원활하게 이루어지면 읽기 에너지를 이해에 집중시킬 수 있다. 능숙한 독자일수록 해독은 자동화되고 내용을 이해하는 데에 초점을 맞춘다. 또한 글의 내용을 잘 이해하면 해독에서 오류가 줄고 속도가 더 빨라지기도 한다.

이러한 관계를 아래와 같은 다리 그림으로 나타낼 수 있다. 읽기에서 해독과 독해를 연결해 주는 부분은 '읽기 유창성'이라는 개념이다. 읽기 유창성은 텍스트를 빠르고 정확하게, 적절한 의미 단위로 끊어 읽을 수 있는 능력까지를 말하며 자동성, 정확성, 표현성을 포함한다. 각각은 부모가 자녀에게 책을 읽어 줄 때 얼마나 편안하게, 틀리지 않고, 느낌을 살려서 읽어 주느냐로 나타난다. 아이들도 이런 능력을 키워야 한다.

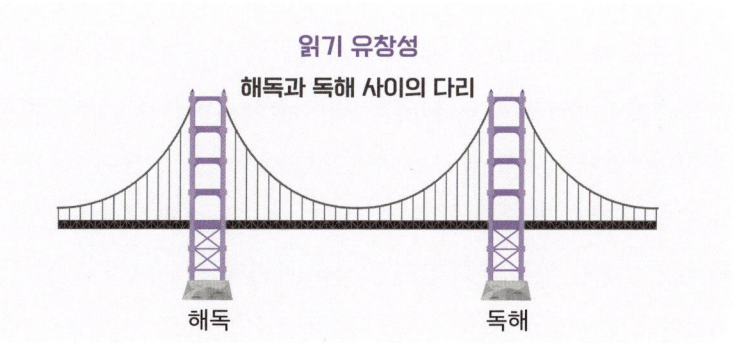

그러기 위해서는 소리 내어 읽는 연습을 많이 하는 게 최선이다. 초등학교에 입학해서 약 2년간은 특히 자주 연습할 필요가 있다. 이는 성인기까지도 읽기 유창성을 포함한 전반적인 읽기 능력에 도움이 되는 방법이다.

다만 유아기에는 유창하게 읽어 주는 부모의 표현을 많이 듣는 것이 더 낫다. 해독이 쉽지 않은 어린 시기에는 읽기에만 급급해서 천천히 띄엄띄엄 읽곤 하며, 다 읽고 나서도 내용을 물어보면 잘 모른다고 하는 경우가 대부분이다. 해독에 집중하다 보니 내용 이해는 신경을 쓰지 못한 것이다. 이 시기에는 오히려 그림을 열심히 보면서 어른이 들려주는 표현력 넘치는 말의 내용과 그림의 내용을 접목해 이해하려는 시도가 풍부하게 이루어져야 한다. 또한 부모가 좋은 발음과 적절한 속도로 표현력까지 갖추어 읽어 주는 것은 모델링이 되어 유아에게 큰 영향을 준다. 따라서 어느 정도 해독이 편안해지면 소리 내어 읽는 연습을 시작하는 것이 좋다.

아동의 읽기 유창성을 높이기 위해 교사들도 소리 내어 읽어 주는 방법을 반복적으로 사용한다. 아동에게 맞는 수준의 텍스트를 골라서 성인이 훌륭한 표현력을 가지고 정확하게 읽는 모습을 보여 준 후에 아이에게 따라 읽어 보게 하면 된다. 흔히 1분 동안 특정 텍스트를 틀리지 않고 몇 음절 읽어 내는가로 읽기 유창성을 측정해 볼 수 있다. 1분 동안 읽은 전체 음절 수에서 틀리게 읽은 음절 수를 빼면 된다.

문해 지도 접근법

문해 지도 접근법을 이해하는 것은 문해력에 대한 관점을 형성하고, 현재 아이의 문해 발달에 문제는 없는지, 앞으로는 어떻게 해야 할지를 생각해 보는 데 중요한 기초가 될 것이다. 문해 지도 접근법에는 발음 중심 접근법, 총체적 언어 접근법, 균형적 접근법 등이 있다.

발음 중심 접근법

발음 중심 접근법은 1-2세기 전부터 수많은 아동을 모아 놓고 알파벳을 가르치기 시작할 때 주로 사용했던 방식이다. 어떤 교육을 하느냐에 따라 아동이 학습 내용을 그대로 받아들일 수 있다고 보는 환경주의 이론과 맞닿아 있고, 문자를 하나하나 가르쳐서 읽을 수 있게 만드는 해독 중심 접근이라고 보면 된다.

낱자부터 시작하여 단어, 문장, 문단, 이야기로, 즉 작은 단위에서 큰 단위로 지도의 초점이 확대되기 때문에 상향식bottom-up 접근이라고도 한다. "이건 A야. 대문자는 이렇게 쓰고, 소문자는 이렇게 써. 따라 써볼래? 이 글자가 들어가는 단어들은 이런 거야."처럼 체계적으로 낱자 교육을 시키는 것이다. 이른바 영어교육에서 익숙한 파닉스phonics에 가까운 방법이라고 보면 되겠다. 그래서 교수 자료와 방법이 아주 구체적이다. 오늘은 이걸 가르쳤으니 내일 가르칠 것은 이미 정해져 있다.

상당히 관습적인 방식의 지도법인데, 많은 인원에게 체계적으로 문자 해독을 가르칠 때는 도움이 된다. 그러나 지나치게 분석적이고 논리적이며 좀 따분하다는 것이 문제다. 특히 아동이 어릴수록 발달에 맞지 않는 측면이 있다. 문자 교육을 빨리 시작하는 우리 사회에서는 이미 학습지를 사용하여 유아기 아이들에게 적용하고 있는 방식인데, 이는 바람직하지 않다. 관심과 흥미, 일상과 오감이 중요한 유아기의 학습에서 이런 방식은 유아가 경험하는 언어생활과 관련이 있기 힘들기 때문이다.

총체적 언어 접근법

이러한 문제 때문에 발음 중심 접근법과 반대되는 접근법이 급부상하게 되었다. 1980년대부터 세계적으로 유행한 총체적 언어 접근법 whole-language approach은 이야기부터 낱자까지 하향식 top-down으로 다룬다. 이 접근법을 주장한 학자들은 아이들에게 책을 많이 읽어 주고, 동요를 가르치고, 이야기를 들려주며 풍부한 언어 맥락을 접할 수 있게 하면 해독까지도 쉽게 갈 수 있다고 생각했다. 즉, 이것은 해독보다 의미 전달 중심의 접근이라고 볼 수 있다. 읽기와 쓰기에만 집중하지 않고 듣기와 말하기를 읽기, 쓰기와 통합했으며 굳이 일일이 가르치지 않아도 언어는 자연스럽게 발달한다고 보았다. 그래서 풍부한 언어 환경과 맥락, 문해 경험을 강조했고 특히 유아기와 초등 저학년까지는 아주 다양한 언어 경험을 지원했다.

이런 접근은 아동의 발달에 이론적으로 잘 맞는 방식이다. 실생활의 언어 자체를 다루며, 아동이 스스로 발견하고 학습할 수 있게 한다는 장점이 있다. 그런데 단점도 나타났다. 이 접근법으로 언어를 배운 아이들 가운데 초등 고학년이 됐는데도 글을 잘 읽지 못하는 비율이 너무 높았던 것이다. 즉, 언어의 원리를 스스로 깨치는 일부를 제외한 다수의 지연 아동에게는 불리한 방식임이 밝혀졌다.

균형적 접근법

그런 문제로 등장하게 된 것이 균형적 접근법 balanced approach이었다. 이것은 발음 중심 접근법과 총체적 언어 접근법의 장점만을 살려서 균형적으로 적용하자는 접근으로, 해독과 의미가 둘 다 중요하니 모두 다루자는 것이다. 발음이나 해독 측면에서는 말소리 인식, 단어를 식별하는 기술, 자모와 관련된 규칙에 관심을 가지고 하나씩 익혀 가도록 지도한다. 물론 의미 부분에서는 여전히 총체적 언어 접근법에서와 같이 문학작품을 활용해 다양한 활동을 해야 하고, 문해환경도 풍부할수록 좋다.

정리하자면 이는 총체적 언어 접근법에 명시적인 문자 교육을 포함한 절충안이라고 볼 수 있다. 문학작품인 그림책이나 챈트chant, 동요 등을 활용하면서도 말소리를 잘 다루게 만들고, 또 글자에 관심을 갖게 하며, 아동이 흥미를 보일 때마다 글자를 명시적으로 다루는 문해 활동이 포함된다. 아동의 흥미, 상호작용과 함께 읽기와 쓰기

기술 지도도 빠뜨리지 않는다.

아동의 개인차를 인정한다는 점도 균형적 접근법의 주요한 특징이다. 문해력은 처음부터 타고나는 게 아니며, 우리 뇌가 읽고 쓰기를 배우는 데에는 많은 시간과 노력이 필요하다. 그러다 보니 문해 발달에서 나타나는 개인차는 매우 크다. 어떤 아이들은 유아기에 그림책을 충분히 읽어 준 것만으로 스스로 글자를 다 떼는 반면, 어떤 아이들은 수년간 하나하나 반복해 가르쳐 줘도 문자 체계의 원리를 파악하지 못하기도 한다. 따라서 균형적 접근은 개별 아동이 지금 어떤 수준인가, 어떤 지도가 필요한가, 무엇이 이 아이에게 가장 잘 맞는 교수학습 방법인가를 고려한다. 그래서 균형적 접근법은 교사의 역량이 특별히 많이 요구된다. 개별 아동에 대한 관찰과 평가부터 신중히 이루어져야 하기 때문에 포트폴리오나 일화 기록 등도 활용한다.

흥미롭게도 취학 전 유아뿐만 아니라 문해력 발달에 다소 지연이 있는 초등 저학년 아이들에게도 관습적 방식보다는 균형적 접근법이 더 잘 맞는 경향이 있다. 문자를 배우기 시작하는 초기에는 자연스러운 놀이처럼 읽기와 쓰기를 접하되, 명시적인 문자 지도를 조금씩 경험해 가는 것이 바람직하다.

3장 풍부한 가정문해환경 만들기

아이들의 문해력 발달이 순조롭게 이루어지려면 어떤 가정문해환경이 필요할까? 3장에서는 가정문해환경을 구성하는 요소를 살펴보고 환경인쇄물의 기능, 자녀의 책을 고르고 정리하는 방법, 부모의 모델링, 다양한 문해 자료, 소근육 운동 기술에 대해 안내하고자 한다.

가정문해환경이란 무엇인가?

1-2장에서 강조했듯이 문해력의 뿌리, 즉 기초 문해력은 아주 일찍부터 발달한다. 어린아이들은 가정에서 문해 활동을 경험한다. 그것을 충분히, 풍부하게 경험할 수 있도록 해주는 바탕이 바로 가정문해환경이다. 즉, 아동의 문해 발달에 영향을 미치는 가정의 인적 또는 물적 환경을 '가정문해환경'이라고 부른다.

좁은 의미로는 가정의 물리적 문해환경에 국한하기도 한다. 예를 들어, 쓰기 도구와 같은 문해 자료에는 어떤 것이 있는지, 장서량은 얼마나 되는지, 아동이 읽기와 쓰기를 경험할 수 있는 공간은 어떠한지 등은 말 그대로 물리적 환경이다.

이와 비교하여 넓은 의미의 가정문해환경은 문해와 관련한 부모의 신념, 다시 말해 부모가 문해에 대해 어떻게 생각하고 있으며 어떤 마음으로 아이의 문해 활동을 지원하려고 하는지를 포함한다. 또한 부모와 자녀가 문해 활동을 같이 할 때 상호작용의 질이 어떤지를 말하기도 한다. 지금까지의 수많은 연구 결과를 종합해 보면 바로 이 상호작용이 아동의 문해 발달과 성취에 직접적으로 영향을 미치는 중요한 요인이라고 한다. 이는 각 가정의 문해환경에 따라 자녀의 문해력이 크게 달라질 수 있음을 보여 준다. 그렇다면 가정문해환경에는 구체적으로 어떤 요소들이 포함되는지 알아보자.

환경인쇄물의 효과

가정을 비롯해 일상생활의 공간 속에서 우리가 자주 접하는 그림, 글자, 기호 등을 담은 모든 것을 환경인쇄물이라고 한다. '인쇄물'이라고 해서 종이에 인쇄한 유인물만 가리키는 것은 아니다. 예를 들면 거리에서 흔히 볼 수 있는 가게 간판, 교통표지판이나 이정표, 각종 제품의 상표나 로고, 버스와 지하철 노선도, 사람이 직접 쓴 안내문

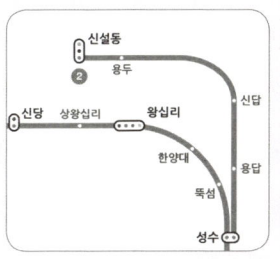  

환경인쇄물의 예시

등이 전부 환경인쇄물이다.

이렇게 흔히 볼 수 있는 환경인쇄물이 아이들의 문해력과 어떤 관련이 있을까? 가정문해환경의 요소로 환경인쇄물을 가장 먼저 언급하는 것은 아이들이 처음에 문자와 읽기를 배울 때 보이는 특성 때문이다. 아이들은 맥락을 활용해서 문자의 기능을 익히고, 읽기를 학습한다.

맥락이라는 건 결국 우리와 직접적으로 맞닿아 있는 환경을 말한다. 아이들이 이렇게 사회문화적 맥락 안에 있을 때 환경인쇄물을 잘 활용하면 영유아들의 발현적 문해의 결과가 좋다고 한다. 특히 유아에서 초등학생으로 넘어가는 시기에는 환경인쇄물의 영향이 더 크다. 아이들은 일상에서 환경인쇄물을 접하면 그림, 기호, 문자, 낱말, 문장 같은 것들이 어떤 의미를 담고 있다는 것, 즉 메시지를 전달한다는 것을 피부로 느낀다. 다시 말해, 우리가 사는 세상에서 문자가 갖는 기능을 깨닫게 된다.

더 중요하게는 '이렇게 필요한 것이니 나도 문자를 배워야겠구나'라고 아이가 자연스레 느끼게 된다는 것이다. 바로 이런 인식이 이루어질 때 아이들은 읽기와 쓰기, 즉 문해에 관심과 흥미를 보이게 된다. 그러면 배우고자 하는 동기를 가지고 문해 활동을 더 열심히 하게 될 것이다. 이렇게 실제 생활환경에서 다양한 문해를 경험할 때 아이들의 읽기 능력이 가장 잘 발달하는 것으로 나타났다.

이 '실제'라는 표현은 아동학이나 유아교육학에서 자주 등장할 뿐 아니라, 연구 결과에서도 중시되는 개념이다. 대부분의 영아는 리모컨이나 스마트폰을 좋아한다. 그렇다고 장난감 리모컨이나 장난감 스마트폰을 쥐여 주면 어떨까? 대부분의 아이들이 금방 싫증을 내고 가지고 놀지 않는다. 그 이유는 바로 실제성이 떨어지기 때문이다. 아이들은 진짜인authentic 것을 좋아한다. 그래서 아이들이 세상을 더 잘 학습하게 하기 위해서는 진짜를 다루는 것이 중요하다. 환경인쇄물은 아이들을 둘러싼 진짜 자료라는 점에서 매우 유용하다.

아이들이 환경인쇄물과 그 안의 문자나 낱말을 접하면서 형성하는 기초적인 읽기 능력은 이후 문해력에 필요한 많은 요소에 영향을 주는 것으로 밝혀졌다. 그 요소들은 말소리를 인식하는 능력, 인쇄물이 무엇이고 어떻게 다루는지에 대한 개념, 문자에 대한 지식과 어휘력 등을 포함한다. 따라서 아이들이 아주 어릴 때부터 환경인쇄물을 자주 접하며 재미있게 다뤄 보는 경험이 중요하다. 환경인쇄물을 통해 아이들이 자발적으로 문자라는 것을 인식하며 자연스럽게 학습하고 스스로 읽기를 시도하기 때문이다. 아이들은 자신의 이름이 담긴 안내문이나 자주 보는 제품의 이름을 볼 때 흥미를 느끼고 '나 이 글자 전에 본 적 있는데, 기억하는데…' 하면서 시각 자극에 집중해 읽기까지 나아가게 된다.

미국에서 이루어진 종단 연구●도 같은 결과를 보고했다(Shanahan & Lonigan, 2010). 학교 교육 이전에 아이들이 환경인쇄물을 어떻게 경험했는지가 이후 문해 발달에 영향을 준다는 것이다. 구체적으로 어휘력, 음운론적 인식, 자모 인식에 영향을 미쳤다.

요약하면 환경인쇄물은 특히 영유아들에게 아주 매력적이고, 일상생활에서 쓰이기 때문에 친숙하며, 즉각적인 흥미와 관심을 불러일으키는 효과가 있다. 게다가 대부분 무료다. 따라서 문해력 발달의 효과가 아주 큰 기초적인 문해 자료로서 환경인쇄물을 추천한다.

자녀의 독서환경 구성하기

가정에 자녀의 책이 얼마나 있는지가 학업성취를 예측한다는 외국의 연구 결과는 장서량 자체가 가지는 의미를 보여 준다. 그런데 우리나라에서는 조금 다른 결과도 나타난다. 바로 장서량과 문해력 또

● 인간 발달상의 변화를 알아보기 위해 기간을 두고 반복적으로 동일한 사람에게서 정보를 수집하는 조사법. 한 시점에 여러 연령대를 동시에 살펴보는 횡단적 연구와 대비된다.

는 학업성취도가 비례하지 않는다는 것이다. 왜 그런가 필자가 직접 조사해 봤더니, 우리나라 가정에는 대부분 아이들의 책이 정말 많았고 특히 취학 전에는 아이들이 책을 참 많이 읽는 것으로 나타났다. 결과적으로 단순히 책이 많거나 많이 읽는 것보다는 얼마나 좋은 책을 어떻게 읽는지, 즉 독서의 질적인 부분이 함께 고려되어야 함을 알 수 있었다.

일반적으로 가정의 물리적 문해환경 중에서 가장 중요한 부분을 차지하는 변인은 보유 도서의 양과 질이다. 문해환경이 풍부한 가정일수록 부모와 자녀 사이에 그림책 읽기 상호작용이 더 많이 일어난다(최나야, 2012). 좋은 책이 많은 것으로 끝나지 않고 그것을 잘 활용하는 쪽으로 이어지는 것이다. 일단 양이 뒷받침이 되는 상황에서 질적인 활용까지 이루어져야 한다고 볼 수 있겠다. 같은 맥락에서 아동이 초등학교에 들어가기 전의 가정문해환경이 문해력과 어떤 상관관계가 있는지 조사해 봤더니 1학년 때의 읽기 유창성, 읽기 이해력 그리고 얼마나 읽고자 하는지를 보여 주는 읽기 동기와도 상관이 있었다(정수정·최나야, 2012). 이는 영유아기 때부터 마련된 풍부한 가정문해환경이 이후에도 계속 영향을 미침을 보여 준다.

그렇다면 독서 공간은 어때야 할까? 일단 어린이에게는 자기만의 읽기 공간을 가지는 것이 매우 중요하다. 좋은 읽기 경험을 위해서는 어떤 방해도 받지 않고 책을 읽을 수 있는, 빛이 잘 들고 편안한 공간이 필요하다. 외국 전문가들은 카펫이나 쿠션, 커다란 봉제 인형 같이 푹신한 것을 읽기 공간에 준비해 줄 것을 추천한다. 우리가 정자세로 책 읽기를 강조해 왔던 것과는 조금 차이가 있다.

도서는 어떻게 정리하고 비치하는 것이 좋을까? 책꽂이 외에 집 안 곳곳에 책을 놓아 두는 것도 아동의 읽기 동기를 높이는 방법이다. 보통 서재 같은 공간의 책장에만 책을 두기 쉽지만 침대 옆 협탁, 식탁 위, 거실 소파 근처, 심지어 화장실이나 현관 신발장 주변에도 책을 몇 권씩 놓아 두면 도움이 된다. 약간 어수선해 보일 수는 있겠지만, 아이가 어릴 때는 이렇게 집안 곳곳에 책이 있는 환경이 책에 친숙함을 느끼고 놀잇감처럼 자주 손이 갈 수 있도록 만들어 준다.

특히 아이의 책은 아이가 직접 꺼낼 수 있는 공간에 두어야 보기 쉽고 꺼내기 쉽다. 그래서 눈높이에 맞게 책이 전시되어 있어야 한다. 아이가 어릴 때는 표지 전면이 보이게 책을 꽂아 두면 책 표지가 시선을 끌 수 있다.

가족이 책장을 같이 공유한다면, 그중에 아이의 키에 맞는 위치에 아이만의 칸을 만들어 주도록 한다. 또 도서관에서 빌려 온 책이라면 소장 도서와 혼동하지 않게 구분해 둘 필요도 있다. 이 경우 종이로 만든 폴더 책꽂이에 빌려 온 책을 꽂아 두는 것도 한 가지 방법이다. 한편 책장bookshelf뿐만 아니라 상자box나 바구니basket까지를 3BThree B라고 하는데, 특히 어린이책이라면 상자나 바구니에 몇 권씩 담아 집 안 여기저기 두어도 좋다.

아이들이 독서 편식을 한다면 다양한 분야의 책을 접할 수 있도록 유도해 보자. 다양한 장르와 주제의 책을 고루 갖춰 두는 것도 좋은 방법이다. 그런 도서를 정리할 때는 아동을 직접 참여시키는 것도 좋다. 그림책은 책 크기가 정말 다양해서 책장에 꽂아 둘 때 들쭉날쭉 보기 싫을 수 있다. 그럴 때는 그림책을 크기순으로 정리 정돈 하는 등의 방법을 통해 이 시기 아이들의 독서 동기를 높여 줄 수도 있다.

조금 나이가 있는 아동이라면 글자를 알 테니 가나다순으로 책을 정리하는 것도 인지적으로 도움이 된다. 다시 찾아 읽을 때 한 번 더 순서를 지각할뿐더러 책을 쉽게 찾을 수도 있다. 도서관에 가서 서가를 유심히 보면, 책 제목뿐 아니라 작가의 이름 순서로도 책이 배열되어 있음을 알 수 있다. 아이와 함께 도서관의 책꽂이를 관찰하면 책에 대해서 좀 더 알게 되고, 가정에서도 활용할 수 있을 것이다.

또는 아이가 읽어 본 책과 읽어 보지 않은 책, 좋아하는 책과 여태까지는 관심이 없었던 책으로 나눠서 정리할 수도 있다. 이런 활동 자체가 책에 한 걸음 더 다가가게 해준다. 필자는 많은 그림책을 정리하기 위해 한 방에는 그림책의 장르별로 책장을 정리해서 몇 칸은 옛이야기 책, 다른 쪽은 판타지 책 또는 글 없는 그림책 이런 식으로 나눠 두기도 했다. 또 다른 방에는 유명 작가별로 그림책을 정리해 두었다. 그러면 작가에 대해서도 인식하게 되고, 실제로 도서관에서 책을 정리하는 방식을 경험할 수도 있다. 이런 정리법은 특정 책을 다시 찾고 싶을 때 도움이 된다.

부모가 먼저 시작하라

모델링modeling이란 스스로 모델이 되어서 무언가를 보여 주는 것이다. 자식은 부모의 거울이라는 옛말과 일맥상통하는 개념이다. 문해력에도 이 개념이 적용된다. 영국의 유명한 가족 문해 프로그램 중에 ORIM이라는 개념이 있다(Hannon & Nutbrown, 1997). O는 기회Opportunity를 나타내며 자녀의 문해 성장이 이루어질 수 있는 일상의 사소한 기회를 부모가 얼마나 만들어 주는지를 말한다. R은 인정Recognition으로 부모가 자녀의 사소한 문해 행동들을 얼마나 격려하고 인정하는지를 의미한다. 틀리게 읽고 써도 즐겁게 시도하면서 배우는 것을 가치 있게 여기는 태도일 것이다. I는 상호작용Interaction으로 부모와 자녀가 질적으로 풍부하고 의미 있는 대화를 주고받으면서 문해 활동을 하는 것을 가리킨다. 그리고 마지막 M이 바로 모델링Modeling이

---------- ORIM ----------

Opportunity	자녀의 문해 성장이 이루어질 수 있는 기회를 일상에서 부모가 얼마나 만들어 주는가?
Recognition	부모가 자녀의 사소한 문해 행동을 얼마나 격려하고 인정하는가?
Interaction	부모와 자녀가 질적으로 풍부하고 의미 있는 대화를 주고받으면서 문해 활동을 하는가?
Modeling	일상에서 부모가 문해 활동에 모델이 되는 행동을 하는가?

다. 부모가 이메일을 쓰거나, 장 보러 갈 때 구매 목록을 작성하거나, 누군가에게 카드를 쓰거나, 신문을 읽는 모습 등은 일상생활의 짧은 순간이고 별 의미 없는 것처럼 보일 수도 있지만 자녀에게 고스란히 영향을 미친다. 아이도 문해 활동을 하고 싶게 만들고, 문해 성향을 만드는 자극이 되는 것이다. 부모가 요리법을 보면서 조리하는 모습, 가족들에게 메모를 남기는 모습도 모두 모델링에 해당한다. 그러니 이런 모습을 일상에서 많이 보여 주는 것이 좋다.

한편 부모의 독서 시간과 자녀의 독서 시간 사이에는 높은 수준의 상관관계가 있다. 책을 읽는 게 가족생활의 자연스러운 일부일 때 자녀도 독서가가 된다. 부모가 책을 전혀 읽지 않는 가정에서 자녀가 책을 많이 읽기는 어렵다. 즉, 독서도 모방 효과가 있다. 어머니가 여가 독서를 잘 실천하는 가정에서는 자녀도 여가 독서를 잘하는 것으로 나타났다(편지애 외, 2022). 남는 시간에 즐거움을 위해서 책을 찾는 경우를 '여가 독서'라고 한다. 우리 아이들이 주로 하는 독서는 공부에 도움이 되는 '학습 독서'이다. 그런데 진정한 독서는 다른 여러 가지 여가 활동과 비교했을 때 선택되는, 즉 즐거움을 위해서 읽는 경우다.

이제부터라도 가정에서 자녀에게 책을 읽는 모습을 보여 주었으면 한다. 아이에게 책 읽는 모습도 보여 주고 양육서를 읽으며 육아 정보도 얻을 수 있으니 일거양득이다. 그런 점에서 어린이 또는 청소년 책을 다룬 성인용 책을 추천한다. 읽기 쉽고 재미있을 뿐만 아니라 자녀 독서 지도에 직접적으로 도움이 되기 때문이다.

　　이런 모델링이 왜 의미가 있을까? 아이가 독서에 대해 '우리 엄마, 아빠가 하는 건데, 저건 가치 있는 행동이구나'라고 느끼고, 자신도 해야 하는 행동으로 인식하게 만들기 때문이다. 부모가 스스로 책을 읽을 뿐만 아니라, 매일 아이에게 책을 읽어 주고 그걸 바탕으로 대화를 나누면 아이도 독서에 기쁨을 느끼게 되며 문해력도 자연스럽게 발달한다. 나중에 많은 돈을 들이며 학원에 보내고, 고민하고, 실망하는 것보다 훨씬 더 바람직하고 합리적인 방법이다. 아침 식탁에서는 특히 전날 밤에 읽은 책에 대해서 이야기 나누기 좋다. 여행을 갈 때도 여행지에 맞는 책이 무엇일까 생각해서 적합한 책을 골라 가져가면 기억에 남는 아주 재미있는 독서 경험을 할 수 있다. 신문이나 잡지를 읽고서도 아이와 이야기를 나누면 효과적이다. 모델링이 결국 상호작용으로 이어져서 의미가 더 크다.

풍부한 문해 자료 갖추기

문해 발달에 책만 중요한 건 아니다. 집안 곳곳에 환경인쇄물과 같은 다양한 읽기 자료가 있으면 금상첨화다. 아동용 잡지나 신문, 전단지, 아이가 끼적거려서 만든 책이나 그림 등도 좋은 읽기 자료가 된다. 안내문이나 고지서도 훌륭한 실제적 읽기 자료다. 요즘은 종이 신문을 구독하는 가정이 크게 줄었는데, 신문 구독은 풍부한 문해 자료를 갖출 수 있는 좋은 방법이다. 하물며 신문과 함께 오는 광고지조차 자녀의 문해력을 키우는 데에 그 나름의 쓰임새가 있다. 종이 신문을 구독하지 않더라도 온라인 기사를 검색해서 부모와 자녀 간의 상호작용 매체로 삼으면 자녀의 문해력이 더 효율적으로 발달할 수 있다.

　쓰는 데 필요한 도구도 필수적이다. 종이는 크기와 색깔뿐 아니라 재질이 다양하면 좋지만 모두 구비할 필요는 없고 포장지, 남은 종잇조각, A4 용지 이면지도 좋다. 이런 종이를 상자에 담아 아이의 놀이 공간이나 학습 공간에 놓아 두면 아이가 자발적으로 무언가 쓸 확률이 높아진다. 특히 유아 또는 초등 저학년이라면 이런 종이와 필기구가 놀이와 문해를 연결하는 데에 효율적으로 사용된다. 시장놀이에서는 살 물건의 목록이나 영수증을 위한 종이로, 병원놀이에서는 의사의 차트로, 소꿉놀이에서 요리할 때는 메뉴판이 즉석에서 만들어지고 반복적으로 사용될 수 있다.

　벽면이나 바닥에 큰 전지를 붙여서 아이가 마음껏 그리거나 끼적일 수 있도록 하는 것도 추천한다. 벽면에 붙이는 칠판도 쓰임새가 좋다. 필자는 4절 스케치북을 싼값에 대량으로 구입해서 미술 놀이에 쓰기도 하고, 전단지를 오려 붙이며 낱말 놀이를 이끌기도 했다. 몇 면에 걸쳐 크레파스와 색연필로 '유제품', '채소', '과일'처럼 범주를 쓰고 사진을 붙여 마트를 꾸미는 낱말 놀이였다. 그 밖에 무료로 얻을 수 있는 각종 수첩이나 공책도 꺼내 두면 활용도가 높다. 아이 스스로가 주기적으로 무언가를 기록하게 되면 가장 바람직하다.

필기도구는 매우 다양한데 저학년 때까지는 연령에 맞는 인체공학적인 필기구가 좋다. 영유아와 저학년을 위해서는 아이 손에 잘 맞는 필기구인지, 필기감은 부드러운지, 굵기와 진하기는 어느 정도인지 부모가 직접 확인하고 구입하면 좋다. 어린이 손에 잘 맞는 짧고 굵은 필기구나 왼손잡이용도 구할 수 있다. 색연필이나 마커는 색이 잘 보이도록 통에 세워서 놀이 공간, 책상, 거실 등에 놓아 두면 쓰기 행동을 장려하는 데 도움이 된다.

돌, 솔방울, 조개껍데기 같은 자연물도 문해 자료로 쓰일 수 있다. 꾸미기, 만들기, 글자처럼 늘어놓기 같은 문해 활동에 참신한 소재로 활용된다. 식품도 아이들이 선호하는 소재이므로 종종 문해 자료로 쓰면 좋다. 젤리, 긴 떡, 빵이나 콩 같은 곡물 등으로 글자 모양을 만들어 보며 흥미로운 문해 활동을 할 수 있다. 이렇게 실제성을 가진 자료를 활용하는 것이 아동의 발달에 적합한 방식이다.

마지막으로 취학 전 유아가 있는 집에서 꼭 갖추어야 할 것은 글자 블록이다. 글자 모양의 자석을 꼭 글자 하나하나를 가르치는 데만 쓸 필요는 없다. 어릴 때부터 자주 보고 손으로 만지면서 놀게 하면 된다. 필자의 집에서는 아이가 한글 자모, 영어 알파벳, 숫자 블록들로 냉장고 가득히 티라노사우루스 모양을 꾸몄다. 글자를 모르고 하는 활동이 과연 의미가 있을까 싶겠지만, 글자 모양을 반복적으로 보고 손으로 만져 보는 것이 어린이가 감각을 통해 학습하는 방식과 딱 맞는다. 이런 놀이가 기반이 되어 나중에 글자를 배울 때 훨씬 쉽고 재미있게 배울 수 있다.

소근육 운동 지원하기

소근육 운동fine motor은 손가락 끝을 정밀하게 움직이는 것을 말한다. 요즘 유아와 초등학생은 특히 코로나19 팬데믹을 거치면서 이전 세대보다 손가락을 덜 사용하는 것으로 나타났다. 아이들이 스크린 기기를 사용하는 시간 비율이 증가하면서 보통 손가락을 한두 개만 쓰는 것이 원인이었다. 터치스크린에 터치와 드래그 앤드 드롭을 하는 것은 정교한 움직임이 아니므로 다양한 소근육이 필요하지 않다.

한 연구에서는 스크린 기기를 전혀 사용하지 않은 유아보다 자주 사용한 유아가 소근육 운동 기술이 더 떨어지는 것을 밝혀냈다(Daud et al., 2020). 아이들이 독립적인 일상생활을 하는 데 필요한 자조 기술self-help skills도 떨어지는 것으로 보인다. 혼자서 단추를 채우고 신발 끈을 묶는 것을 부모가 너무 많이 도와주면 아이가 스스로 시도해 보면서 소근육을 기를 기회가 줄어든다. 게다가 과거에 어린이들이 많이 했던 놀이, 예를 들어 구슬치기나 딱지 접기는 손가락을 많이 이용했는데 요즘 놀잇감은 그렇지 않다.

가정문해환경을 다루면서 왜 소근육 운동 기술을 강조할까? 어릴 때 소근육 운동 기술이 발달해 있을수록 커서 문해력도 높고 학업성취도 좋은 것으로 나타났다(Accardo et al., 2013; Escolano-Pérez et al., 2020; Feder & Majnemer, 2007; Grissmer et al., 2010; Rueckriegel et al., 2008). 손가락 끝을 가지고 공부하는 것은 아닐 텐데, 그 이유는 무엇일까? 소근육을 관장하는 뇌 영역이 우리의 인지능력과 정보처리를 담당하는 부분과 같은 공간이라는 설이 우세하다. 소근육 운동을 통해서 그 부위가 활성화되고 가소성에 의해 잘 발달하면 그 부위를 필요로 하는 다른 인지능력도 좋아지는 것이다.

가정에서는 아이가 젓가락질, 물 따르기, 의류의 지퍼나 단추, 끈 사용하기, 요거트 같은 식품 뚜껑 따기 등을 일상적으로 연습하게 하는 것이 좋다. 처음에는 잘 못하겠지만 반복해서 연습할 수 있도록 격려해 주자. 아이들은 실수를 하면서 배우고 숙달된다.

놀이를 통해서도 소근육 운동을 활발하게 할 수 있다. 종이접기도 아주 예리한 손끝의 감각이 필요하기 때문에 소근육 발달에 좋은 활동이고, 점토 놀이도 손의 근육 자극에 적합하다. 각종 블록을 쌓는 연습, 직소 퍼즐 맞추기, 알이 작은 콩 또는 구슬을 옮기거나 세기, 종이 위의 선을 따라 필기도구로 끼적이거나 미로를 벗어나는 활동도 좋다. 아이들에게 적합한 안전 가위로 종이를 다양한 모양으로 오리는 것도 충분히 연습해 볼 수 있다. 그리기, 색칠하기, 찍기, 만들기 등의 미술 활동에는 손이 쓰이지 않을 수 없으니 집에서도 자주 재미있게 하면 좋겠다.

소근육은 5세에서 10세 사이에 가장 잘 발달한다. 이 시기를 놓치지 않기 위해 가정에 다양한 일상용품과 놀잇감, 문해 자료를 갖춰 두고 자주 활용하기를 추천한다.

문해력을 키우는 그림책 활용법

깊이 있고 예술적인 매체인 그림책을 잘 활용하면 아이를 문해력 걱정 없이 키울 수 있다. 4장에서는 그림책의 장르별 특성을 비롯해, 성인과 아동의 그림책 함께 읽기에서 언어적 상호작용이 왜 중요한지 살펴보고, 좋은 그림책을 고르고 읽어 주는 방법까지 다루고자 한다.

그림책이란 무엇인가?

인생에서 처음 만나는 책인 그림책은 아이들의 문해 경험에 있어서 아주 중요한 최초의 자료다. 그림책은 무릎 위의 작은 미술관이라고 불러도 될 만큼 그림의 수준이 우수하고 화려하다. 그래서 그림책은 문해력뿐만 아니라 심미적인 측면을 키워 주는 매체로 쓰이기도 한다. 또한 영유아기의 언어와 문해 발달에 가장 핵심적인 역할을 한다. 그림책은 많이 읽어 주는 것보다는 아동에게 어떻게 효과적으로 읽어 주느냐가 중요하다. 인지적 측면 외에 사회·정서 발달에도 크게 기여하는 것이 그림책 읽어 주기 경험이다.

그림책은 교재는 아니지만 아동이 그림책을 자연스럽게 접하다 보면 세상에 대해서 많은 것을 배우게 된다. 일단 언어 면에서 낱말, 문법, 관용 표현을 익히게 되고 인과관계, 사람들의 정서, 과학 원리 등에 대해서도 자연스럽게 알게 된다. 즉, 그림책은 어린이가 세상을 학습하기에 아주 적합한 방식으로 정보를 제공하는 매체다.

그림책을 종종 '동화책'이라고 부르는 것을 볼 수 있다. 동화童話는 어린이를 위한 이야기라는 뜻이다. 하지만 그림책은 0세부터 100세까지 나이와 관계없이 보는 책이므로 아이들만을 독자로 하지 않는다. 게다가 그림책에서는 그림이 의미를 전달하는 데 상당히 중요한 역할을 한다. 그래서 그림책을 글과 그림의 행복한 결혼에 비유한 학자도 있다. 글 텍스트와 그림 텍스트가 따로, 또 같이 중요하기 때문이다. 그래서 학계에서도 공식 용어는 동화책이 아니라 '그림책picture book'이다.

그림책의 장르별 특성 알아보기

그림책의 하위 장르로 '창작 동화', '전래 동화', '명작 동화' 같은 명칭이 쓰이는 것을 볼 수 있다. 근거도 없이 상업적으로 널리 퍼진 구분이다. 아무리 옛이야기에 기반을 두고 만들어진 저작물이라 하더라도, 글을 쓰고 그림을 그리는 각 작가의 관점과 개성에 따라서 완전히 다른 책이 만들어지기 때문에 모든 책은 창작에 기반을 둔다.

말이 나온 김에 그림책 장르 중에 옛이야기 그림책부터 살펴보자. 옛이야기를 바탕으로 만들어진 책 중에서 우리 문화를 다룬 경우는 '전래 동화'라고 하고, 서양의 이야기는 '명작 동화'라고 하는 것도 적절하지 않다. 명작이라는 것은 고전, 스테디셀러, 베스트셀러의 느낌을 아우른 것으로 보인다. 다시 말하지만 '그림책'이 정확한 표현이니 '옛이야기 그림책'으로 통칭하는 것이 맞겠다. 옛이야기 그림책은 설화를 바탕으로 한다. 설화는 '아주 긴 시간 동안 입에서 입으로 구전되어 내려온 이야기'라는 의미를 지닌다. 그 아래에 또 여러 갈래가 있어 민담, 전설, 신화, 우화로 나뉜다.

민담은 말 그대로 사람들 사이에서 흥미와 재미 위주로 떠돌며 전해 내려오는 이야기라는 뜻이다. 옛이야기 책 중에서도 아마 민담이 가장 많을 것이다. 「팥죽 할멈과 호랑이」, 「장화홍련전」, 「반쪽이」 등이 민담에 해당한다.

전설은 사람들이 어느 정도 근거를 가지고 믿는 이야기로, 구체적인 공간, 시간, 인물 등이 증거로 나오면서 "옛날에 이런 일이 있었대, 그것의 유래는 이런 거래." 하는 것을 말한다. 울산 바위는 어떻게 그 자리에 있게 되었고 그런 이름을 갖게 되었나 하는 유래와 관련된 이야기를 예로 들 수 있다.

이와 비교했을 때 신화에는 신적 존재가 등장한다. 그래서 구체적인 증거가 없어도 듣는 이나 읽는 이가 그냥 믿고 넘어가는 내용을 담고 있다. 대표적인 것이 건국신화로, 「단군신화」, 「마고할미」, 「창세가」 등을 예로 들 수 있다.

마지막으로 우화는 민담의 한 갈래이기도 한데, 의인화된 동물이 등장한다는 특징이 있다. 도덕적이고 윤리적인 내용으로 교훈을 주는 「토끼와 거북이」 또는 「여우와 신포도」 같은 『이솝 우화』가 대표적이다. 이런 갈래의 오래된 이야기를 되살려 글과 그림을 만든 책이 옛이야기 그림책이다.

이런 옛이야기 그림책에는 공통적으로 어떤 특징이 있을까? 일단 이야기의 완결성 구조가 매우 뚜렷하다. 그래서 기승전결의 흐름이 아주 빠른 호흡으로 이어지며 독자가 이야기에 빠져들게 하는 힘이 강하다. 내용 면에서는 권선징악, 즉 선을 추구하고 악한 사람은 벌을 받는 교훈적 이야기가 많다. 한편 긴 이야기를 짧은 호흡 안에다 담아야 해서 등장인물은 상당히 전형적이고 단순하다. 효자, 효녀, 욕심쟁이, 나무꾼, 가난한 집의 아이, 노부모 등 이름도 없고 사는 곳도 중요하지 않은 인물이 주로 등장한다.

문해 측면에서 의미가 있는 특징으로는 구어체 문장을 들 수 있다. 다른 장르의 책과 비교하여 대부분의 옛이야기 그림책은 더 강력한 구어체로 기술된다. 이는 설화에 바탕을 두고 만들어진 맥락을 반영하는 것으로, '~가 ~했던 거라'처럼 마치 할머니가 손자 손녀한테 옛날이야기를 들려주듯이 쓰여 있는 경우가 많다. 그래서 부모가 옛이야기 그림책을 처음에 읽어 줄 때는 조금 어색할 수 있지만 아이들은 더 친밀감을 느끼면서 푹 빠져 들게 된다.

이와 관련하여 리듬감을 살려 주는 문장 표현과 반복적인 이야기 구조도 흔하다. 「좁쌀 한 톨로 장가든 총각」, 「커다란 순무」처럼 패턴이 반복되거나 누적되는 경우, 세 딸이 나온다거나, 두 번 실패하고 세 번째 성공하는 이야기가 그 예다. 그리고 상투적인 표현도 많이 쓰인다. "옛날 옛적 호랑이가 담배 피던 시절에"로 시작하고, 마지막에는 "그래서 부자가 되었대", "행복하게 살았단다"와 같이 끝이 난다. 이런 형식적 특성은 아동이 문해의 구조적 측면에 익숙해지도록 도와준다.

이야기가 워낙 흥미로운 데다 반복해서 듣다 보면 이해하기도 쉽고 기억도 잘 나기 때문에 옛이야기 그림책은 아이들이 '읽는 척하기' 좋은 장르다. 흔히 '인스턴트 리더instant reader'라고도 하는데, 이는 나쁜 의미가 아니라 아이들이 도전정신을 가지고 읽기를 배우게 만들어 주는 행위다. 읽기를 배워 가는 초기 단계에서 '나는 이미 읽기를 할 수 있어, 그렇게 어려운 게 아니야' 하는 마음을 갖게 되는 것이다. 이 장르를 활용할 때는 그림책에 나오는 소품을 같이 만들어 보거나, 가족 간에 역할을 나누어서 대본처럼 읽기 또는 연극하기를 추천한다. 반복해서 읽어 주었다면 아이가 이미 내용을 잘 알고 있고, 일부는 암기도 할 수 있을 것이다.

다음으로 사실주의realism 그림책은 우리가 살아가는 현실 세계에서 일어날 수 있는 사건을 다루는 그림책이다. 정말 현실 그대로이기 때문에 아이가 유치원에 다니고 초등학교에 다니는 이야기가 담겨 있다. 첫 심부름 하는 이야기, 엄마한테 혼난 이야기, 치과 가는 길이 무서웠다는 이야기 등이라 아이가 친숙함을 느낄 수 있어 좋다.

사실주의 그림책은 한편으로 이렇게 지극히 일상적인 내용뿐 아니라, 내 삶에서는 경험하기 힘들지만 세상 어딘가에서는 일어나는 일을 담고 있기도 하다. 예를 들면 전쟁, 장애, 이혼과 같은 가정의 해체, 할아버지·할머니의 치매 같은 이야기를 다룬다. 아이들은 이런 책을 읽음으로써 간접적으로 세상을 경험할 수 있다. 그러면서 나와 다른 입장에서 생각하는 법을 배우고 새로운 관점을 형성한다. 사실주의 그림책은 각 인물의 입장에서 정서를 느껴 보고 나의 경험과 연결시키기에 좋은 장르다.

사실주의 그림책과 반대 방향에 있으면서도 아이들이 정말 좋아하는 장르는 환상 그림책이다. 아동문학 중에서도 아주 높은 수준의 상상력이 발휘되는, 현실 세계를 과감하게 벗어난 장르다. 구름빵을 먹거나 마법 침대에 누워 경험하는 신비한 일, 하늘나라에서 누군가 찾아오는 이야기, 초능력을 이용해 초자연적인 힘을 가진 괴물과 싸워서 이기는 이야기는 어린 독자의 모험심을 자극한다. 아이가 집을 벗어나 어딘가로 모험을 떠나지는 못하지만(그럴 필요도 없지만) 등장인물을 통해 대리만족을 할 수 있다. 대표적인 것이 현실이라는 일차 세계를 떠나 이차 세계로 가는 것이다. 내 방을 떠나서 처음 경험하는 새로운 세계로 갔다가 다시 원래의 자리로 회귀하는 『괴물들이 사는 나라』를 예로 들 수 있겠다.

환상 그림책은 어른을 포함해 누구나 좋아하는 장르다. 책 읽기를 싫어하는 아이들에게도 처음으로 독서에 맛을 들일 기회를 제공한다. 환상 그림책을 함께 읽으면서 이야기를 예측하거나, 읽고 나서 내가 주인공이 된다면 어떨까 상상하거나, 새로운 결말을 만들어 보는 등의 독서 활동을 할 수 있다.

다음은 논픽션에 해당하는 정보책information book이다. 요즘에는 이야기 형식을 응용하여 어린 독자들이 흥미를 가질 수 있도록 한 책도 많다. 특정 주제에 초점을 맞추어 어린이 수준에 맞는 다양한 삽화, 사진 등의 시각 자료를 정보와 함께 제공하기 때문에 정보 그림책이라고 한다.

아이들이 좋아하는 정보 그림책의 대표적인 주제는 공룡이나 사람의 몸, 상어 등의 수생 생물, 곤충, 교통기관, 의복, 음식 등 다양하다. 숫자나 수 개념을 다룬 수 그림책, 자모 그림책도 있다. 수 그림책은 수 세기, 일대일 대응, 덧셈, 뺄셈, 크고 작은 것 비교하기, 서열 정하기 등을 다룬다. 수학적 개념의 기초를 만들어 주는 데 많은 도움이 되는 장르다. 1부터 시작해 10이나 12 또는 100까지 카운팅을 하는 것이 가장 기본적인 얼개다. 자모책은 알파벳 북이라고 보면 된다. 영어 알파벳처럼 한글 자모의 모양, 이름, 소리를 'ㄱ'부터 'ㅎ'

까지 또는 '가'부터 '하'까지의 순서로 다루면서 기발한 방식으로 스토리가 구성되어 있다. 자모책의 주제는 놀랄 만큼 다양하니 자녀가 좋아할 만한 주제를 골라 두세 권 비치해 두자. 같이 여러 번 반복해서 보면 한글의 원리를 익히고 자연스럽게 학습하는 데 효과적이다.

시 그림책도 있다. 시 그림책은 동요나 동시를 그림과 함께 실어서 예쁜 책을 만든 것이다. 동요나 동시를 텍스트로 하기 때문에 훨씬 입에 착 붙는 리듬감을 가진다. 운율이 강해서 시 그림책을 활용하면 아이들의 말소리 인식(음운론적 인식)에 직접적인 도움이 된다. 노래 가사를 바꿔 불러 보거나, 책을 보고 시 지어 보기, 말놀이 등으로 문해 활동을 이어가기에 좋다.

책에 따라서는 동시 한 편이 한 권의 책이 되기도 하고, 한 면마다 한 편의 시가 들어가서 그림과 어울리는 경우도 있다. 요즘은 각종 말놀이책이 많이 나오는데 자녀가 영유아라면 이런 책도 꼭 구해 보기를 바란다. 우리말의 아름다움을 느끼고 말소리 인식을 키우는 데에 적합하다.

마지막으로 글 없는 그림책에는 말 그대로 글이 (거의) 없다. 가끔 한두 단어 또는 한 문장 정도가 들어가기도 하지만 기본적으로 그림이 이야기를 끌고 간다. 세계적으로 유명한 여러 작가가 높은 수준의 글 없는 그림책을 많이 만들어 왔다. 어떤 부모는 글자가 없는 책을 사는 건 아이 교육에 효과가 없다고 생각하기도 하지만, 아이들의 시각 문해와 이야기 이해력을 높이면서 구어 능력까지 다지는

데 도움이 되는 책이 바로 글 없는 그림책이다. 영아가 볼 수 있는 것부터 초등학생용까지, 또는 어른이 봐도 약간 어렵고 이야기를 어떻게 만들어 내야 할지 쉽지 않은 책까지 다양하니 온 가족이 즐기기에 좋다.

글 없는 그림책에는 글이 없으니 그림을 더 자세히 보게 된다. 아이가 아직 자연스럽게 해독을 못 하는 시기까지는 그림책의 그림을 깊이 들여다보면서 세부 사항에 집중하고 '그래서 이야기가 어떻게 전개되는 것인가', '이 부분은 우리말로 어떻게 표현할 것인가'를 생각해 보는 게 아주 중요하다. 그림을 보는 동안 어른이 옆에서 들려주는 문장의 내용을 그림과 결합하는 경험을 많이 해야 이해력이 쑥쑥 는다. 그래서 이렇게 그림을 자세히 보아야만 하는 책이 의미가 있는 것이다.

또 이런 책은 글 텍스트로 내용을 한정하여 알려 주지 않기 때문에 열 명이 보면 열 개의 이야기가 만들어진다. 어제 봤을 때와 오늘 볼 때 다른 이야기를 만들 수 있고, 초점을 바꿔 가며 매번 다른 등장인물을 주인공으로 창의적인 이야기를 만들 수도 있어서 한 권을 구매해도 큰 효과를 볼 수 있는 책이다.

글 없는 그림책을 함께 볼 때는 "이게 무슨 장면이지? 이다음에는 어떤 일이 생길까?"처럼 적절하게 질문을 해주는 것이 필수적이다. 그림책 장면을 카메라로 찍어 출력해서 사용해도 좋다. 각 장면을 시간 흐름에 따라 배열하여 이야기의 흐름sequence을 되짚어 보는 데에 활용하면 된다. 그림책 장면들은 동영상이 아니므로 오히려 상상력이 더 발휘된다. 각 장면에서 어떤 소리가 날지, 인물이 어떤 모양으로 움직였을지 추측해서 적절한 의성어나 의태어를 넣어 볼 수도 있다. 접착식 메모지에 써서 붙여 보면 재미있는 모델링 활동이 될 것이다. 글 없는 그림책은 독자가 이야기를 만들기 나름이므로, 자유롭게 구성한 내용을 글로 쓰거나 녹음하면 좋다. 스마트폰 하나만 가지고도 할 수 있는데, 나중에 녹음한 내용을 들으면서 책을 다시 보기에도 좋은 방법이다. 글 없는 그림책이야말로 형제끼리 읽어도 좋고, 글을 전혀 모르는 아동을 포함해 온 가족이 같이 읽어도 좋으니 문해 활동의 핵심 매체로 삼는 것을 추천한다.

그림책 함께 읽기의 놀라운 힘

부모와 자녀가 함께 책 읽기shared book reading는 영유아기부터 초기 학령기까지 아동의 인지, 언어, 문해, 정서 발달에 지대한 영향을 미친다. 그림책을 양적·질적으로 풍부하게 읽어 주는 것이 다양한 발달 영역의 성취를 촉진한다는 연구 결과는 어마어마하게 축적되어 있다.

 부모가 아기에게 책을 읽어 주면서 상호작용을 한 정도는 1년 후의 언어 능력, 유아기의 어휘력, 아동기의 읽기 이해력과 학업성취 모두에 강력한 영향을 주는 것으로 나타났다(Attig & Weinert, 2020; Farrant & Zubrick, 2012; Leech et al., 2022; Paulson et al., 2009). 책 읽어 주기를 일찍 시작하는 것이 중요하다. 첫돌 이전에 책을 읽어 주기 시작한 경우 그보다 늦은 경우에 비해 아이가 초등학교 1학년이 됐을 때 읽기 능력과 읽기 동기가 모두 더 높게 나타나(정수정·최나야, 2012), 그 누적효과가 증명되었다. 생후 6-7개월 때 책 읽어 주기의 종단적 효과 역시 밝혀졌다. 이는 사실 상당히 무서운 결과다. 생애 초기에 그림책이라는 매체를 가지고 부모가 어떤 말을 들려주었는지가 자녀의 문해력을 포함한 전반적인 언어 능력을 설명하는 기초가 되는 것이다.

또한 양만 중요한 게 아님을 인식해야 한다. 아동의 문해 발달에는 함께 책 읽기를 통한 상호작용의 질이 중요하다. 수준 높은 상호작용을 하면서 책을 읽어 주면 인지적·정서적 성장이 함께 일어난다. 어른뿐 아니라 아동도 질문, 대답, 표현을 통해 활발하게 참여할 때 함께 책 읽기의 효과가 가장 크다. 이러한 대화는 구어로 이루어지지만 이후에 필요한 문해력의 기반이 된다.

이때 강조되는 부분이 바로 대화식 책 읽기 dialogic reading 이다. 지금까지 전 세계에서 이루어진 관련 연구들이 한결같이 내놓은 결론은 '자녀에게 그림책을 많이 읽어 줘라'가 아니고 '그림책을 읽어 주면서 대화를 많이 하라'이다. 그림책에 쓰여 있는 글 텍스트 자체보다는 그걸 읽어 주면서 부모와 자녀 간에 나누는 대화의 양과 수준이 더 중요하다는 것이다.

 부모가 그림책을 읽어 주면서 뭔가 설명하고, 책의 내용과 아이의 경험을 연결하며, 개방적인 질문을 던져서 아이가 생각하게 함으로써 자녀의 사고력을 높여 주고 다양한 어휘를 쓰게 만들 수 있다. 대화를 적극적으로 이끄는 것이 핵심이다. 아이와 텍스트 내용 간 거리를 좁혀 주는 것distancing strategy을 통해 내용 이해를 돕고, 풍부한 대화가 오가게 할 수 있다. "우리도 여기 가봤지? 너 이런 거 좋아하지?"처럼 사전 경험에서 대화 시작점을 끌어내는 것이다. 이런 언어적 상호작용은 아동의 어휘력, 말하기 능력, 문해력 모두를 발달시키는 가장 효과적인 방법이다.

좋은 그림책 고르는 법

우리나라의 독특한 출판 문화 덕분에 아동용 도서를 전집으로 한 번에 많이, 싸게 살 수 있어서 전집을 구매하려 한다면 재고하길 바란다. 대부분의 전집 도서는 짧은 시간에 만들어져 단행본 그림책을 만들 때만큼 정성이 들어가지 않은 경우가 많다. 특히 과목별 학습을 위한 도서(예: 수학동화 전집, 과학동화 시리즈, 한자그림책 전집 등)는 유아기에 충분한 읽기 동기를 확보하기 어려움에도 많은 전집이 교육을 목표로 하고 있다.

따라서 글과 그림 작가, 심지어 번역자, 편집자, 출판사까지 고려해 단행본 그림책을 한 권씩 정성껏 고르는 것이 첫 번째 숙제다. 이때 자녀에게 너무 쉽거나 너무 어렵지 않은 책을 골라야 한다. 물론 아이가 어릴 때 본 책을 좋아해서 계속 반복해 읽고 싶어 할 수는 있다. 그러나 기본적으로 아이의 읽기 수준에 맞고 흥미를 느낄 만한 책이 좋다. 너무 어려운 책을 빨리 보여 주면 '책 읽기라는 건 이렇게 어렵고 재미없는 거구나', '나는 독서를 못 하는 사람이구나'라고 느낄 수 있다.

어린이용 그림책은 소리 내어서 읽어 보면 좋은 책인지 아닌지 구별할 수 있다. 문장이 간결하고, 재미있는 말이 포함되어 있거나 읽었을 때 리듬감이 잘 살아 있는, 즉 아이가 들었을 때 좋은 글이 담겨 있는 것이 훌륭한 책이다. 그리고 아이가 좋아하는 주제부터 먼저 시작하는 것을 추천한다. 인터넷 서점에서 미리 보기 기능으로 앞부분을 확인하면 자녀가 좋아할 만한 책인지 판별할 수 있다. 신간이나 베스트셀러도 좋지만 그림책은 스테디셀러에 보물이 많으니 해당 영역에서 검색하는 것을 권한다.

어릴 때는 책 편식을 하지 않고 다양한 장르와 주제의 책을 골고루 접하게 해주어야 한다. 발달 수준에 따라 보자면 영아들은 들었을 때 말소리가 재미있는 것 또는 말놀이나 짤막한 동요, 동시를 텍스트로 한 책이 적합하다. 그림 면에서도 단순한 것, 반복적이거나 예측하기 쉬운 것이 인지적 수준에 알맞다. 유아기에는 읽기 경험이 누적되고 이야기를 이해하는 능력도 자랐을 것이다. 이때는 줄거리가 분명한 이야기를 담고 있는 그림책이 좋다. 앞에서 살펴본 그림책을 장르별로 골고루 경험하게 해주길 바란다. 유아마다 선호하는 장르나 주제가 있겠지만 가끔 다른 유형의 책을 보면 새로운 선호가 생길 수 있다. 내용 면에서 깊이가 있어 생각할 거리를 던져 주는 책은 유아에게는 어렵다. 글 없는 그림책도 수준이 다양하므로 이야기 흐름과 디테일 면에서 수준이 높은 책을 골라 주면 좋다.

그림책 읽어 주는 노하우

일단 아이가 먼저 같이 읽자고 하는 경우가 가장 좋다. 물론 부모가 책을 골라 주거나 읽어 주려고 할 수 있지만 적어도 책의 절반은 아이가 고를 수 있게 하는 것이 읽기 동기 측면에서 바람직하다.

　그림책은 표지와 면지end paper에 아름답고도 의미 있는 정보가 많이 담겨 있다. 본문보다 더 중요한 것이 내용에 대한 대화라고 강조했는데, 그런 대화를 쉽게 이끌어 낼 수 있는 소재가 바로 표지와 면지다. 특히 앞뒤 면지가 다른 경우는 놓치지 말고 이야기를 나눠 보라. 이야기 전개에 따라 앞 면지와 뒤 면지가 어떻게 달라졌는지 말해 보면 유용하다.

　그림책이므로 그림에 주의를 기울이는 것도 중요하다. 영유아라면 어른의 말을 들으면서 당연히 그림만 본다. 그래서 시간이 충분해야 한다. 만약에 해독을 유별나게 빨리하게 된 유아가 그림책에서 문장만 읽고 넘어간다면 그림에는 주의를 기울이지 못해 그림을 통한 이해는 놓치게 된다. 어른도 시간을 갖고 아이와 함께 그림을 읽어 가는 시간을 길게 가지면 여러 가지로 좋다. 일단 아이의 이해에 도움이 되고, 부모가 자녀의 이해 여부와 속도를 확인하기에도 유리하다. 또한 아이의 시각 문해력이 발달할 기회인 동시에 대화도 많이 할 수 있게 된다.

그림책은 반복해서 읽는 것이 기본이다. 그래서 소위 가성비가 좋은 책이다. 그림책 한 권을 다양한 방법으로 읽는 것을 추천한다. 유아 교육 기관에서는 그렇게 한다. 어떤 날은 그림만 보며 이야기를 추측하거나 대화를 나눠도 되고 picture walking, 어떤 날은 있는 그대로의 문장만 읽어 줘도 된다. 또 다른 날은 본문에 쓰인 특정한 언어 표현에 집중하는 것도 재미있다. 예를 들면 색깔 이름이나 요일 같은 개념, 특정 소리로 시작하는 낱말, 존댓말, 사투리일 수도 있다. 또는 우스꽝스럽게 이야기를 바꾸어 읽어도 괜찮다. 이런 식으로 그림책 한 권을 질리지 않게 여러 차례 반복해서 읽어 주면 언어 발달 효과를 더 크게 노릴 수 있다.

또한 그림책은 여유 있게 천천히 읽어 주는 것이 좋다. 그래야 자녀가 이해하는 속도에 맞추기 쉽고 대화를 나눌 거리가 더 생긴다. 서로에게 질문하고 싶은 것도 생각나고, 아이가 그림을 천천히 볼 여유도 줄 수 있다. 어른이 자기 속도로만 읽으면 아이들이 따라오기 힘든 경우가 생긴다.

　책을 읽어 줄 때 동화 구연을 하듯 과장된 목소리까지 낼 필요는 없다. 여러 등장인물이 목소리로 구별되는 정도면 충분하다. 목소리와 몸짓을 적절하게 활용해서 역동적으로 읽어 주면 아동의 흥미를 높일 수 있다.

　그리고 책의 내용과 아이의 사전 경험을 관련지어 짚어 주면 대화가 늘어난다. 즉, 아이와 책 간의 거리를 좁혀 주는 전략을 쓰는 것이다. 이렇게 하면 아이가 갖고 있던 사전 정보와 책에서 새로 접한 정보가 효율적으로 결합되고, 새로운 어휘도 풍부하게 쓰게 된다.

　풍부한 그림책 대화를 위해서는 질문과 대답이 필수다. '어떻게' 또는 '왜'로 시작하며 정답이 없는 질문이 가장 좋다. 이를 개방적·확산적 질문이라고 한다. 이런 질문에 대답하기 위해서 아이는 생각하기 시작하고, 대답을 하다 보면 꼬리에 꼬리를 물고 대화가 늘어난다. 부모는 보통 우리 아이가 집중해서 들었는지, 읽어 준 것을 이해했는지, 아이의 문해력은 어느 정도인지 궁금한 나머지 책 내용에 대해 시험 보듯이 질문하기 쉽다. 그런 것은 정말 꼭 필요할 때만, 아이가 부담을 느끼지 않는 수준과 방법으로 해야 한다. 아주 자연스럽게 말하면서도 이해했는지 여부를 체크할 수 있다. 시험 보듯 물어보면 아이가 이 시간을 좋아하기 힘들다. 그리고 부모와 자녀가 동등한 대화자가 아니라 위계 관계가 되어 버려 함께 책 읽기의 효과를 제대로 볼 수 없다.

그림책을 활용해 말놀이를 하면 음운론적 인식을 키우는 데 매우 효과적이다. 예를 들어 본문 표현을 이용해 재미있게 말 바꾸기, 특정 소리를 집어넣어서 웃기게 만들기, 끝말잇기, 수수께끼 등을 하기 위해 그림책을 출발점으로 삼을 수 있다.

독후 활동에 대해서는 부담을 버리는 것이 좋다. 책을 읽고 항상 독후 활동으로 연결하는 것은 과욕이다. 이건 정말 안 할 수 없다고 생각되는 때에만 하면 된다. 어떤 그림책을 읽고 요리를 하거나, 미술 활동을 하거나, 어떤 장소에 같이 가보거나 하는 식으로 내킬 때나 준비가 되었을 때 하면 된다. 그림책을 읽고 꼭 무엇을 해야 한다는 생각을 가지면 부모와 자녀 모두 책 읽기가 부담스러워진다.

아이가 초등학생이 되어서도 읽어 주기는 여전히 도움이 된다. 저학년에게는 그림책이 유효하고, 중·고학년에게는 판타지 동화나 신화 같은 부분을 자기 전에 편안하게 15분 정도 읽어 주면 좋다. 일단 아이의 듣기 이해력에 도움이 되고, 정서적인 관계를 조금 더 이어 나갈 수 있다. 다가올 사춘기에도 도움이 되고, 책과 더 이상 멀어지지 않게 방지할 수도 있다. 그렇게 시간을 보내고 잠자리에 드는 것이 블루라이트가 나오는 스마트폰이나 게임 화면을 보다가 자는 것보다 숙면에도 훨씬 좋다.

5장
한글, 언제 어떻게 가르칠까?

한글은 어떤 특성을 가진 문자 체계일까? 한글책임교육제라는 건 과연 어떤 내용을 담고 있는 정책일까? 자녀에게 한글을 언제 어떻게 가르치는 것이 좋을까? 5장에서는 한글 지도 방법에 대해서 살펴보고자 한다.

놀라운 알파벳, 한글

한글은 창제 시기와 주체가 알려진 유일한 문자로, 세계의 언어학자들이 창의성과 과학성을 인정한 우수한 체계다. 한글의 놀라운 특성은 우리 아이들이 이 문자를 익히는 데도 영향을 준다. 그러니 오랜만에 한글을 복습해 보자.

첫째, 한글은 음소문자 音素文字다. 세계에는 수많은 알파벳 체계가 있는데, 한글도 그중 하나다. 그래서 기본 단위는 개별적인 소리를 가진 음소들이다. 기본 자음 14개와 기본 모음 10개가 있고, 또 다른 소리를 나타내기 위해 결합을 통해 이중자음과 이중모음도 쓰여 자음은 총 19개, 모음은 총 21개가 쓰인다. 아주 경제적인 개수다.

둘째, 한글은 세계에서 유일한 자질문자資質文字다. 즉, 글자 자체가 소리의 특질을 반영하고 있다. 발성기관의 특성과 소리가 글자의 모양에 고스란히 담겨 있는 것이다. 소리가 비슷한 계열이면 모양도 유사하다. ㄱ-ㅋ, ㄴ-ㄷ-ㅌ-ㄹ, ㅈ-ㅊ 모두 마찬가지다. 획劃이 추가될 때마다 소릿값이 조금씩 달라지는 음성적 자질을 지닌다. 서로 비슷해서 아이들이 헛갈리지 않을까 생각할 수도 있지만, 이렇게 같은 계열이 있는 것이 조직적이고 체계적이기 때문에 배우기에 더 쉽다.

셋째, 한글은 음소문자이지만 독특하게 음절 단위로 모아 쓴다. 자음과 모음을 결합하여 하나의 음절을 만들고 받침인 자음까지 결합하기도 한다. 네모반듯한 하나의 글자가 완성되는 체계라, 외국 학자가 '알파벳 음절체 구조alphabetic syllabary'라고 이름 붙여 주기도 했다. 그러다 보니 우리말에서는 기본적인 자모에 해당하는 '음소音素'와 이것들이 뭉쳐서 글자 단위로 만들어 내는 '음절音節'은 둘 다 중요한 음운론적 단위다. 하지만 소리로도 시각적으로도 음소 단위보다 음절 단위가 더 드러나는 측면이 있다. 이는 아이들이 주변에서 많이 보는 낱말 안에서 글자 단위를 쉽게 알아보고, 또 음절 단위 말소리를 쉽게 인식하는 바탕이 된다.

넷째, 한글은 표음성이 우수하다. 자모를 이용해서 어떤 소리를 실제에 가깝게 표현할 수 있다는 뜻이다. 모음이 다양해 로마자, 대표적으로 영어 알파벳과 비교했을 때도 그런 특성이 강하고, 음절문자인 일본어 가나와 비교해도 음소를 활용해 소리를 더 정확하게 나타낼 수 있다.

다섯째는 아이들이 한글을 배울 때 크게 영향을 주는 중요한 특성으로, 자소-음소 대응 관계가 일관적으로 일대일 대응한다는 점이다. 이것은 하나의 자모가 가지는 소릿값이 하나밖에 없고, 어떤 소리를 나타내고자 할 때 쓸 수 있는 자모가 하나밖에 없음을 뜻한다. 이렇게 규칙적인 철자 체계를 '얕다shallow'고 표현한다. 대표적으로 이탈리아어나 독일어, 스페인어 문자가 그런 경향이 있지만 한글이 훨씬 더 강하다. 이는 결국 한 번만 원리를 알면 읽는 것에 큰 어려움이 없다, 즉 예외가 없다는 말로 통할 수 있다. 그래서 한글은 해독이 쉽고 철자법도 쉽게 배울 수 있다. 반면 영어 학습자에게는 수고로움이 요구된다. 알파벳 하나가 가진 소릿값이 여러 개인 경우가 많고, 또 어떤 소리를 나타낼 때 쓸 수 있는 알파벳이 여러 개인 경우가 많아 다대다多對多 대응이기 때문이다. 그러면 단어마다 스펠링을 일일이 외우거나, 예외 규칙을 많이 알아야만 단어를 읽어 낼 수 있어서 읽기, 쓰기에서 모두 부담이 크다.

마지막으로 한글은 소리를 나타내는 표음문자이지만 소리 나는 대로 기록하지는 않는다. 표기할 때는 뜻을 중시하는 표의주의를 따라 기본 형태소의 원형 그대로 표기한다. 읽고 이해하기 더 편리하도록 소리보다 의미를 중시하는 것이다. 소리 나는 대로 쓰는 게 읽기에 더 쉬울 것 같지만 실제로는 그렇지 않다. 예를 들어 '읽기의 편리성'을 소리 나는 대로 나타내면 '일끼에펼리썽'이 되어 한참을 들여다보아도 무슨 의미인지 파악하기 쉽지 않을 것이다. 그래서 뜻을 지닌 최소 단위인 형태소의 원형을 그대로 살리는 방식으로 표기하는 것이다.

초등학교에서 한글 배워요: 한글책임교육제

교육부에서 2017년부터 시행하고 있는 한글책임교육제를 소개하고자 한다. 아직 많은 부모가 모르고 있는 이 정책은 공교육을 통해 우리나라의 모든 초등학교 1학년생에게 한글 해독, 즉 글자를 읽고 이해하는 능력을 기를 수 있도록 책임지고 집중적으로 지원하겠다고 선언한 것이다. 미취학 유아가 어렵게 선행학습을 하지 않아도 초등학교에서 한글을 잘 배우고 적응하도록 하는 것이 목표다. 이에 따라 초등학교에서의 한글 교육이 보다 체계적으로 강화됐다. 기초학력 부진을 예방하고자 하는 측면도 있고, 한글 미해득 아동, 즉 한글을 아직 깨치지 못한 아동을 조기에 판별해 적절하게 지원하기 위한 측면도 있다.

구체적으로 보자면 전에는 한글 교육 시간이 1학년 때 27차시

밖에 없었으나, 이 정책 실행 이후 68차시로 크게 확대됐다. 그중 대부분이 1학년 1학기에 집중되어 있다. 첫 학기 전체를 한글을 배우는 시기로 쓸 수 있게 한 것이다. 그리고 어려운 겹받침 같은 경우는 2학년에 올라가서도 반복 학습할 수 있도록 교육과정이 조정되기도 했다.

초등 1학년 1학기 국어 교과서는 한글을 체계적으로 배울 수 있도록 구성되어 있다. '바른 자세로 읽고 쓰기'부터 시작하여, '재미있게 기역 니은 디귿'으로 자음을 배우고, '다 함께 아야 어여'에서 모음을 배운다. 그리고 자모의 조합을 통해 글자를 만든다. 그다음에는 '받침이 있는 글자', '소리 내요', '또박또박 읽어요'로 해독 연습을 한다. 마지막에 '그림일기를 써요'가 들어 있다.

예전에는 수학 교과서에 처음부터 문장이 나온다며 걱정하는 학부모가 많았다. 바뀐 수학 교과서는 문제가 문장 대신 대부분 그림과 기호로 표현되어 있고, 질문은 교사가 읽어 주므로 교과 활동에 어려움이 없다고 한다.

또한 1학년 아동에게 부적합한 낱말 쓰기는 지양하는 것이 원칙으로 제시되었다. 받아쓰기, 알림장이나 일기 쓰기도 첫 학기에는 하지 않는다. 알림장은 교사가 공책에 붙여 주고 내용을 읽어 주어 아이들은 듣고 이해하게 하고 학부모는 집에서 볼 수 있도록 한다. 1학년 1학기 마지막 단원에서 그림일기를 다루고, 2학기부터 그림을 그리고 거기에 짤막하게 문장을 쓰는 활동을 한다. 그러니 자녀가 취학 직전인데 아직 한글을 알지 못한다고 크게 걱정할 일은 아니다.

또한 웹 기반 프로그램인 '한글 또박또박'을 통해 1학년 1학기부터 한글 해득 수준을 진단하고, 한글 성장 결과지를 가정으로 보내 안내한다. 다만 이것이 예전의 받아쓰기 시험처럼 몇 개를 틀렸고 몇 등인지를 따지는 접근이 아님을 이해해야 한다. 오히려 아이가 바람직하게 잘 배우고 있는지, 현재 해득 수준이 어떤지를 정확하게 이해하여 이후 수준별 맞춤 학습을 제공하고자 하는 것이다. 2학기에 이 결과가 가정으로 안내되므로 부모는 아이가 어려워하는 부분이 뭔지, 지금 어디까지 자기 것으로 만들었는지 알 수 있다.

초등학교 입학을 몇 달 앞둔 만 5-6세 아이와 1학년 아이의 한글 해득 수준을 교사가 평가한 결과에 따르면 놀랍게도 유아들이 정규분포를 보였다. 물론 1학년이 한글 해득을 더 잘할 테니 오른쪽으로 조금 치우친 모습을 보이지만, 여기서 알 수 있는 포인트 두 가지

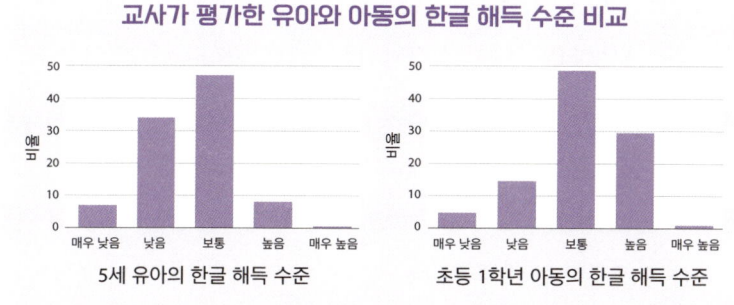

교사가 평가한 유아와 아동의 한글 해득 수준 비교

5세 유아의 한글 해득 수준

초등 1학년 아동의 한글 해득 수준

출처: 김효은·최나야(2023)

는 유아들도 한글을 이렇게 많이 해득했다는 것, 그리고 1학년 중에도 아직 해득 수준이 낮은 집단이 있다는 것이다. 우리 사회에서 한글 지도를 빨리 시작하는 현상과, 그럼에도 개인차가 커서 일부 아동은 1학년 중반에도 여전히 한글 해득을 못 한다는 실태를 보여 주는 결과다.

한글, 언제부터 가르쳐야 할까?

누리과정에 한글 읽기와 쓰기를 미리 연습하라는 지침은 없다. 그럼에도 영유아들이 아주 일찍부터 한글을 배우기 시작해 오랫동안 한글을 '공부'하는 사례가 많다. 한국 사회의 유별난 교육열과 경쟁의식의 영향도 있을 테고, 다른 문자보다 상대적으로 배우기 쉬운 측면도 어느 정도 영향을 미쳤을 것이다.

한글을 너무 일찍 배우면 어떻게 될까? 많은 부모가 '조기 독자early reader가 되면 좋은 것 아닌가? 글자를 빨리 배우면 그만큼 더 많은 글을 읽을 텐데, 인지적으로나 학업 면으로나 더 좋은 게 아닐까?' 이렇게 생각해서 영유아기부터 한글을 가르치기 시작한다. 그런데 이는 지나칠뿐더러 효과도 없는 선행학습이 될 수 있다.

빠른 경우 만 2-3세 때부터 한글 지도를 하는 것으로 파악되나 이는 아이들의 인지 발달에 맞지 않는다. 아이들은 원리를 이해할 때가 되어야 글자를 배울 수 있다. 유아기에 한글을 익혀서 해득만 빨리하는 것의 의미는 그리 크지 않다. 어릴 때 문해력이 좋으면 계속 문해력이 잘 발달하고 학습에도 영향을 미친다는 이론인 '매튜 효과'도 초등학교부터 적용된다. 유아기에 대한 연구 결과는 드문데 그 이유는 그때 문자 지도를 하는 나라가 거의 없기 때문이다. 또한 연구가 이루어진 경우에도 유아기 때 남들보다 빨리 글자를 배운다고 해도 별 효과가 없다는 결과를 보여 준다.

한글은 과학적이고 체계적이며 다른 문자보다 배우기 쉬운 문자다. 한글을 쓰는 우리 사회에서는 심지어 난독증 비율도 매우 낮다. 따라서 우리 아이들이 앞으로 한글을 잘 배우지 못할 거라고 예상되지는 않는다. 그러니 너무 조바심 낼 필요는 없다.

'줄탁동시啐啄同時'라는 사자성어가 있다. 병아리가 알을 깨고 나오기 위해서는 어미가 밖에서 껍질을 쪼아 주는 것뿐만 아니라 안에서 스스로 쪼는 힘도 필요하다는 뜻이다. 자녀의 학습도 부모의 마음만으로는 안 되고 오히려 자녀 스스로의 동기가 더 중요하다. 부모의 불안과 욕심으로 인해 우리 아이가 이 경쟁사회에서 어떻게 버틸까, 얼마나 앞서갈 수 있을까 하는 생각에만 골몰하면 과도한 선행학습에 매달리게 된다. 한글을 시작으로 비효율적인 지도를 하면서 아이를 괴롭힐 수도 있다는 것을 기억해야 한다.

주어지는 정보나 원리를 내 것으로 소화할 수 있는 시기는 아이마다 전부 다르다. 그래서 과도한 선행학습을 하게 되면 시간과 돈을 들였는데 이해는 못 하는 것으로만 끝나는 게 아니라, 정서 발달과 학습 동기에도 부정적인 영향을 미친다. 말하자면 하기 싫은 것을 억지로 하면서 부모와 실랑이를 하고, 이해가 안 되는 것 때문에 자신한테 실망하고, 스스로 괴로워하는 상황을 겪게 될 수 있는 것이다. 그리고 유아가 발달적으로 맞지 않는 딱딱하고 반복적인 방식으로 문자를 학습하면서 '어렵고 재미없음'을 경험하게 되면 아주 안타까운 일이 벌어진다. 학습 동기조차 제대로 형성하지 못한 채 학습에 부정적인 인식을 갖게 되는 것이다. 특히 읽고 쓰기에 대한 마음가짐을 '문해 성향'이라고 하는데, 출발이 이렇게 부정적이면 그 이후에도 좋은 문해 성향을 갖게 될 것이라고 기대하기 어렵다. 어릴 때 열린 마음으로 세상에 대해 배우기 시작하는 것은 학습자에게 무시 못할 이점이 된다.

더욱이 아이 스스로 한글의 원리를 탐구해서 깨우친다면 매우 귀중한 경험이 될 것이다. 수동적으로 받아들이는 학습자와 "이거 혹시 그런 것 아니야?"라는 가설이 맞음을 확인했을 때 쾌감을 얻는 학습자는 질적으로 다른 출발을 하게 된다. 단순히 문자뿐 아니라 이후에 만나게 될 많은 학습에서 계속 영향을 받기 때문이다. 조금 기다려 주는 것의 가치는 정말 크다.

반면 한글 학습에 대해 준비가 부족해도 문제가 된다. 초등학교에 들어가서 집중적인 한글 교육이 이루어지는 첫 학기에 이해가 느려 또래들과 차이가 벌어지고, 한 학기가 다 지나갔는데도 여전히 한글 해득을 못 한다면 학교생활에 부정적 영향이 있을 수밖에 없다. 그럴 때 아이가 좌절하게 되면 한글뿐 아니라 다른 영역의 학습에도 줄줄이 부정적인 영향이 갈 것이다. 따라서 제때 잘 배워야 한다는 건 분명한 사실이다. 그러려면 영유아기부터 준비가 충실히 이루어져야 한다.

이를 위해 영유아기를 보내면서 아이가 주변 환경의 글자에 관심을 보일 때를 기다리고 관찰하자. 무조건 기다리기만 해서는 안 되고 세심하게 관찰하면서 '우리 아이가 지금 글자에 관심이 생겼구나. 지금 뭐까지 알고 있네'라고 인식할 수 있어야 한다. 이때를 가르침의 순간teachable moment이라고 한다. 일상생활 속에서 또는 색다른 경험을 할 때 아이에게 도움이 되는, 세상에 관한 많은 것을 자연스럽게 가르쳐 줄 수 있는 '때'가 있다. 그럴 때 맞춤 지원을 함으로써 아이의 흥미와 호기심이 물을 만나 노 젓는 배처럼 더 확대될 수 있게 도와주어야 한다. 준비만 잘돼 있으면 초등학교 1학년 때 본격적으로 한글을 배우기 시작해도 큰 문제가 없다.

한글, 어떻게 가르쳐야 할까?

그렇다면 이후의 한글 학습을 위한 발현적 문해 시기인 영유아기의 준비는 무엇을 말하는 것이며, 어떻게 하면 될까? 우선 위에서 말한

대로 유아가 글자에 관심을 보이는 순간을 포착하는 것이 시작이다. 아이가 "나 이 글자 아는데!"라고 말하며 주변 환경이나 그림책에서 자기가 전에 봤던 글자를 기억하면서 언급하는 때가 온다. "○○는 어떻게 써요? 써주세요."처럼 쓰기에 관심을 보이기도 한다. 또한 아이가 글자 비슷한 것(창안적 글자)을 끼적여 쓰는 모습이 보이면, 뭔가 나타내고 싶고 글자라는 기호를 자기 것으로 만들고 싶어 하는 것이므로 역시 적극적인 상호작용이 필요한 때다.

물론 그런 상황이 자연스럽게 생길 수 있는 문해환경을 미리 조성해 두는 것이 중요하다. 실제로 아이가 질문을 하거나, 알아낸 것을 말할 때는 민감하고 반응적인 태도로 대답해 주고, 읽어 주고, 써 주면 된다. 더 나아가 조금 더 높은 수준으로 이끌 수도 있다. 비고츠키Vygotsky의 사회적 상호작용 이론에 포함된 비계scaffolding● 설정이 필요한 것이다. "(비슷한 다른 글자를 손가락으로 짚으며) 그럼 이 글자도 본 적 있어?" "할머니께 드릴 카드에 쓰고 싶은 걸 말로 해봐. 엄마가 써 줄게." 이와 같이 대화하며 활동을 조금 더 확장하면 좋다.

아이가 유사한 글자 간의 차이를 발견하고 콕 집어 말할 수도 있다. 예를 들어 "고래가 노래한다."라는 문장과 그림을 봤다고 하자. 유아가 문장을 읽을 수는 없어도 노래하는 고래 그림을 같이 보며 부

● 높은 건물을 지을 때 공사를 위해 임시로 설치하는 가설물을 말한다. 아동 발달 분야에서는 초보자가 주어진 과제를 잘 수행할 수 있도록 유능한 또래나 성인이 도움을 제공하는 것을 일컫는다.

모가 문장을 읽어 줬다면 이건 '고래', 저건 '노래'라는 낱말임을 인지하게 된다. 두 단어는 발음이 비슷하고 자음 하나만 다르다. 그럴 때 아이는 소리의 차이는 결국 이 낱자의 차이에서 온다는 걸 알아낼 수 있다. 이런 상황은 아이가 적극적인 발견자이자 학습자가 되는 순간이므로 부모는 기쁘게 수용하고 격려해 줘야 한다. 이렇게 아이가 문자에 호기심을 보이거나 스스로 알아낼 때마다 진심으로 칭찬해 주자. 감탄과 함께 상호작용을 해주면서 아이가 글자의 세계에 조금씩 더 들어가도록 해주면 된다. 예컨대 아이가 알 만한 '모래'라는 단어를 함께 쓰며 세 단어를 연속적으로 읽어 주고 차이점을 찾아 보게 할 수 있다.

이런 경험이 쌓이면 시지각 능력이 성장해 문자 같은 기호의 모양을 식별하고 기억할 수 있는, 즉 글자를 배울 수 있는 상태가 된다. 또한 문자를 둘러싼 중요한 원리를 이해하게 된다. 한글을 해득하기 위해서는 낱자가 소릿값을 가진다는 알파벳 원리를 터득해야 한다. 세계의 알파벳 체계에서 공통적으로 글자는 각각의 소릿값을 가진다. 그래서 나타내려고 하는 말소리를 글로 바꿔 표현할 수 있는 것이다. 아이들은 이 원리를 깨달은 집단과 아직 깨닫지 못한 집단으로 나뉜다.

시지각 능력을 자연스럽게 발달시키려면 당연히 많이 보아야 한다. 꼭 글자가 아니더라도 실제 물건, 사진, 쉬운 도형이나 기호부터 눈으로 보고 구분하는 활동을 통해 발달을 지원할 수 있다. 3차원의 실물, 2차원의 그림 카드를 활용해 비슷하지만 차이가 있는 것 중에서 같은 모양을 찾아내는 놀이가 도움이 된다.

그리고 글자의 소릿값을 배우기 위해서는 우선 음운론적 인식이 발달해야 한다. 모국어의 말소리에 대한 인식을 길러 주는 좋은 방법은 말놀이, 동요 부르기, 그림책 소리 내어 읽어 주기 등이다. 물론 부모와 아이가 대화를 많이 하는 것도 기본적으로 중요하다.

한 글자씩 순서대로 가르치면서 암기시키고, 반복해서 쓰게 하는 방법은 유아에게 잘 맞지 않는다. 조금씩 글자를 기억한다고 해서 띄엄띄엄 소리 내어 읽게 하는 것도 부적절하다. 아직은 유창하게 읽는 모델링을 충분히 경험해야 하는 시기이기 때문이다. 스스로 읽도록 강요하면 읽기 연습을 일찍 시작할 수는 있지만, 그림을 보고 문장을 들으며 이야기의 내용을 이해하려는 시도는 못 하게 된다.

유아 때는 부모가 유창하게 느낌까지 살려서 읽는 모델링을 많이 보여 주면 아이가 해독에 조금씩 접근하다가 어느 순간 자신도 유창하게 읽게 된다. 그러니까 유아에게는 충분히 읽어 주어야 한다. 아동 스스로 소리 내어 읽는 연습은 초등학교에 들어갈 무렵부터 약 2년간 집중적으로 하면 좋다(물론 그 이후에도 꾸준히 하면 지속적으로 효과를 볼 수 있다). 이때 읽기 유창성 연습이 잘 이루어지면 읽기 이해력과 다른 교과목의 학업성적도 함께 향상된다. 유창하게 읽게 되면 해독에 필요한 에너지가 적게 쓰이면서 그만큼을 이해하는 데 쓸 수 있기 때문이다.

유아기의 기초 문해력 탄탄하게 키우기

초등학교에 들어가서 한글 교육을 순조롭게 받기 위해 갖추어야 할 밑바탕인 유아기 기초 문해력에 대해 짚어 보자. 기초 문해력은 다음과 같은 여섯 가지 요소로 구성된다. 첫째, 음운론적 인식은 말소리를 듣고 파악해서 처리할 수 있는 능력이다. 둘째, 수용어휘력은 생후 초기부터 들은 단어들을 얼마나 많이, 깊이 알고 있는지를 말한다. 셋째, 이야기 이해력은 이야기를 듣거나, 그림을 보고 내용을 파악하는 능력이다. 넷째, 소근육 운동은 손가락을 정교하게 움직일 수 있는 기능으로, 나중에 쓰기를 잘하기 위해 필요하다. 다섯째, 기초 읽기는 단어나 글을 줄줄 해독한다는 뜻이 아니라 유아가 주변에서 보는 익숙한 글자들을 알아챌 수 있는지, 문자에 관심이 있는지를 가리키는 기초적 수준에 해당한다. 여섯째, 기초 쓰기 역시 글자를 남들이 알아볼 수 있게 정확하게 쓰는 수준이 아니라 유아가 도형 같은 상징을 보고 따라 그리기copy를 할 수 있는지, 자신의 이름을 쓸 수 있는지 정도를 요구한다.

유아기에 기초 문해력을 탄탄하게 발달시키기 위해서는 2장에서 다루었던 균형적 접근법이 적합하다. 이 접근법은 취학 전 유아들이 한글을 자연스럽게 접하며 흥미를 키우고 기본 원리 이해에 다가가게 도와준다. 이는 풍부한 문해환경에서 놀이를 통해 언어를 배우게 하되, 문자에 대한 감각도 명시적으로 키우고자 하는 접근법이

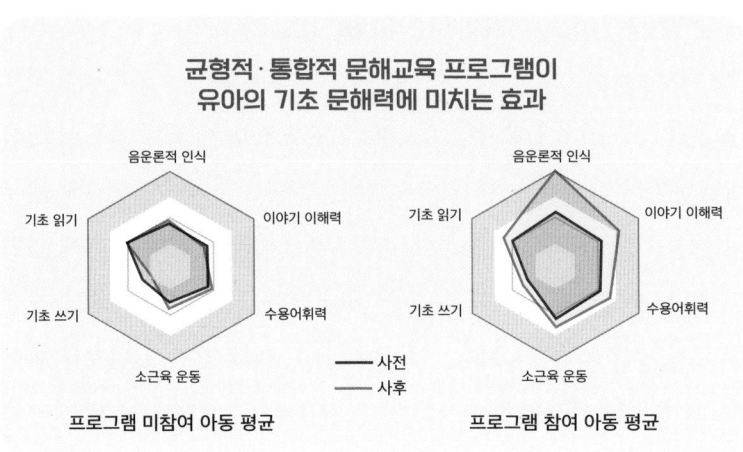

출처: 최나야 외(2022b)

다. 또한 유아기는 통합적인 방식으로 세상에 대해 배우는 시기이므로 유아들은 국어, 영어, 수학, 과학, 미술 등 영역을 나눠서 학습하지 않는다. 흔히 사교육에서는 유아들을 오랫동안 책상에 앉혀 두고 시간표대로 학습하며 워크북을 채우게 해서 문제가 된다.

이러한 바탕에서 유아들의 기초 문해력을 탄탄하게 키워 한글을 쉽게 배울 수 있게 돕고자 교육 프로그램을 구성하여 그 효과를 살펴보았다(최나야 외, 2022b). 유아들이 일반적으로 경험하는 일상생활과 관련된 주제를 중심으로 문해 활동을 구성하여 실제성을 확보하였다. 12주간의 프로그램을 실시한 결과, 유아기에 요구되고 학교에 들어갈 때 반드시 필요한 여섯 가지 기초 문해력 요소가 골고루 성장한 것으로 나타났다.

이 프로그램의 구체적인 방법론을 소개한다. 아이들이 읽기, 쓰기의 문에 들어가게 도와주는 첫 번째 요소로 꼽히는 것은 바로 이름이다. 아이마다 고유한 이름이 있고 지금까지 수없이 많이 불렸을 것이다. 자기 소유의 물건이나 유치원의 옷장, 준비물 같은 데에 쓰인 이름도 많이 봤을 것이다. 모든 아이는 자기 이름에 관심을 갖고 있고, 부모도 일찍부터 이름 읽고 쓰기를 강조한다. 그래서 그리 어렵지 않게 자기 이름, 조금 더 나아가서 우리 가족의 이름, 교육기관에서 보는 친구들 이름, 반려동물 이름, 좋아하는 과자 이름 등을 점차 더 잘 알고 읽고 쓰려는 시도도 하게 된다. 이를 활용하여 다양한 놀이나 문해 활동을 해보면 더 효과적이다. 방법은 수도 없이 많다. 따분하게 공책에 정자로 쓰지 않아도 재미있는 미술 활동 중 아이에게 알맞은 것으로 골라서 하면 된다. 만약 가족들의 이름이 서로 비슷하다면 일부 글자가 달라지면서 소리가 달라지는 경우를 쉽게 경험하게 할 수 있다.

말소리 인식이야말로 유아기에 충분한 연습을 통해 발달시켜 두어야 한다. 평소에 동요를 많이 들려주고 함께 따라 부르는 것이 효과적이다. 다양한 말놀이를 고루 하기 위해 말에 집중한 그림책을 먼저 활용하거나 수수께끼, 끝말잇기, 소리 바꿔 말하기, 잰말 놀이 등을 습관처럼 하기를 추천한다. 음소 인식보다 음절 인식이 빨리 나타나는데, 적어도 음절이 글자에 대비됨을 알아야 한글을 배울 준비가 된 걸로 볼 수 있다. 소리로 들었을 때 두 음절인데 세 글자로 쓰인 단어를 고른다면(예: '오이'를 듣고 '오징어'라고 쓰인 것을 가리킴) 아직 음절 인식 자체가 어려운 것이다.

실외에서도 유아가 한글에 관심을 갖게 할 수 있다. 놀이터나 공원에서 한글 자음과 모음의 모양을 찾아보면 재미있다. 이에 대한 그림책을 미리 읽고 글자 모양을 수첩에 적어 가서 표시하며 찾으면 좋다. 스마트폰으로 사진을 찍어 와서 출력하면 직접 자모책을 만들 수도 있다. 또는 흙바닥에 나뭇가지로 뭐라고 끼적이거나 맑은 날 벽에다가 물총이나 페인트 붓으로 물 글씨를 쓰는 것은 엉덩이로 이름 쓰기나 허공에 팔로 크게 글자 쓰기처럼 대근육으로 글자 모양을 익히는 활동이 된다. 유아기에는 종이 위에 조그맣게 소근육으로 쓰는 것보다 대근육을 사용해서 크게 움직였을 때 형태를 더 잘 기억한다. 특히 자기 몸으로 글자의 모양을 만들어 봤을 때는 학습 효과가 더 크다. 꼭 필기구로 쓰는 방식이 아니어도 풀, 돌, 열매, 꽃 같은 자연물을 이용해서 글자 모양을 만들어 볼 수 있고 식품도 활용할 수 있다.

마트, 식당, 도서관 같은 일상적이면서도 새로운 것이 많은 공간에 갈 때가 바로 가르침의 순간이 찾아올 기회다. 아이들이 재미있어하고 처음 보는 게 많은 공간에서는 본격적으로 어휘력을 다지고 글자를 자세히 관찰하는 상호작용을 할 수 있다. 장만 보거나 식사만 할 것이 아니라 아이의 눈높이에서 '얘가 이걸 알까? 아직 모를 것 같은데 어떻게 엮어 볼까?' 생각하면서 새로운 단어를 소개해 보

자. 그 단어가 속한 범주의 다른 단어(예: 시금치와 배추는 채소)나 반대말과 비슷한말(예: '싸다'의 반대말은 '비싸다', 비슷한말은 '저렴하다')을 대화에 자연스럽게 섞어 함께 들려주는 것을 추천한다. 또한 새 단어를 맥락에 섞어 한번 소개했다면 이후에 의도적으로 반복해서 써주어야 한다. 할인 안내 홍보문이나 제품 포장지에 적힌 글자는 눈여겨볼 수 있도록 시간을 들여 언급해 주자. 식당에 가면 어른이 임의로 메뉴를 골라 주문하기보다 항상 아이와 메뉴판을 같이 보는 것이 좋다. 아이가 글자를 몰라도 그림책처럼 읽어 주는 것이다. 아이와 함께 도서관에 가는 것은 꼭 강조하고 싶다. 어릴 때 도서관에 가보는 것만으로도 읽기 동기가 높아진다. 동요 교실, 인형극, 작가 낭독회 등 도서관의 다양한 프로그램을 이용하고 주기적으로 책을 대출하기를 추천한다.

    동네를 걸어갈 때는 간판, 표지판 같은 환경인쇄물을 적극적으로 짚어 주면 좋다. 찾기 놀이로 발전시키면 대부분의 아이들이 열심히 참여한다. 같은 맥락에서 전단지, 신문, 잡지, 포장지 등을 이용해 오려 붙이기도 할 수 있다. 특히 신문 활용 교육(NIE, Newspaper In Education)은 의외로 유아들도 할 수 있는 효과적인 지도법이다. 머리기사의 큰 글자(음절 단위)를 찾아 네모 모양으로 오려 붙이거나, 숫자 찾기, 사진에서 사람 눈에 동그란 안경 그리기 등 연령에 맞게 창의적으로 접근하면 된다.

    한글 자모책 세 권 정도를 집에 갖춰 두고 반복해 펼쳐 보면 학습지를 몇 년 하는 것보다 더 효과적일 수 있다. 해독 학습의 바탕은 낱글자에 대한 지식인 자모 지식과 말소리 인식인데, 자모책은 자모를 흥미로운 방식으로 소개하므로 기초 문해력을 직접적으로 키워주면서도 지루하지 않다. 자모책마다 공통적으로 쓰인 원리를 파악할 수 있어, 유아가 '발견하는 학습자'가 될 기회를 주는 유용한 자료다. 이러한 경험을 통해 한글을 배워 나갈 밑 작업이 이루어진다.

취학 전에 명시적으로 한글 자모를 지도할 때는 받침이 없는 민글자부터 시작하는 것이 바람직하다. 그리고 같은 글자가 들어가는 다른 쉬운 단어들로 확장함으로써(예: '가'를 인식하게 되었다면 '가구, 가자미, 가수'에서 '가'를 알아볼 수 있게) 시지각 인식과 기억을 돕는 게 좋다. 이런 경험이 충분히 쌓인 후 자음이나 모음 하나만 다른 유사한 글자나 단어를 그림과 함께 제시하여 차이에 집중할 수 있게 하자(예: 우유의 '우'와 '유', '고리'와 '소리'). 받침이 있는 글자(받친 글자)는 서둘러 가르치지 않아도 된다. 민글자를 충분히 인식할 수 있을 때, 쉬운 단어로 받침만 다른 낱자를 비교하며 접근하는 것이 좋다(예: 곰-공, 문-물). 이때는 발음을 강조하면서 들려줄 필요가 있다.

이렇게 유아에게 맞는 방식으로 접근하면 아이가 한글을 그리 어렵지 않게 배울 수 있고, 긍정적인 문해 성향을 형성할 수 있을 것이다. 유아기에는 마치 모험을 하며 암호를 풀어 가는 것처럼 흥미롭게 문자의 세계를 경험하게 해주자. 그리고 아이가 학교에서 어렵지 않게 한글을 배울 수 있도록 준비를 탄탄하게 해두자.

문해력의 재료, 어휘력 키우기

우리 아이 어휘력, 부모가 어떻게 키워 줄 수 있을까? 6장에서는 문해력의 핵심인 어휘력을 다룬다. 어휘력이 무엇인지, 왜 어휘 지도가 중요한지 살펴보자. 그리고 일상적인 대화를 통해 아이의 어휘력을 키워 주는 방법과 독서 상호작용을 통해 어휘력을 다지는 방법을 알아보자.

어휘력이란 무엇인가?

어휘는 '어떤 일정한 범위 안에서 쓰이는 단어의 수효, 또는 단어의 전체'를 의미하므로 낱말이나 단어보다 더 추상적이고 큰 범위를 가리킨다. 우리가 어휘 지식을 가지고 있다고 말할 때 그것은 얼마나 많은 단어를 알고 있는지(어휘 지식의 너비), 그 단어들에 대해서 얼마나 풍부하고 자세하게 알고 있는지(어휘 지식의 깊이)를 모두 포함한다. 개수를 많이 알고 있는 것뿐 아니라 얼마나 속속들이 알고 있는지도 중요한 것이다. 예를 들어, '빨간색, 노란색, 흰색' 등과 같은 색깔의 이름을 많이 아는 것은 너비이고, 이 단어들의 발음, 철자, 맞춤법, 의미 구조와 더불어 문법이 어떻게 사용되는지까지 아는 것은 깊이에 해당한다.

  그런가 하면 어휘력은 두 가지 다른 방식으로 구분된다. 실생활에서 아이들이 색이름으로 '빨갛다'만 사용하는 시기가 있다. 그때도 '불그스름하다'라는 말을 들으면 무슨 뜻인지는 안다. 이것이 바로 표현 어휘와 수용 어휘의 차이인데, 표현 어휘는 생활에서 말하기나 쓰기를 통해 실제로 사용하는 것을 말하고, 수용 어휘는 단어를 듣거나 읽었을 때 의미를 알고 이해하는 것을 말한다. 어떤 것이 더 많을까? 일반적으로 수용 어휘가 표현 어휘보다 더 많다. 아이가 아직 어려 말을 잘 못해도 들으면 아는 낱말은 점점 늘어난다. 그렇게 수용 어휘가 표현 어휘보다 더 빨리 발달한다. 수용 어휘를 많이 사용하고 다지면 표현 어휘로도 전환된다.

아동의 어휘 발달에 미치는 부모의 영향

고전적이고 아주 유명한 어휘 연구 한 편을 소개하겠다. 하트와 리슬리는 전문직 부모를 둔 고소득층, 중산층, 그리고 저소득층 가정의 아이들을 비교 및 관찰했다(Hart & Risley, 1995). 아이들이 10개월 때부

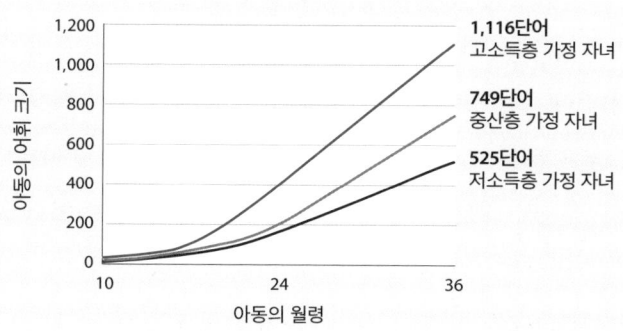

출처: Hart & Risley(1995)

터 36개월이 될 때까지 가정에서 부모가 자녀에게 하루에 얼마나 많은 단어를 사용하는지, 또 아이들의 어휘 크기가 어떤지를 살펴본 것이다.

   위의 그래프는 아이들의 어휘력을 보여 주는데, 놀랍게도 부모가 하루에 자녀에게 들려준 단어의 양 곡선과 아이들의 어휘 크기 곡선이 거의 일치하는 것으로 나타났다. 부모가 영유아기 자녀에게 일상에서 얼마나 많은 단어를 들려주는지가 곧 아이들의 어휘력을 결정한다는 것이다. 이것이 누적된다면 어떨까? 생후 4년간 첫 번째 집단(고소득층 가정 자녀)과 세 번째 집단(저소득층 가정 자녀) 간에는 부모로부터 들은 단어의 누적 개수에서 약 3,000만 개의 차이가 나타난다고 한다. 첫 번째 집단 유아는 4,500만 개, 세 번째 집단 유아는

1,300만 개가량의 어휘를 듣는다는 것이다. 연구에서는 이 격차를 '3,000만 단어 격차30 million word gap'라고 표현했다. 그뿐만 아니라 전문직 부모들은 자녀에게 더 수준 높고 세련된 단어를 사용하는 경향이 있었다. 이 시기에 아이들이 일상적인 대화 속에서 부모에게 듣는 어휘의 양과 질이 매우 중요하다는 결론을 얻을 수 있다. 부모의 사회·경제적 지위를 반영한 언어 입력이 자녀의 어휘력을 결정하고, 그 개인차는 누적된다. 따라서 이것도 매튜 효과라고 볼 수 있다. 다행히도 사회·경제적 지위 자체가 결정적인 것은 아니어서, 저소득층 부모도 자녀와 적극적인 언어적 상호작용을 하면서 풍부한 단어를 사용하면 이런 효과는 상쇄되는 것으로 나타났다.

어휘력의 중요성

이러한 어휘력의 개인차가 왜 중요할까? 어휘 지식이 많은 독자는 그렇지 않은 독자와 비교해서 같은 글을 읽을 때 더 쉽게 이해한다. 그리고 글을 읽고 이해하는 동시에 새로운 어휘를 더 많이 습득한다. 이러한 선순환이 있는 반면 어휘 지식이 약하면 글을 쉽게 이해하지 못하고 새로운 어휘를 습득할 가능성도 낮아진다. 어휘력의 개인차는 점차 벌어지기 때문에 가정과 학교에서 어휘 학습의 중요성을 강조할 필요가 있다.

그렇다면 아이들에게 세상에 존재하는 그 많은 단어를 일일이 다 알려 줘야 할까? 그렇지는 않다. 다행히도 아이들은 글에 모르는 단어가 15-20% 정도까지 섞여 있어도 글을 이해하는 데에 큰 어려움을 겪지 않는다. 그뿐만 아니라 그 정도 비율이 되어야 글을 읽고 몰랐던 단어의 의미를 적극적으로 추론하면서 파악하고 습득하게 된다. 어휘 지도 프로그램에서 1년 동안 배우는 단어는 그렇게 많지 않다. 그런데 일반 학생은 일상생활과 학교 수업을 통해 1년에 3,000개나 되는 단어를 학습하기도 한다(Miller & Gildea, 1987). 즉, 모든 단어를 하나씩 가르쳐 주어야만 하는 것은 아니며 그게 오히려 비효율적이다.

아동은 부모 또는 친구와 대화하거나 수업을 듣거나 각종 미디어로 콘텐츠를 이용하거나 특히 독서를 하면서 단어를 많이 배운다. 이 중에서도 초등학교 시기의 어휘력 성장을 가장 잘 예측하는 요인은 자유롭게 책을 읽은 시간의 양이다. 특히 자유롭게 읽은 '여가 독서'의 의미가 크다.

어휘력은 문해력에서 아주 핵심적인 부분이다. 어휘는 우리가 말을 하거나 글을 쓰는 재료이기 때문이다. 놀랍게도 아이들은 만 3세, 즉 36개월 정도를 넘어서면 수없이 들었던 모국어의 기본 문법을 전부 습득한다. 거의 성인 수준이라고 볼 수 있다. 하지만 단어는 그렇지 않다. 세 살 아이는 세 살만큼의 단어, 열세 살 아이는 열세 살만큼의 단어를 알고 사용한다. 아는 어휘는 이후에도 계속 늘어난다. 그래서 계속 배울 수밖에 없다. 우리가 외국어를 배울 때도 똑같다. 문법책으로 아무리 공부를 많이 해도 외국인과 쉽게 대화하거나 어려운 글을 읽을 수는 없다. 그 이유는 바로 말의 재료인 어휘력이 아직 부족하기 때문이다. 특히 어휘력은 남의 말을 듣거나 텍스트를 읽을 때 이해를 좌우할 뿐만 아니라, 개인의 학업성취와도 아주 긴밀한 관계를 보이는 중요한 요소다.

일상 대화로 어휘력 키우기

우선, 부모는 일상 대화를 통해 아이가 어느 정도의 어휘력 수준을 갖추고 있는지부터 파악해야 한다. 아이가 말할 때 의미가 딱 맞는 단어보다 좀 더 쉬운 단어를 사용하는지 확인해 보라. 예를 들어 '상처'나 '흉터'라는 단어를 쓸 만한 상황에서 '딱지'만 사용할 수도 있다. '구급차' 대신 '아플 때 타는 큰 차'처럼 더 길고 쉬운 표현을 사용한다면 단어를 정확하게 모른다는 뜻이다.

또 아이들은 가끔 문장의 일부 성분, 예를 들면 목적어 같은 것을 빼고 말한다. 소통에는 큰 문제가 없더라도 해당 단어를 몰라서 그런 것일 수 있음을 알아야 한다. 그럴 때는 "엄마가 못 알아들었는데 뭐라고 했어? 다시 한번 말해 줄래?" 이렇게 재점검해 볼 수 있다. 이런 상황이 반복되면 자녀의 어휘력 발달에 조금 더 관심을 가져야 한다는 신호다.

일상생활에서 부모가 풍부한 대화를 통해 자녀에게 많은 단어를 알려 주는 것의 장점은 무엇일까? 아이들에게는 매일 보고 늘 가까이에 있는 부모가 가장 편한 어른이다. 그래서 부담 없이 모르는 것에 대해 마음껏 질문하고 설명을 들을 수 있다. 지금까지 이 책의 내용만으로도 짐작할 수 있듯이, 아동의 문해력에 있어서 부모의 역할은 정말 중요하다. 자녀의 문해 성공에 영향을 주는 핵심 요소가 바로 부모의 참여라고 할 수 있다. 일상에서 자녀와 풍부한 대화를 통해 문해력을 키워 줄 수 있는 구체적인 방법을 알아보자.

말놀이

영유아를 위해서는 특히 말놀이가 효과적이다. **낱말 대기**는 대부분의 아이가 좋아한다. 잠깐이라도 짬이 났을 때 아이들은 가만히 있지 못한다. 그럴 때 아이가 부모에게 "엄마/아빠, 우리 이름 대기 놀이 할까요?"라고 제안할 수 있게 해주자. 동물, 나라, 자동차 등 그 시기에 아이가 관심을 보이는 영역에 대해서 번갈아 가며 이름을 대면 된다. 이 활동을 하면 일반적인 명사의 범주, 즉 하나의 카테고리 안에 들어가는 수많은 단어를 연결 지어 익힐 수 있어 범주 개념이 성장하게 된다.

그런가 하면 **사물 찾기**도 효과적이다. 실내나 실외 특정 공간에서 어떠한 것을 찾아 보라고 하며 다양한 형용사를 제시하는 것이다.

아주 기초적으로는 색깔도 괜찮다. "이 방에서 말랑말랑한 것을 찾아볼래?" "이 미술관에서 반짝반짝 빛나는 것을 찾아 보자." 이렇게 서로 문제를 내면 된다.

다음으로 **반대말, 비슷한말 대기**도 좋다. 예를 들어 "깨끗함의 반대가 뭘까?"라고 하면 '더러운', '지저분한', '꾀죄죄한' 등 어감이 약간씩 다른 여러 단어를 떠올릴 수 있다. 이를 통해 아이들은 의미론적 차이에 민감해진다. 하나의 단어를 알았을 때 그 반대말이나 비슷한말을 알게 되면 단어를 바라보는 틀이 넓어지고, 관련된 단어를 한 번에 두세 개씩 익힐 수 있다는 장점이 있다.

스무고개나 **수수께끼**를 자주 하는 것도 권한다. 차로 이동하거나, 식당에서 음식을 기다리거나, 잠자리에서 불을 끄고 아이를 재우려고 할 때 서로 번갈아 가면서 수수께끼를 내며 알찬 시간을 보낼 수 있다. 이는 듣기 집중력과 이해력을 다질 수 있는 방법이기도 하다. 예를 들어 스무고개를 한다면 가장 먼저 "그건 살아 있어?"라고 물을 수 있다. 머릿속에 생각한 대상이 생물인지 무생물인지 확인하는 것이다. 이런 식으로 점점 질문을 더 좁히고 구체화하면서 상대가 생각한 단어가 무엇인지 맞히는 게임이다. 수수께끼도 비슷하다. 커다란 부분부터 조금씩 더 구체적인 힌트로 나아가는 것이 아이들의 인지 능력 발달에 도움이 된다. 예를 들어 "이건 동물이고 몸이 아주 커. 그리고 뿔이 달려 있어. 피부는 회색이야."와 같이 아이가 아는 단어를 사용하되, 가끔 모르는 단어를 섞는 것도 괜찮다. 단서를 주면서 이미 많은 단어가 사용된다는 것이 장점이다.

또 강력히 추천하는 방법으로 **끝말잇기**가 있다. 보통 유아 때부터 시작할 수 있고, 초등학생들이 아주 좋아한다. 앞 단어의 끝음절로 시작하는 단어를 대면서 이어 나가는 놀이인데, 어른이 한 번에 끝낼 수 있는 어려운 단어(예: 산기슭, 마그네슘 등)를 쓰는 것보다는 아이가 알거나 들어 봤을 법한 단어를 사용함으로써 랠리가 길게 이어지게 하는 것이 좋다. 이 과정을 거치면서 아이들은 머릿속에서 효율적으로 단어를 꺼내는 연습을 한다. 또 새로운 어휘를 많이 접하게 되는데 상대가 말한 단어를 아직 모르더라도 '그런 말이 있구나' 생각하는 것만으로도 충분히 의미가 있다. 철자와 발음이 일치하지 않는 단어도 많으므로 끝말잇기를 하면서 음운론적 인식과 철자 감각도 키울 수 있다. 아이들은 단어의 철자를 소리 나는 대로 생각하기 쉽다. 그럴 때 실수를 비웃거나 "틀렸어. 그렇게 쓰는 거 아니야."라고 강하게 지적하기보다는 정확한 발음을 알려 주고 뒤에 올 수 있는 정답에 해당하는 단어로 예시를 들어 주는 것이 좋다.

단어 인식 키우기

이제 '단어 인식 키우기'라는 좀 더 전문적인 부분으로 넘어가 보자. 단어 인식이란 일상생활 속에서 친숙한 단어를 듣고 말하는 것을 넘어서 단어라는 언어적인 단위를 이해하고 그에 대해 생각할 수 있는 능력이다. 단어 인식은 상위 언어 인식meta language, 즉 언어에 대한 사고에 포함되는 요소인데 어휘력이나 해독, 읽기 이해력 발달과 밀접한 관련이 있어 중요하다. 단어 인식 능력이 우수하면 아이들이 일상생활에서 더 많이, 그리고 더 쉽게 단어를 이해하고 사용할 수 있게 된다.

어떻게 하면 단어 인식을 키울 수 있을까? 아이가 "○○가 뭐예요? 무슨 뜻이에요?"라고 묻는 **질문을 긍정적으로 받아 주는** 것부터 시작한다. 사전에 나와 있는 것처럼 딱 떨어지는 뜻을 말하지 못해서 당황하는 부모도 있겠지만, 아는 수준에서만 말해 주면 된다. 특히 모르는 단어에 대해 질문한 것 자체에 많은 가치를 두는 것이 중요하다. 그러면 아이가 '내가 지금 칭찬받을 만한 일을 했구나, 모르는 단어에 대해서 묻는 것은 좋은 거구나'라고 느끼게 된다. 이 단어의 의미를 모른다는 것을 인식하는 것부터가 단어 인식의 시작이다.

이름 짓기를 하는 것도 좋다. 아이가 그리거나 만든 작품, 인형 같은 새로운 놀잇감에 대해 "이건 뭐라고 부를 거야? 이건 이름이 뭐야?"라고 물어보고 하나씩 이름을 붙여 보자. 의미와 연결된 이름을 생각하는 것도 좋고, 말놀이처럼 장난스럽게 붙여도 된다. 이렇게 무언가에 이름을 부여하면서 언어에 임의적이라는 특성(언어의 임의성, 자의성)이 있다는 것도 이해할 수 있다.

"만약에 네가 좋아하는 사탕이 열리는 나무가 있다면 그 나무를 뭐라고 부를래?"처럼 정답이 없는 질문을 해보는 것도 좋다. 이런 질문은 아이가 뜻을 가진 최소의 단위인 **형태소에 집중**하게 도와준다.

형태소 하나가 낱말이 되기도 하지만 단어 안에 여러 형태소가 포함되기도 한다. 여러 낱말에 반복적으로 등장하는 형태소에 집중하면 좋다. 그렇게 단어의 부분을 잘 이해하고 다루게 될 때 어휘 크기가 늘어난다. 예를 들어 "이 국에는 재료가 다양하게 들어가지는 않았어. 파랑 계란이 들어갔네. 그럼 무슨 국이라고 부를까?"라는 질문을 통해 '파계란국' 안에 여러 형태소가 결합되어 있음을 알 수 있다.

같은 맥락에서 생활 속 여러 가지 **합성어를 찾아 보거나 만들어 볼** 수 있다. 특히 우리가 먹는 음식 이름에 합성어가 매우 많다. 멸치를 볶는 걸 보여 주면서 "이렇게 멸치를 달달 볶아서 만드는 거라, 이 반찬의 이름은 멸치볶음이야."라고 말해 줄 수 있다. 만약 대화 중에 '공주병'이라는 단어가 나왔다면 연결해서 '왕자병'을 추론하게 질문하는 식으로 확장할 수도 있다.

단어 인식의 한 부분으로 **어종 인식**이 있다. 우리가 사용하는 낱말에는 순우리말인 고유어도 있지만 다른 언어로부터 들어온 외래어도 있고, 특히 오래전에 중국 쪽에서 온 한자어는 한국어 낱말의 50-60%를 차지한다. 만 5-6세 유아도 이미 어종을 구분하는 기초 능력을 보인다. 어휘력이 늘어 갈수록 한자어 '식탁'이 외래어 '테이블'과 같은 의미이며 각각 한자와 영어 알파벳으로 표기될 수 있음을 알게 된다. 이런 것을 목록으로 가르칠 것이 아니라 일상 대화에서 섞어 틈틈이 노출하면 된다.

놀이를 통해 어휘력 늘리기

아이들에게 놀이 장소, 놀잇감, 놀이 규칙 같은 맥락은 일단 즐겁기 때문에 단어를 더 쉽게 이해하고 기억할 수 있다. 놀이가 이루어질 때 부모가 '이것', '저것' 같은 대명사를 쓰기보다는 놀잇감의 구체적인 이름을 불러 주는 것이 좋다.

시장놀이, 병원놀이 같은 사회적 극놀이는 아이들이 특정 맥락에서 어떤 단어가 쓰이는지를 간접적으로 경험할 수 있는 좋은 기회다. 아이들과 '놀아 주기'보다는 부모도 적극적으로 같이 '노는' 상태일 때 가장 활발한 놀이가 일어나고 아이들에게 긍정적인 효과도 크다. 이런 놀이에서 상황을 정확히 지칭하는 단어, 정리하거나 요약하는 단어, 범주명이나 반대말, 비슷한말, 아이가 아직 잘 모를 만한 말을 골고루 사용하면 좋다. 놀이를 할 때는 이런 단어가 분명한 맥락 속에서 쓰이기 때문에 의미 추론이 쉽다. 한번 쓴 낱말을 반복해 써 주면 의미 파악이 더 확실하게 이루어지고, 기억하기에도 유리하다.

학습도구어 사용하기

학습도구어란 교과 학습 내용 자체를 전달하고 연결하고 기술하는 데 쓰이는 낱말을 말한다. 예를 들어 '낱말, 문장, 문단' 등의 언어 관련 단어부터 '이해하다, 표현하다, 발표하다, 설명하다, 기록하다' 등 우리가 특정 과제를 할 때 필요한 동사들이 이에 포함된다. 여러 교과에서 두루 쓰이기 때문에 하나를 알아 두면 전파력이 큰 반면, 모르면 공부 자체를 하기가 힘들어지는 핵심 낱말이다. 학습도구어는 초등학교에 들어간 이후 아이가 성장할수록 더 중요해진다.

그래서 이런 낱말은 유아기 때부터 일상에서 써주기 시작해야 초등학교에 갔을 때 큰 어려움 없이 적응할 수 있다. 사전적 의미를 지도할 필요까지는 없고 맥락에 맞게 자주 사용해 주면 된다. "엄마가 설명한 말이 이해됐니?" "여기 표 안에 그림 개수를 숫자로 기록해 볼까?" 이렇게 묻고 답하면서 충분히 의미 파악이 가능하다.

한자어 감각 길러 주기

아이들도 한자어에 대한 감을 잡는 것이 필요하다. 우리말 단어는 한자어의 비율이 매우 높으므로 이 부분에 대한 감이 약하면 어느 순간 어휘력 성장이 둔화되고, 학업뿐 아니라 일상생활에서도 뜻을 모르는 단어가 많아진다. 유아의 경우 한자를 일일이 가르칠 필요는 절대 없다. 한글의 모양을 인식하고 기억하는 것도 큰 과제인 상황에서 표의문자이며 시각적으로 복잡한 한자를 배우는 것은 지나치게 앞선 과제다. 한글의 자모가 소릿값을 가진다는 것을 분명히 아는 것이 발달과업인 때다.

그래서 자주 쓰이는 쉬운 한자 중심으로 뜻을 아는 정도를 목표로 해야 한다. 예를 들어 우리 '신체'에 대한 책을 같이 봤다면 "신체는 몸이라는 뜻이야."라고 설명하고, "유치원에 체육 수업 있지? 그때 '체육'의 '체'도 몸을 뜻해. 그럼 다른 단어 중에 또 '체'가 들어가는 건 뭐가 있을까? 몸을 뜻하는 단어 중에?" 이렇게 물어보면서 대화를 이끌자. 아이가 이것을 아주 좋아할 수도 있고 처음에는 어색해할 수도 있다. 아이가 친숙하게 여길 주제부터 시작하면 된다. 번갈아 가며 '체조', '체중' 등 단어를 몇 개 나열하고 나면 감이 잡힌다. 같은 글자가 여러 단어에 들어가는데 전부 같은 뜻일 때가 있다는 것을 알 수 있어 어릴 때 아주 유용한 방식이다. 한번 이런 인식을 거친 한자는 처음 보는 다른 단어(예: 체지방)에 나왔을 때 같은 의미로 유추하기 쉬워진다.

단어장 만들기

나만의 단어장 만들기는 유아기 끝 무렵이나 초등학생 때 좋은 방법이다. 수첩, 차트, 칠판 등에 처음 알게 된 단어나 관심 있는 단어를 적어 보는 것이다. 나만의 사전처럼 냉장고에 종이로 붙여 두거나 아이 방의 한 면에 마커로 쓸 수 있는 칠판을 붙여 두고 쓰면 좋다. 평소에도 마음껏 끼적이고, 칠판 귀퉁이에 아이가 새로 알게 된 재미있는 단어들을 써주는 것이다. 특히 아이가 어릴 때는 옆에 그림도 같이 그려 주면 도움이 된다. 그렇게 처음 접한 단어는 짧은 기간 내에 여러 번 의도적으로 사용해 주는 것이 가장 좋다. 맥락과 함께 반복해서 들은 단어는 정확한 의미 파악 단계를 거치게 된다. 단어장에 기록해 둔 단어 목록을 다시 보면서 "이 단어 이제 어느 정도 알아."라고 평가하거나 의미를 되새길 수도 있다.

책 함께 읽으며 어휘력 다지기

마지막으로 부모-자녀 간의 독서 상호작용을 통해 어휘력을 다지는 방법을 살펴보자. 역시 첫 단계로 책을 읽을 때 아이의 어휘력 수준을 파악해 볼 필요가 있다. 읽은 후에 가벼운 질문들로 이해도를 확인하면서 아이가 이 책의 핵심 내용을 수용했는지, 본문에서 사용된 단어를 얼마나 정확하게 이해하는지 알아볼 수 있다. 유아라면 그림책에 있는 그림을 활용해서 대화해 보자. "곰돌이가 여기서 뭘 하고 있는 걸까?"처럼 질문을 하면서 아이가 그때 뭐라고 대답하는지를 들어 보자. 동사, 명사, 형용사, 부사 등 다양한 품사의 단어를 적절하게 사용하는지 알아보고, 적절한 단어를 잘 쓰지 못할 경우 부모가 모델링을 해줄 수 있다.

좀 더 큰 아이라면 문어체로 쓰인 그림책을 읽으면서 개념적이고 추상적인 어휘들도 짚어 보면 좋다. 모르는 단어가 나왔을 때 아이가 먼저 묻는 경우도 있다. 부모가 넌지시 의미를 물었을 때 모른다고 답하거나 다른 뜻을 말하며 이해를 못 하는 모습을 보이기도 한다. 그런 일상적인 상황이 가정에서 아이의 어휘력을 평가하기에 가장 좋은 때다. 집에서 어휘력 검사 같은 측정 도구를 사용하기는 어려우므로 이런 순간을 놓치지 말아야 한다.

그다음에는 좋은 책을 골라 읽으면서 책에 나오는 단어를 습득할 수 있게 도와주면 된다. 아이가 모를 만한 단어가 들어 있는 책이 당연히 좋다. 책은 '지금 여기'를 벗어나게 해주는, 즉 맥락을 확장하는 매체이기 때문에 아이가 일상 대화에 쓰이는 수준을 넘어서는 낱말을 폭넓게 사용하도록 돕는다. 다양한 장르를 읽을수록 더 풍부한 어휘를 경험할 수 있다. 아이가 단어 뜻을 몰라서 먼저 물어본다면 금상첨화다. 그럴 때 부모는 사전적 정의까지는 아니더라도 아는 범위에서 뜻을 간결하게 말해 주면 된다. 비슷한 낱말을 사용하거나(예: "차례는 순서와 같은 뜻이야."), 언제 사용하는 단어인지 맥락을 설명해도 된다(예: "우울하다는 건 같이 놀 친구가 옆에 없거나, 안 좋은 일이 생겨서 기분이 가라앉을 때 느끼는 감정이야.").

아이와 여러 번 읽은 책이 있다면 마스킹 테이프나 접착식 메모지 등을 이용해 상호작용 퀴즈를 할 수 있다. 쉽게 붙였다 뗄 수 있는 작은 태그도 좋다. 문장 중 특정 단어 위에 테이프 등을 붙여 단어를 가려 두고 "이 자리에 어떤 낱말이 들어가면 딱 맞을까?"라고 질문하고 함께 떼며 체크해 보자.

때로는 단어 퀴즈를 활용해 보자. 책에 나온 단어 중에서 아이가 아직 정확하게 뜻을 파악하지 못한 것이 많을 수 있다. 맥락을 통해 유추를 하며 읽었을 것이다. 그럴 때는 단어에 대한 여러 가지 힌트를 주면서 정답에 점점 가까이 다가가게 할 수 있다. 퀴즈 풀기는 형제자매나 아이의 친구들이 여럿 참여하면 더 적극적으로 진행할 수 있는 활동이다. 아이가 퀴즈를 듣고 머릿속에서 단어를 찾으면서 아는 단어와 모르는 단어를 정리하면 의미론적 체계가 잘 잡히게 된다.

그러니 아이가 단어 퀴즈를 좋아할 수 있도록 유도해 보자.

때로는 독서 사전 활동이나 사후 활동을 해봄으로써 어휘 지도를 할 수 있다. 사전 활동에서는 일단 아이의 사전 경험을 놓치지 않아야 한다. 이미 알고 있는 단어를 활용하는 것이 유리하기 때문이다. 아이가 이미 알고 있는 것과 해본 것에 대해 대화를 끌어내고, 오감을 활용한 여러 가지 놀이를 진행하다 보면 단어를 반복해서 사용할 계기가 만들어진다. 독서 후에 관련 장소 방문, 요리, 미술 활동 등 책 내용을 살리기에 적합한 활동을 할 때도 책에서 접한 단어와 함께 관련 단어들을 폭넓게 사용하면 된다. 같은 주제로 묶인 단어들을 함께 사용하면 머릿속 사전lexicon이 효율적으로 조직되는 이점이 있다.

이상은 독서 과정에서 간접적으로 적용할 수 있는 지도 방법이다. 즉, 책을 읽고 대화하면서 자연스럽게 시도할 수 있다. 아이가 모르는 단어 중 일부는 이렇게 지나가면서 얘기해 주는 정도로도 충분하다. 그리고 아이가 말할 기회를 많이 주는 것도 중요한데, 그러려면 부모가 질문을 많이 해야 한다. 그래서 꼬리를 물고 대화가 이어지게 하는 개방적·확산적인 질문이 답이 딱 하나로 끝나는 폐쇄적인 질문보다 바람직하다.

더 명시적으로 지도하려는 단어는 책 한 권당 세 개 내외여야 아이가 부담을 갖지 않고 그 단어들을 더 잘 기억하게 된다. 이런 경우에는 집중적으로 단어의 의미를 풀어 주고, 비슷한말이나 반대말도 얘기해 주고, 그 단어가 쓰이는 맥락에 맞춰 예문을 만들어 주는 등의 직접적 어휘 지도를 한다. 간접 지도는 책의 맥락을 통해 가볍게 학습하는 것이고, 직접 지도는 명시적으로 단어에 집중하는 것이다. 이 두 가지를 병행하면서 균형을 맞출 필요가 있다.

초등학교 중학년 이상이라면 사전을 활용하는 것을 추천한다. 4학년 국어에서 사전을 다루고 사전 찾기 수행평가도 하는 것으로 알고 있다. 책에서 발견한 모르는 단어 중 찾고 싶은 것을 몇 개 골라 목록을 만들게 하자. 그리고 사전의 배열 원칙에 따라 자음과 모음 순서를 생각하며 해당 단어를 찾는 연습을 하는 것이다. 익숙해지면 시간을 재서 게임처럼 진행해도 된다. 컴퓨터나 스마트 기기를 활용해도 되지만, 고전적인 사전을 감각으로 경험할 때 얻는 것이 더 많으므로 적어도 초등학생 때까지는 사전을 곁에 두면 좋다.

사전을 볼 때는 먼저 뜻을 천천히 읽어 보면서 단어의 의미에 접근하는 가장 정확하고 간결한 방법에 익숙해지게 한다. 그리고 단어의 품사, 유의어와 반의어도 살펴봄으로써 단어 인식을 강화할 수 있다. 특히 중요한 과정은 예문을 읽어 보는 것이다. 이를 통해 그 단어가 쓰이는 정확한 맥락과 적합한 쓰임새까지 알 수 있다. 이 과정을 잘 살리려면 마지막으로 부모와 아동이 각각 해당 단어가 들어가는 문장을 만들어 보면 좋다. 기록장에 짧은 글짓기로 남길 수도 있다. 이런 방식으로 접한 단어는 잘 잊히지 않고, 습관이 되면 일상에서도 단어를 쉽게 배우는 학습자가 된다.

문해력과 공부의 관계

문해력에 대해 부모들이 가장 큰 관심을 가지는 부분은 학업성취와의 관련성일 것이다. 7장에서는 문해력과 뇌 인지 발달 간에 어떤 관계가 있는지, 독서가 뇌에 어떤 영향을 미치는지 살펴본다. 그리고 문해 발달 관련 장애와 그에 대한 중재법, 문해력과 각 과목의 학업성취 간의 관계까지 알아보자.

읽기란 무엇인가?

문해력에도 역사가 있다. 문해 연구가인 매리언 울프Maryanne Wolf는 "우리 인류는 책을 읽도록 태어나지 않았다. 호모사피엔스의 가장 후천적 성취 중 하나가 문해력이다."라고 말했다. 실제로 현생 인류인 호모사피엔스가 지구에 출현한 것은 최대 35만 년 전이고, 문자가 사용되기 시작한 것은 4,000-5,000년 전 정도밖에 안 된다. 다시 말해, 현생 인류의 역사에서 문자가 쓰인 기간은 지극히 짧다. 인간에게는 태초부터 읽기 유전자가 없었다고 봐야 한다.

불과 몇 세기 전에는 세계적으로 아주 적은 인구만이 문자를 배우고 향유하면서 읽고 쓸 수 있었다. 우리나라에서 국가 주도 공교육을 통해 일반 국민에게 문해를 가르친 것은 1950년대 이후부터였다. 즉, 문해는 교육을 통해서만 키울 수 있는 문화적 능력이다. 그렇다면 인간은 어떻게 읽을 수 있게 된 걸까?

읽기란 우리의 감각, 지각, 주의, 기억, 언어 등 인지 능력에서 아주 중요한 대부분의 요소를 망라하는 고도의 지적 활동으로, 한마디로 말하면 뇌의 작용이다. 읽기는 절대 쉽지 않다. 뇌에서 도대체 어떤 일이 일어나 우리가 글을 읽을 수 있는 것일까?

먼저 시각적으로 문자를 지각해야 한다. 어린아이들은 조금씩 다르게 적힌 같은 글자들을 같다고 인식하지 못한다. 여러 사람이 쓴 기역을 모두 같은 글자로 인지하지 못하는 것이다. 글자의 항상성을 이해하지 못하기 때문이다. 시각적인 식별과 기억을 위해서는 시지각 능력이 필요한데 어린아이들은 아직 이 부분이 충분히 발달하지 않은 상태. 시각적으로 지각된 문자는 소릿값을 통해 말소리로 연결되어야 한다. 그런 소리를 가진 단어를 심성 어휘집lexicon(머릿속 사전)에서 찾아내어 의미에 연결시키는 과정까지가 바로 읽기다. 정리하면 읽기란 '글에서 문자가 최종적으로 표현하고자 하는 의미에 도달하는 활동'이라고 볼 수 있다.

이런 과정은 주로 우리 뇌의 좌반구에 있는 중앙측두회left middle

temporal gyrus 영역에서 이루어진다. 즉, 읽기는 뇌의 구조와 인지 기능에 의존한다. 우리 뇌는 사실 그리 크지 않아서 성인 몸무게의 2-2.5% 정도를 차지한다. 그럼에도 뇌는 하는 일이 정말 많다. 우리 몸의 여러 가지를 관장하고, 신체 항상성을 유지하며, 특히 인지, 감정, 기억, 학습 기능을 담당하여 인간이 인간다울 수 있게 하는 모든 역할을 하는 것이 뇌다. 여기서 인지란, 우리 정신이 새로운 지식을 습득해서 그것을 변형시키고 부호화하고 저장하는 과정 또는 그 내용을 의미한다. 그 안에는 지각이나 이미지 개념을 형성하는 것과 사고하기, 판단하기, 상상하기가 모두 포함된다. 어떻게 보면 언어도 인지의 일부라고 볼 수 있다.

과거에는 읽기를 비교적 단순한 신경 모형으로 설명했다. 후두 쪽의 시각 영역으로 들어온 문자가 청각 이미지와 운동 이미지를 거쳐서 의미 파악으로 연결된다고 본 것이다. 현재는 훨씬 더 복잡한 병렬적 모형으로 읽기 네트워크를 설명한다. 좌반구의 후두측두 영역 left occipito-temporal area 쪽에 시각 단어 형태를 처리하는 이른바 '문자 상자'라고 불리는 부위가 있다. 여기가 읽기 처리에서 가장 핵심적인 기능을 담당하는 곳임이 밝혀졌다. 신경 재활용 가설(Dehaene, 2017)에 따르면, 긴 역사 동안 호모사피엔스는 이 부분을 활용해서 동물의 발자국이나 동물과 사람의 얼굴을 시각적으로 처리해 인식했다고 한다. 지금 인류에게는 문자를 시각적으로 처리해 읽을 수 있게 하는 곳으로 전용되어 쓰인다. 이 부위에서는 우리가 받아들인 문자

열을 시각 정보로 처리해 뇌의 좌반구 곳곳으로 배포하고 조음이나 의미 관련 과제를 처리한다.

뇌 인지와 문해력의 관계

뇌의 가소성에 대해서는 들어 보았을 것이다. 플라스틱 소재로 온갖 모양을 조형하듯이 우리 뇌도 처음부터 끝까지 같은 형태, 같은 기능을 유지하는 것이 아니라 어떻게 사용하느냐에 따라 변화한다는 신경생리학적 개념이다. 요즘 우리는 많은 것을 기억할 필요가 없다. 과거와 달리 전화번호를 외울 일도 없고, 인터넷 검색만 하면 온갖 정보가 쏟아져 나온다. 그 영향으로 인간의 장기기억이 점차 쇠퇴하고 있다. 또 지난 10년간 성인의 주의 지속 시간도 크게 줄었다. 주의 지속 시간은 읽기를 포함한 모든 인지 과제를 할 때 매우 중요한 작업기억working memory과 밀접한 관련이 있다. 간단한 덧셈, 뺄셈을 하거나 문자열을 기억할 때도 작업기억이 관여한다. 공부에 필수적인 기능이 점점 약해지고 있다는 얘기다.

    작업기억의 쇠퇴는 읽기 능력의 저하로도 이어진다. 우리가 뇌를 적절하게 쓰지 않기 때문에 기능이 점점 떨어지는 방향으로 가소성이 작용하고 있다고 볼 수 있다. 물론 반대 방향도 가능하다. 인도에서 문맹인들을 대상으로 이루어진 흥미로운 연구가 있다(Skeide et al., 2017). 이들에게 6개월간 글자를 가르치는 프로그램을 시행하여 읽고 쓸 수 있게 했더니 놀라운 결과가 나타났다. 뇌 자체에 변화가 생긴 것이다. 뇌의 원시 부위 피질하 구조 안에 변화가 일어나 문맹이던 시절과 달리 활성화가 강해졌다. 이를 통해 우리가 문해 교육을 받고 문자를 잘 사용할 수 있게 되면 뇌도 가소성에 의해 더 효율적으로 기능하게 된다고 결론 내릴 수 있다.

독서가 뇌에 미치는 영향

그렇다면 독서는 뇌에 어떤 영향을 미칠까? 잘 읽는 뇌는 처음부터 타고나는 것이 아니라 후천적으로 만들어지는 것이다. 만약 글을 계속 읽지 않으면 관련 뇌 기능이 퇴화하기 때문에 읽기 능력이 더 낮아져 어려운 단어, 복잡한 문장, 느린 전개를 견디지 못한다. 단지 책 읽기가 싫어서 안 읽을 뿐이라고 여길 수 있지만, 긴 글을 집중하여 읽는 동안 얻은 정보를 끝까지 유지하고 활용할 수 없게 되는 것이다. 이러면 결국 인간이 원래 갖고 있던 산만한 뇌 상태로 돌아간다.

뇌의 뉴런이 계속 쓰이면서 신경 간 연결이 이루어져야 하는데 연결망이 퇴화하면 몰입 자체가 힘들어진다. 요새 유행인 짧은 영상 위주의 디지털 콘텐츠 소비도 주의력 결핍을 가져와 끈기 있는 독서를 하지 못하게 만든다. 독서를 하지 않으면 마치 길이 뚝 끊긴 것처럼 정보가 사라지거나 잘못 전달되는 등 뇌의 효율이 떨어지게 된다. 즉, 정보처리 속도 자체가 느려진다. 인간의 뇌를 컴퓨터의 하드웨어에 비유하면 정보처리 속도가 얼마나 중요한 것인지 감이 올 것이다.

반면에, 책을 꾸준히 읽으면 책에 깊게 몰입하면서 나만의 생각까지 하게 된다. 정보를 수동적으로 받아들이기만 하는 게 아니라 적극적으로 생산까지 할 수 있는 것이다. 이렇게 길러진 인지적 참을성은 독서뿐 아니라 공부에도 필수적이다. 이렇게 독서를 통해 뇌의 가소성을 충분히 활용하면 뇌에서 더 효율적인 경로가 구축되어 정보처리가 우수해진다.

우리 뇌의 신경세포인 뉴런은 언어의 아주 사소한 특징도 식별할 수 있다. 예를 들면 어떤 음소를 들었을 때 1,000분의 1초 차이도 알아낼 수 있다고 한다. 책을 읽으면 시각이나 청각을 통해 수집된 감각 정보를 언어 정보와 통합하는 기능이 발달한다. 결국 읽기란 시각 영역으로 들어온 정보가 나머지 언어 영역으로 얼마나 잘 연결되는지에 달린 행위라고 볼 수 있는데, 독서를 충실히 하면 뇌 구조 전역에서 활성화가 일어나 뇌 자체가 업그레이드되는 것이다. 긴 글을 처음부터 끝까지 내용을 기억하면서 읽으려면 뇌를 열심히 사용해야만 한다. 마치 전신운동을 해서 온몸의 자세나 근육량을 개선할 수 있듯이, 독서를 하면 뇌가 발달된다. 독서가 문해력 발달에 가장 좋은 방법인 이유는 바로 이 '전뇌全腦운동' 때문이다. 독서를 하면 독서만 더 잘하게 되는 것이 아니라 이해력, 기억력, 분석력, 정보처리 능력 등의 측면에서 인지적으로 더 발달된 뇌가 되기 때문에 이후의 다른 모든 활동에서 유리하다.

실제로 뇌 영상 연구를 봐도 더 잘 읽는 독자일수록 읽기를 할 때 뇌의 전전두엽(추론, 이해, 계획, 통제 등 고차원적인 인지기능을 담당하는 부위) 활성화 정도가 훨씬 강한 것으로 나타난다(김윤정, 2021). 우리는 독자로서 꾸준히 독서를 하면서 나만의 읽기 회로를 만들어 낼 수 있다. 다시 한번 강조하자면 문해는 유전적으로 결정되는 것이 아니며, 후천적 경험, 교육, 노력에 의해 탄탄해지는 것이다. 그러니까 독서, 꼭 꾸준히 해야 한다.

읽기장애나 난독증이라면 어떻게 해야 할까?

그런데 뇌의 문제로 문해 학습 자체가 어려운 아이들이 있다. '특정 학습장애'는 지능이 정상 수준이고 똑같은 교육을 받았는데도 또래들과 달리 학습의 전이가 잘 일어나지 않는 경우를 말한다. 주로 읽기, 쓰기, 수학 중 한 가지 이상에서 6개월 이상 어려움을 보일 때 학습장애로 진단하게 된다. 단어 읽기, 철자 쓰기, 수 계산과 추론 부분에 어려움을 보이는 경우 각각 읽기장애, 쓰기장애, 수학장애에 해당되며 이 중에서 읽기장애와 쓰기장애는 문해력과 직결된다.

그렇다면 난독증dyslexia은 또 뭘까? 쉽게 말해 읽기장애의 일부

신경생리학적 문해력 문제가 있는 아이들이 보이는 특징

유아기
- 어릴 때 언어 습득이 느리고, 발음이 부정확하다.
- 단어를 빨리 배우지 못해서 어휘력이 떨어진다.
- 노래를 배우거나 말놀이를 할 때 운율을 살리는 것을 어려워한다.
- 숫자, 요일, 색깔, 모양, 글자를 가르치려고 해도 쉽게 이해하거나 기억하지 못한다.
- 손을 움직이는 소근육 운동 기술 발달이 느리다.
- 자기 이름을 읽고 쓰지 못한다.

초기 학령기
- 학교에서 글자와 소리의 관계 학습을 어려워한다.
- 기본적인 단어를 반복적으로 바꿔 써서 의사소통이 잘 안된다.
- 읽기와 맞춤법에서 동일한 실수를 반복한다.
- 초등학생인데도 연필을 잘 못 잡는다.
- 베껴 쓰기(copy)는 하는데 받아쓰기를 못 한다.
- 쓰기가 느리다.
- 책을 못 읽지만 들려주면 잘 이해한다.

라고 보면 된다. 이 용어가 보편적으로 워낙 많이 쓰여 왔기 때문에 비교적 익숙할 수 있다. 읽기장애 중에서도 단어를 보고 잘 해독해 내지 못하는 경우를 난독증이라고 한다.

이러한 문제는 가능하면 빨리 알아내어 중재하는 것이 중요하다. 유아기와 초기 학령기에 신경생리학적인 문해력 문제를 가질 만한 아이들이 보이는 특징을 위의 체크리스트를 통해 확인할 수 있다.

아동에게 이런 문제가 있다면 어떻게 해야 할까? 조기 판별을 통해 가능한 한 빨리 중재한다면 또래와 같은 수준이 되게 할 수 있다. 앞에서 매튜 효과를 다루었을 때 초등학교 2학년이 끝날 때까지는 해독 부분이 완성되어야, 그래서 읽기 유창성이 어느 정도 갖춰져야, 원활한 읽기 이해를 위한 발달이 진행되고 학업성취에도 문제가 없다고 한 바 있다. 즉, 그 전에 이러한 문제를 발견해서 추가적인 지원을 해야만 한다는 결론을 얻을 수 있다. 중재 효과에 대한 연구를 보면 3-4학년인 초등 중학년까지는 나쁘지 않다. 그러나 1-2학년 때가 훨씬 더 효과적이고, 심지어 유아기에 중재가 이루어지는 것이 더 바람직하다고 한다(김동일 외, 2015). 그렇다고 취학 전에 글자를 모두 가르치라는 뜻은 아니다. 나중에 글자라는 걸 쉽게 배울 수 있는 상황이 되게 하려면 사전에 준비가 필요하다는 의미다.

문해력과 학업성적의 관계

성공적인 학업성취를 위해서는 문해력이 필수적이다. 문해력은 기초적인 학습 능력에 해당하기 때문이다. 대학수학능력시험 언어 영역에서 가장 많이 틀리는 문제는 독서 문제이고, 학생의 문해력이 좋아야 고득점이 가능하다는 것만 봐도 알 수 있다. 문장으로 기술된 긴 글을 읽고 내용을 이해하며 나아가서 추론까지 하려면 문해력이 뒷받침되어야만 한다. 다양한 최신 연구 결과를 살펴보자.

수학도 문해력과 관련이 있을까? 초등학생 2만 명 이상을 대상으로 연구한 결과, 기초 수학 능력과 읽기 능력 간의 상관계수는 .6이 넘는 것으로 나타났다(이봉주, 2006). 이는 아주 높은 수준이므로 읽기를 잘해야 수학도 잘한다고 볼 수 있다. 특히나 수학 추론과 문제해결 능력 이 두 가지가 읽기 능력과 상관성이 높았다.

또한 여러 나라의 자료를 종합하여 분석한 연구에서는 읽기 능력이 좋은 초등학생은 읽기 능력이 떨어지는 집단과 비교했을 때 수학과 과학 점수가 표준편차 하나 이상이 높았다. 읽기와 수학은 상관계수가 .65에서 .89, 읽기와 과학은 상관계수가 .74에서 .94까지로 나타났다(Caponera et al., 2016). 1에 가까운 상관계수는 두 가지가 거의 일치함을 의미한다. 이 정도로 높은 상관을 보였다는 것은 읽기 능력, 바꿔 말해 문해력이 여러 과목의 성취도와 직접적으로 관련됨을 의미한다.

중학생들의 읽기 능력과 다섯 과목의 학업성취도 간의 관계를 살펴봤더니, 상관성이 중간 수준부터 높은 수준까지로 나왔다(김경환, 2019). 흔히 문해력이라고 하면 국어만 떠올리기 쉬우나 이런 연구를 통해 사회뿐 아니라 수학과 과학까지 문해력과의 상관이 강력함을 알 수 있다. 특히 읽기 중에서 추론적 읽기 능력이 다른 과목들과 관련이 높았다. 요즘 학생들이 풀어야 할 문제 중에서 좀 어렵다 싶은 것은 대부분 추론 문제다.

고등학생의 문해력도 마찬가지로 성적에 영향을 미칠까? 국가 수준 학업성취도 평가에서 고등학교 1학년 학생들의 국어 관련 하위 능력 중 읽기가 사회 성적과 가장 높은 상관을 보였고, 읽기 중에서도 역시 추론적 이해가 특히 관련성이 컸다(박은아·송미영, 2008). 추론은 중요한 비판적 읽기와 관련이 높다. 이러한 과정적 측면을 강화해서 지도해야만 사회 과목의 학습에도 이롭다는 것을 알 수 있다.

미국 고등학생들의 과학 성적과 국가시험 성적을 분석한 결과, 과학 성적이 가장 높은 집단은 과학에 대한 개념과 지식을 많이 알고 있을 뿐 아니라 읽기 능력 또한 우수한 학생들이었다. 그런데 과학 지식이 좀 부족해도 읽기 능력이 우수한 학생이 과학 지식이 많고 읽기 능력이 부족한 학생보다 과학 성적이 더 좋았다고 한다(O'Reilly & McNamara, 2007). 이 결과는 과학적 개념과 지식 자체를 아는 것만이 중요한 게 아니라, 더 잘 사고하게 만들어 주는 읽기 능력이 필수적임을 보여 준다.

이상의 최신 연구 결과들을 통해 증명되었듯이 문해력은 공부와 아주 깊은 관련이 있다. 문해력을 처음부터 탄탄히 길러야 하는 주요한 이유라고 하겠다.

영어와 문해력

8장

8장에서는 영어교육을 문해력과 연관 지어 살펴보려고 한다. 두 언어에서의 문해력을 말하는 이중문해의 효과는 무엇일까? 일상생활에서 영어가 별로 사용되지 않는 우리나라에서는 영어교육을 어떻게 해야 할까? 바람직한 방향을 생각해 보자.

한글 먼저? 영어 먼저?

많은 부모가 유아기 자녀에게 우리말과 영어 중 무엇을 더 먼저 가르쳐야 할지 궁금해한다. 이 질문에서 어색한 점은 무엇일까? 한글은 한국어의 문해 체계, 즉 글자를 가리키지만 영어는 언어 자체를 말하니 구어와 문어를 합친 개념이다. 어린아이에게 제대로 영어 지도를 한다면 읽기와 쓰기부터 접근하지 않는다. 인사말이나 쉬운 표현부터 자연스럽게 접하게 하면서 모국어를 배울 때와 비슷하게 듣기와 말하기부터 시작할 것이다. 그래서 한글과 영어는 정확한 비교 대상이 될 수 없다.

"아이에게 지도할 때 한글과 영어 중 어느 것이 먼저여야 하는가?"라는 질문은 적절하지 않다고 생각한다. 순서에 구애받지 말고 아이의 발달 수준과 흥미에 맞게 자연스럽게 시작하는 것이 좋다. 영유아기의 문해 발달은 관습적 방식이 아니라 발현적 방식으로 이루어져야 한다. 영어나 다른 외국어도 마찬가지다. 발달 수준에 맞는 방식으로 지도한다면 아무 문제가 없다. 기호인 문자는 어느 정도 커야 배울 수 있지만, 어떤 언어도 어리다고 습득하지 못하는 경우는 없다. 즉, 아동의 연령 자체는 문제가 아니다. 어떻게 지도하느냐 하는 방법론이 문제다.

이중언어와 이중문해의 개념

두 개의 언어를 습득해 구사하는 것을 이중언어bilingualism, dual language라고 한다. 요즘은 단지 두 개 언어에 국한되지 않는 다중언어multilingualism 화자도 많아서, 그에 대한 연구도 활발히 이루어지고 있다. 다만 이 장에서는 모국어와 영어라는 이중언어에 국한해 논의하고자 한다.

이중언어를 배우고 사용하면 대부분은 구어뿐 아니라 문어에 대해서도 언어 간의 중복성을 갖게 된다. 서로 다른 두 문자 체계, 즉 글에서 문자, 어휘, 문법 등 읽고 쓰는 데 필요한 요소들을 이해하고 의사소통하는 능력을 이중문해biliteracy라고 한다. 두 개의 리터러시가 공존하는 것이라 볼 수 있다.

이중언어처럼 이중문해에 대해서도 여러 가지 관점이 존재한다. 최소론은 모국어에 대한 전문적인 지식과 함께 제2언어(L2)에 대해서는 최소한의 문해 지식이 있는 경우를 말한다. 예를 들면 한국어 화자가 영어를 배워 읽기, 쓰기에 있어 영어로 어느 정도 의사소통이 가능한 경우다. 이와 비교해 최상론은 두 번째 언어도 모국어만큼 우수한 의사소통 능력을 갖춘 경우를 말한다. 균형적 이중언어 화자balanced bilingual는 두 개의 언어로 모두 자유롭게 의사소통할 수 있을 것이다. 이는 다소 이상적이면서 최상론에 입각한 관점이다.

현실적으로는 두 언어 간에 불균형이 있어 상대적으로 더 우세한 언어가 존재한다. 또는 개인에 따라 각 언어에서 듣기, 말하기, 읽기, 쓰기 영역 중 더 우세한 부분과 취약한 부분이 있거나, 어휘는 많이 알지만 문법이 약한 경우처럼 다양한 프로파일이 나타나는 것이 일반적이다. 요즘은 두 번째 언어에 대한 의사소통 능력이 조금이라도 있으면 이중언어 화자라고 부르는 분위기다. 그렇게 보면 세계적으로 이중언어를 사용하는 화자의 비율은 대단히 높다.

이중문해에서는 전이 현상이 일어난다. 먼저, 언어 내 전이는 하나의 언어에서 읽기와 쓰기, 음운, 형태소, 철자 인지 등 여러 영역

간에 서로 밀접한 관련이 있다는 것을 의미한다. 한국어로 읽기를 잘하면 쓰기도 잘할 가능성이 높다는 점을 생각하면 된다. 한편 언어 간 전이는 한 언어(L1)의 문해력이 다른 언어(L2)를 익힐 때의 문해력과 상당한 관련이 있다는 것이다. 다시 말해 한 언어의 문해력이 좋으면 다른 언어의 문해력도 좋을 가능성이 높다. 물론 이는 두 언어 간의 유사성에 따라 다르다. 두 언어가 서로 크게 다른 경우에 비해 매우 비슷할 때 전이가 훨씬 더 잘 이루어진다. 예를 들어 한국어와 영어를 익히는 사람보다 로만 알파벳을 공유하는 스페인어와 프랑스어를 함께 익히는 사람이 두 번째 언어를 익힐 때 얻을 수 있는 이득이 더 크다.

우리나라는 제2언어 환경으로서 어떨까? 오랫동안 단일민족 국가여서 그런지 유럽이나 북·남미에 비해서는 다중언어가 덜 일반적이다. 이중언어를 분류할 때 태어나면서부터 두 언어에 동시에 노출되어 습득하는 경우를 동시적 이중언어simultaneous bilingualism라고 하고, 이민 같은 변화로 인해 최소 만 3세 이후 두 번째 언어를 습득하는 경우를 순차적 이중언어sequential bilingualism라고 한다. 한국인이 이중언어 화자라면 순차적 이중언어일 가능성이 더 높을 것이다. 또한 영어에만 집중해 보면 '제2언어로서의 영어'를 ESL_{English as a Second Language}이라고 할 때, 우리나라는 여기에 해당하지 않는다. 일상에서 자연스럽게 영어가 사용되는 환경이 아니기 때문이다. 그래서 대한민국은 '외국어로서의 영어_{EFL, English as a Foreign Language}'가

8장 영어와 문해력

교육되고 사용되는 환경이다. 그러다 보니 영어 학습이 좀 더 어려운 측면이 있다.

이중언어 노출에 대한 관점은 가산적이냐 감산적이냐로 나뉜다. 가산주의는 이중언어 노출을 통해 L1 외에 유용한 두 번째 언어를 배우는 것이라고 보는 관점addictive biligualism이다. 이중언어의 여러 가지 장점을 가정하는 것이다. 반면 감산적 이중언어주의subtractive biligualism는 두 번째 언어를 배우다가 모국어에 손상이 오거나, 두 언어가 혼동될 것이라는 우려가 강한 접근이다. 여기에는 아동의 이중언어 습득으로 언어와 인지 발달이 저해될 것이라는 생각이 깔려 있다. 수십 년 전까지는 이러한 감산적 이중언어주의가 팽배했다. 특히 이중언어를 쓰는 집단이 이민자 등 사회·경제적 지위가 낮은 경우가 많아서, 국가가 많은 예산을 들여 그들을 교육하고 자국민으로 동화시켜야만 한다고 봤기 때문에 그런 부정적인 배경이 생겼다. 그에 따라 이중언어를 배우는 아이의 학업성취가 더 떨어진다는 보고도 많았는데, 이후에 살펴보니 표집이나 검사 도구에 문제가 있었던 것이 밝혀졌다. 사회·경제적 지위를 고려하지 않고 집단을 비교했다거나, 아직 영어 구사 능력이 낮은 스페인어 화자 아동에게 영어로 된 검사를 실시한 경우였다.

사실 이중언어를 배우는 아동은 단일언어 아동에 비해 언어 습득이 다소 지연되는 것처럼 보이는 기간이 있다. 예를 들어 두 언어를 배우는 아이들은 L1 어휘와 L2 어휘를 동시에 습득하면서 중간의 교집합이 생기기도 하지만 분리된 부분도 생긴다. 그러다 보니 상황에 따라 한 언어에서 모르는 단어가 상대적으로 부각될 수 있으나 시간이 가면서 이러한 차이는 해소된다. 즉, 이중언어 습득으로 인한 발달의 차이는 보통 일시적이므로 풍부한 언어 노출과 연습으로 극복할 수 있으며, 언어 능력 외에 다른 다양한 장점까지 생기는 것으로 밝혀졌다.

이중언어와 이중문해의 효과

이중언어나 이중문해는 어떤 장점으로 연결이 될까? 첫째, 사회적인 부분에서 더 많은 의사소통의 기회를 창출한다. 만약 충분한 수준의 L2, L3가 갖추어진다면 더 많은 상황에서 다양한 친구들을 만날 수 있을 것이다. 외국에서 온 친구를 쉽게 사귀고, 학교에서 다양한 언어로 수업을 듣고 발표하거나, 다른 나라에서 온 구매자를 만나 거래를 할 수도 있다.

둘째, 문화 수용력이 넓어진다. 우리가 언어의 다양성을 가진다는 것은 그 언어가 쓰이는 문화에 대해서도 이해한다는 것을 의미한다. 언어는 구체적인 맥락을 통해 습득되기 때문이다.

셋째, 이중언어를 사용하면 언어뿐 아니라 다른 인지 영역도 증진된다는 놀라운 사실이 밝혀졌다. 언어를 여러 개 배워서 쓰면 뇌의 회로가 더 많이 자극된다. 이러한 가소성의 결과로 뇌의 회백질 밀도가 높아져 피질 상태가 더 좋아지고, 소위 뇌신경 간의 연결이 활성화된다. 추론 능력이나 상황에 따라 언어를 바꾸어 상대에 맞게 소통하는 스위칭 능력, 심지어 창의성과 상상력에서조차 이중언어 집단이 단일언어 집단보다 더 우수한 점수를 보인 결과가 상당히 많다.

넷째, 배움의 기회가 많아진다. 인터넷이나 전문 서적을 통해 찾아보거나 흡수할 수 있는 정보의 양과 질이 다르고 제3의 언어를 배우기에도 유리해진다. 영어를 잘하면, 그러니까 이중언어, 이중문해를 갖추면 훨씬 더 많고 질적으로 우수한 정보를 활용해 학습할 수 있다.

다섯째, 이중언어, 이중문해를 습득하면 취업 같은 경제적인 측면에서도 유리하다. 아무리 자동 통·번역의 시대라 하더라도 인공지능의 힘을 빌리지 않고 스스로 두 언어를 자유롭게 활용할 수 있는 능력은 빠르고 정확한 업무에 큰 도움이 된다.

그럼 아동과 청소년이 이중문해를 학습한다면 어떤 효과가 있을까? 일단 두 언어 모두에서 읽기 유창성이 증가하게 된다. 한 언어로 연습하더라도 다른 언어에까지 그 효과가 이어지는 측면이 있다. 읽기 유창성은 이해를 잘하는 성공적인 독자가 되기 위해 반드시 건너야 할 다리처럼 매우 중요한 능력이다. 읽기 유창성이 증진되면 인지·학습적 측면에서 억제, 작업, 통제 등과 관련된 실행 기능executive function을 관장하는 전두엽의 기능이 활성화된다. 대화 상대나 글에 쓰인 문자 체계에 따라 빠르게 전환을 잘하다 보니 실행 기능이 우수해지는 것이다. 특히 어릴 때 이런 기능이 강화되면 뇌의 가소성 덕분에 그 전파력이 더욱 커진다. 또한 단어 하나를 L1과 L2에서 모두 원활하게 쓸 수 있다는 점도 유용하다. 이러한 어휘 구사 능력은 학업성취도와 직결된다. 그 바탕에는 '이중언어 상호 의존 가설'이 있다. 두 언어(또는 문자 체계)가 서로 다른 점도 많겠지만, 결국 공통적으로 언어이므로 공유하는 특성이 있다는 가설이다. 바위섬이나 빙산을 상상하면 이해가 쉽다. 수면 위로 나온 두 봉우리는 서로 분리된 것처럼 보이지만 수면 아래의 지형은 하나의 커다란 덩어리일 수 있다.

이중언어를 다룰 때 흔히 문해를 간과하는 경향이 있다. 하지만 진정한 이중언어 화자로서 두 언어의 균형적 사용을 목표로 한다면 놓지 말아야 할 것이 바로 문해다. 해외 교포들에게 한국어는 L1일 수도 L2일 수도 있지만 계승어heritage language이자 소수언어minority language, 가정언어home language일 것이다. 모국어가 점차 L2로서 소실되어 갈 때, 구어뿐 아니라 문어로도 한국어를 사용하는 경우는 그리 많지 않다. 두 번째 언어로 읽기와 쓰기까지 잘하는 것은 강력한 힘을 지닌다. 그러므로 이중문해에도 큰 가치를 두고 L2 문해 학습과 사용을 이어 나가야 한다.

우리 아이 영어교육, 어떻게 해야 할까?

한국식 영어도 OK

일상생활에서 영어가 많이 쓰이지 않고, 영어를 교육하기도 상대적으로 어려운 우리나라에서 영어교육을 하는 바람직한 방향에 대해 생각해 보자. 우리 아이들은 과연 어떤 영어를 배워야 할까? 요즘 영어교육 연구에서 중요한 주제는 세계 영어world English이다. 영어는 더 이상 미국, 영국, 호주 등에서만 쓰이는 언어가 아니다. 세계의 수많은 다중언어 화자는 영어를 세계 통용어, 국제어로 여기고 일상적으로 사용하며 수많은 사람과 상호작용을 한다.

예전에는 "꼭 미국식 영어여야 해! 그게 의사소통에 더 유리해. 그리고 있어(?) 보여." 또는 "영국식 영어가 진짜 영어야! 발음이 더 고상하지."라고 주장하며 영미식 영어에만 가치를 두기도 했다. 그래서 그 외의 영어는 상당히 평가절하하는 측면이 있었다. 하지만 요즘 들어 중요한 것은 주고받는 내용과 의사소통이지, 겉으로 보이는 형식이 아니라는 견해를 더 많은 사람이 따르는 추세다. 즉, 특정 영어에 대한 배타적 태도가 점차 사라지고 있다. 개성 있는 악센트를 인정하고, 표현하고자 하는 내용과 실제로 얼마나 효율적인 의사소통을 해내는지가 더 중시된다.

그래서 한국인이 한국식 악센트의 영어를 쓰는 것은 별문제가 안 된다. 한국어와 영어를 경쟁 관계로 보고 지금 한국어 문해력이

급하니까 영어는 포기하자는 식으로 우리 아이들에게 가르칠 것이 아니라, 두 언어를 상호 보완적인 관계로 보는 패러다임의 변화가 필요하다. 한국어를 잘 아는 것은 영어뿐 아니라 제3언어의 이해와 학습에도 도움이 된다.

영어 학습 동기부터 키워 주자

우선, 영어 학습에서도 학습자의 동기를 무시할 수 없다. 필자가 전국의 유아, 초등학생, 중학생, 고등학생을 대상으로 영어 학습 동기를 조사했더니 연령이 증가할수록 학습 동기가 크게 떨어지는 추세가 나타났다. 어릴 때는 즐겁게 영어를 배운 아이들도 공부를 많이 하다 보니 영어 공부는 너무 오래 걸리고, 재미도 없고, 성과는 별로 안 나온다고 느끼게 된다. 또한 딱딱한 방식으로 시험을 위해서만 배우는 영어에 질렸다거나 이제 그만하고 싶다는 아이도 많았다. 특히나 내적 동기가 약하고, 외적 동기가 강한 상태는 지속되기 어렵다. 그래서 탈동기, 즉 동기에서 벗어나는 경향을 아주 많이 보였다(Park et al., 2019).

이렇게 영어 학습 동기가 사그라지면 손해가 크다. 아이들은 단순히 대학수학능력시험의 외국어 영역을 풀고 대학에 가기 위해서 영어를 배우는 것이 아니다. 평생 많은 이들과 원활하게 의사소통할 수 있는 또 하나의 언어를 배우는 것이 목적이다. 영어를 배우면서 모국어뿐 아니라 다른 인지기능도 향상된다. 또한 상당수의 학생은 학교를 졸업한 후에도 업무나 사회생활을 위해 영어를 계속 쓰게 될 가능성이 높다.

영어 학습 동기를 키우기 위해서는 일단 영어가 쓰이는 상황을 자주 볼 필요가 있다. 그런 경험을 통해 '이럴 때 영어가 필요하구나'라고 스스로 인식할 수 있다. 그리고 실제 대화에 쓰이는 쉬운 구어 표현부터 접하게 해야 한다. 또 아이가 어릴수록 영어를 놀면서 배우는 기회가 필수적이다. 결론적으로 적어도 초등학생 시기까지는 영어를 '공부'로 생각하지 않고 의사소통 수단인 말을 익히도록 접근하는 것이 학습 동기를 키우는 데 바람직하고 효과도 좋다. 더 쉽게, 자연스럽게, 재미있게, 지치지 않고 배울 수 있기 때문이다.

효과적인 '엄마표 영어'를 위한 준비

엄마표 영어는 아이들에게 충분히 효과가 있다(표현은 '엄마표'이지만 엄마에게만 교육의 책임이 있는 것은 아니며, 부모가 같은 신념으로 함께 참여하는 것이 좋다). 무엇보다도 엄마가 어떤 신념을 가지고 자녀의 영어교육을 바라보는지가 중요하다. 그에 따라 아이의 학습 동기나 흥미가 달라지기 때문이다. 부모가 영어 학습을 적절하게 격려하고 기대하면 아이가 외국에 대한 관심을 많이 갖게 된다. 이와 달리 영어교육에 대한 엄마의 걱정이 너무 크면 영어에 대한 아이의 흥미가 떨어지는 것으로 나타났다(최나야 외, 2020). 그래서 영어의 필요성을 인정하고 의사소통의 도구로 가르치려는 것은 좋지만 '우리 아이가 다른 아이보다

뒤처지면 어쩌나, 레벨 테스트 점수부터 높아야 하는데'라며 불안해 하면 자녀에게 부정적인 영향을 미치게 된다. 엄마표 영어만으로 자녀의 영어교육을 끝내려는 계획은 욕심이자 불가능에 가깝다. 소수의 성공담도 진실이기 어려우니, 무거운 부담에서 벗어나는 것이 필요하다.

부모가 영어에 자신감을 갖는 것도 중요하다. 원어민 발음을 구사하거나 토익 점수가 높아야 한다는 의미가 아니다. 영어가 필요한 상황에서 크게 어려워하지 않고 영어를 사용하는 모습을 자녀에게 보여 주는 게 중요하다. 예를 들어 여행지에서 음식 주문에 성공하는 부모를 본 아이는 '여기에서는 영어를 써야 원하는 일을 할 수 있구나. 우리 아빠 엄마가 제대로 해내셨네! 멋있다!'라고 생각하게 되고, 아이 본인도 영어를 배우고 싶은 마음이 생긴다. 그런데 현실에서는 반대 경우가 훨씬 많다. 부모가 서로 영어 사용을 미루며 불안해하는 모습을 보이면 자녀에게도 그런 정서가 고스란히 전이된다.

그리고 자녀가 영어를 접하는 상황에서 아이의 관심 수준을 민감하게 살펴봐야 한다. 아이가 영어 영상을 보는 걸 재미있어 하는지, 새로운 표현을 배우는 것을 꺼리지는 않는지, 알파벳도 배우고 싶어 하는지 확인할 필요가 있다. 아이가 영어 자체에 흥미가 떨어져 있는 상태에서 부모의 욕심으로 아이에게 억지로 학습을 시키면 영어 학습의 지속가능성이 떨어져 얼마 못 가 정말 답답한 상황을 만나게 된다.

현실적으로 아이가 영어를 경험하게 하는 것이 중요하다. 영어 입력input의 양이 어느 정도 필요하다는 뜻이다. 이에 대한 부담 때문에 부모가 엄마표 영어 교재를 열심히 외우고 벽에 붙인 영어 문장 메모지를 봐가면서 수시로 아이와 영어 대화를 시도하는 경우가 있다. 그러나 이러한 접근은 추천하지 않는다. 특정 단어나 문장이 영어로 쓰이는 환경에 자연스럽게 노출되어야 하고, 부모는 맥락에 딱 맞는 한국어, 즉 양질의 모국어를 최대한 많이 사용하는 것이 아동의 언어 습득에 최선이다.

그래서 추천하는 한 가지 방법은 (아이가 유아나 초등 저학년이라면) 영어 그림책 읽기 상호작용이다. 영어 그림책을 꾸준히 읽어 주면 우리 같은 EFL 환경에서도 아이의 영어 학습 동기가 확보된다. 시각 문해력이나 읽기 기술 역시 성장하고, 자연스러운 언어 상호작용을 통해 아이의 자발적인 영어 발화도 늘릴 수 있다. 그림책에 담긴 영어 단어, 관용 표현, 문장 구조(문법), 문화 다양성까지 골고루 접할 수 있어 영어권 문화에 살지 않아도 영어 학습에 큰 도움이 된다. 서점이나 도서관에서 아이가 읽고 싶은 영어 그림책을 주기적으로 같이 고르면서 주도성과 문해력을 같이 발달시킬 수 있다.

영어 그림책은 어떻게 읽어 줘야 할까? 사실 정해진 방법은 없고 일반 그림책 상호작용과 동일하다. 텍스트만 영어일 뿐, 똑같이 '대화'와 '상호작용'이 핵심이다. 일반적으로 부모가 영어에 자신이 없다는 이유로 본문 텍스트를 빠르게 읽어 주기만 하고 책을 덮기 쉽다. 영어로 대화까지 이끌기가 부담스럽다면 글을 읽어 주는 부분만 영어로 하고 우리말을 사용해 충분히 대화하면 된다. 어쩌면 아이가 영어 문장 듣기를 싫어할 수도 있다. 그럴 때는 영어 그림책을 보면서 우리말로 바꿔 말해 줘도 괜찮다. 부모가 미리 한번 읽어 보면 더 쉽다. 영어로 먼저 읽고, 바로 우리말로 바꿔 말해도 된다. 이때 아이가 그림책을 읽는 양과 경험, 그리고 풍부한 대화가 중요하지, 영어로만 상호작용하는 것이 핵심은 아니다. 아이가 책의 내용을 이해하는 것 자체가 가장 중요하기 때문이다. 영어로 된 텍스트가 쓰여 있음을 관찰만 해도 일단은 도움이 된다. 그림책은 반복해 읽을 때 효과적이므로 다음번에 영어로 읽어 주면 된다.

국문 그림책을 읽어 줄 때와 똑같이 자연스러운 목소리, 여유 있는 속도로 읽어 주고 영어 발음에 지나치게 얽매일 필요는 없다. 발음 때문에 아이에게 유튜브 영상만 보여 준다든가, 원어민 성우의 목소리로만 책을 들려주는 경우가 많다. 그러다 보면 쏙 빠지는 것이 바로 상호작용이다. 자신감을 가지고 부모의 말투로 읽어 주면 된다.

영어 단어 지도법

아이들은 단어를 어떻게 배울까? 가장 중요한 부분은 실제 맥락이다. 아이들은 실생활에서 눈에 보이는 실물과 실제로 주고받는 말을 접하고 그 소리를 기억한 뒤 대상과 의미를 연결하면서 놀라운 속도로 낱말을 익혀 간다. 아동기까지는 명시적으로 단어를 암기하는 때가 아니라는 것을 꼭 알아야 한다. 아이들은 암묵적인 방식으로 단어를 배운다.

새로운 단어를 처음 들었을 때는 즉시 소리를 외우거나 뜻을 파악하지 못한다. 같은 단어가 같은 맥락에서 반복되어 쓰이는 것을 경험하며 소리에 익숙해지고, 유추했던 뜻이 맞는지 확인한다. 그렇게 해서 우리 마음속에 있는 단어 사전에 새 단어를 계속 축적해 나간다.

한국어와 영어 단어를 일대일로 매치해 주입하면 재미도 없고 학습 효과도 떨어진다. 그렇다면 어떻게 하면 좋을까? 새로운 영단어를 접할 기회를 최대한 많이 만드는 것이 핵심이다. 우리 환경에서 일상생활만으로는 기회가 부족하므로 영어 동요, 만화, 영화, 포스터, 놀잇감, 그림책 등을 충분히 활용해야 한다. 그럴 때 아이가 낯선 영단어의 뜻을 궁금해하면 말해 주고 기회가 되면 반복해 사용한다. 다행히 영상물이나 책은 반복해서 접할 가능성이 높다.

적어도 초등학생 때까지는 영단어를 외우지 않아도 된다. 직접 경험하는 활동, 도서나 영상, 대인관계, 수업을 통해 습득하는 방식이 더 낫다. 자연스러우므로 힘들여 공부하는 느낌이 들지 않고, 단어의 의미를 맥락과 정확히 연결해 이해할 수 있기 때문이다. 종이에 빽빽하게 단어를 쓰고 반복해서 입으로 외우는 방식이 아니어도 충분히 습득이 된다.

단순 암기와 벼락치기는 그다지 효과적이지 않다. 단기기억으로 들어온 새 단어가 장기기억으로 전환돼야 의미가 있다. 그래서 한

번에 150-200개씩 단어 시험을 보고 못 풀면 집에 안 보내는 학원에 고마워할 게 아니라 반대로 주의해야 한다. 영어 학습 동기를 뚝 떨어뜨릴 수 있는 지름길이기 때문이다. 또한 많은 양의 목록으로 단어를 외우는 것은 맥락이 없어 미묘한 뉘앙스를 알기 어렵다. 필자가 중학교 2학년 때 암기 목록에 'sour'가 있고 옆에 '신'이라고 쓰여 있는 걸 보고 'god'의 유의어로 전지전능한 존재를 말하는 건가 하고 착각을 한 적이 있다. 이렇게 영어 철자와 우리말 의미를 단순하게 일대일로 연결해 암기하는 것은 위험하다. 직접 경험한 맥락에서 단어의 뜻을 유추하고 확정하며 미묘한 뉘앙스와 쓰임새까지 알게 되어야 진짜 학습이다.

그래서 생생한 영어 사용 경험이 필요하다. 요즘은 어린이집, 유치원, 초등학교에서 영어 특별활동이나 수업의 기회가 있다. 또 여행, 캠프, 이벤트, 이웃의 영어 화자(특히 또래 친구) 등도 좋은 기회가 될 수 있다. 만약 영어학원 유치부를 포함해 영어 사교육 기관을 찾는다면, 어린 아동에게 교재만 강조하지는 않는지, 한국어 사용을 엄격히 금지하지는 않는지, 영어가 꼭 쓰여야 하는 자연스러운 상호작용이 가능한지 살펴야 한다. 캠프 활동에서 스포츠, 미술, 코딩, 요리, 마술 등 다양한 흥미 분야를 접하며 또래들과 시간을 보낼 때 영어가 주언어로 사용되는 것은 효과가 크다. 이렇게 영어가 시험 과목이 아닌 의사소통 수단이 될 때 훨씬 자연스럽게 습득하게 된다.

놀랍게도 모르는 단어를 접할 때마다 항상 영어 사전을 찾아보면서 단어를 익히는 것은 조심해야 한다. 필자가 대학원생 때 캐나다에서 ESL 수업을 받았는데, 소설을 읽는 시간에 교수님이 학생들에게 사전을 찾지 말라고 했다. 당황스럽고 답답했는데, 중단하지 않고 지속해서 읽을 수 있는 유창성을 갖추고, 의미를 유추하는 힘을 키우기 위해서는 낯선 단어의 뜻을 추측하는 훈련이 필요하며, 의미가 모호한 상태 또는 중의성에 대한 수용성tolerance for ambiguity을 가져야 한다는 이유에서였다. 책을 읽어 본 독자라면 글의 맥락을 통해 유추한 단어의 의미가 다시 맥락 내에서 확인되는 과정을 경험해 봤을 것이다.

놀이와 미디어 적극 활용하기

한국에서 영어를 교육하는 가장 좋은 방법을 요약하면 어떻게 될까? 우리가 EFL 환경에 있다는 한계를 인정하는 것부터 시작해야 한다. 그리고 어린이라면 아직 명시적 학습은 맞지 않으므로(중학생 정도부터는 가능하다고 본다), 초등학생 때까지는 놀이를 하면서 구체적인 활동을 통해, 영어로 된 영상물을 보고 책을 읽으면서 배우는 것이 가장 좋다.

그리고 영어를 사용할 수밖에 없는 환경에 자주 노출할 필요가 있다. 국내외 어디든 상관없다. 한국어와 영어가 골고루 쓰이는 이중언어 교육기관도 (교육철학이 탄탄하고, 두 언어가 모두 쓰여야 할 타당한 이유가 있다면) 효과적이다. 모국어의 필요성과 정체성을 해치거나 아동의 의사소통 의도를 방해하지 않으면서, 자격 있는 교사가 우수한 교수학습 방법을 사용한다면 말이다. 만약 영어 몰입immersion 방식으로, 즉 영어만 사용하여 수업이 이루어진다면 일단 예체능 수업으로 시작하기를 추천한다. 즐겁게 몸을 많이 쓰고 예술 활동에 몰입하면서 상대적으로 언어 의존도가 낮은 교과부터 접하면 자연스럽게 새로운 언어를 수용하기 용이하다. 효과를 빨리 보겠다고 영어교육만을 목적으로 아이를 앉혀 놓고 워크북만 사용하는 것보다는 아이가 그 시점에 흥미를 가진 다양한 활동이 영어로 진행되는 것이 적합하다.

다양한 매체를 활용해 영어를 지도하는 것 역시 매우 효율적이다. 노래, 만화, 드라마, 영화 중에서 발달단계에 맞게, 아동(또는 청소년)의 관심 분야와 주제에 따라 고르면 된다. 특히 아이가 어릴 때 일반 드라마는 이해하기 조금 어렵지만, 아동·청소년용 시트콤은 연극적 특성이 있어 정확한 발음, 짧은 문장으로 이루어져 있기 때문에 활용 가치가 높다.

뭐니 뭐니 해도 독서를 통한 영어학습이 효과적이다. 영어 그림책에서 챕터 북 수준으로 원활하게 넘어가는 단계가 중요하다. 다양하고 유명한 책들이 국내에 소개되어 있으니 아이의 영어 읽기 수준과 흥미에 맞는 책을 찾아보자. 부모가 아이와 같이 골라서 읽어 주고, 음원도 들려주고, 소리 내어 읽어 보도록 격려해 주면 된다. 초등 고학년부터는 책에서 새로운 단어가 나왔을 때 한 챕터에서 세 개, 책 전체에서 열 개 정도를 찾아 공책에 목록을 만들고, 사전을 찾아서 뜻을 기록해 보게 하면 좋다. 그리고 스스로 그 단어가 들어가는 예문을 만들어 쓰는 것까지 진행하면 최선이다. 맥락을 제대로 이해해서 의미를 파악하고 그 쓰임새까지 인식했다는 것을 보여 주는 결과이기 때문이다.

9장

한자와 문해력

우리말 어휘력은 한자와 어떤 관계가 있을까? 아동·청소년이 경험하는 교과목 속 한자어들을 살펴보면 문해 지도에서 무엇이 요구되는지 보일 것이다. 자녀에게 한자를 어떻게 지도하면 될지 구체적인 방법을 알아보자.

우리말 어휘력과 한자의 관계

우리말 단어의 절반 이상은 한자어다. 정확히 말하면 표준국어대사전에 등재된 어휘 중 약 54%가 한자어에 해당한다. 그래서 한자어를 잘 모르면 어휘력에 문제가 생기고, 실생활에서 단어를 제대로 구사하기 어려울 수밖에 없다.

우리말은 고유어, 한자어, 외래어라는 어종語種으로 구성되어 있다. '공책, 냉면, 동물원, 백조, 한복' 같은 단어들은 한자로 표기할 수 있는 한자어다. '아이스크림, 소파, 카페, 캥거루, 넥타이'는 영어로도 쓸 수 있는 외래어다. '비누, 토끼, 바다, 꽃, 치마' 같은 단어는 순우리말인 고유어다.

아이들이 어종이라는 갈래를 이해하는 것만으로도 단어에 대한 인식이 어느 정도 수준에 도달했음을 의미한다. 단어 인식이 높은 수준이면 단어를 처리하는 속도가 빨라지고, 단어를 학습하는 효율성도 좋아진다. 예를 들어 '냉면冷麪'이 한자어임을 알고 '냉', '면' 각각의 뜻을 알면 '온면溫麪'을 처음 듣거나 읽었을 때 그 의미도 어렵지 않게 유추할 수 있다.

한자어가 지닌 특징을 살펴보자. 첫째, 글자 하나마다 한 가지의 뜻이 담겨 있다. 소리를 나타내는 표음문자인 알파벳과 달리 한자는 뜻을 나타내는 표의문자다. 그래서 한자어는 함축적이다. 글자 자체의 뜻이 모여 단어의 뜻도 만들어진다.

둘째, 한자어는 조어력, 즉 낱낱의 한자들이 모여 단어를 만들어 내는 힘이 아주 강하다. 예를 들어 '힘 력力' 자는 '체력', '문해력', '경쟁력' 등 수많은 단어에 들어간다. 방법의 의미로 '법 법法' 자를 쓰면 '독서법', '조리법', '복용법'과 같은 낱말이 얼마든지 만들어질 수 있다.

셋째, 한자어는 우리말에서 주로 개념적 어휘에 해당한다. 개념을 나타내어 논리적이거나 학문적인 표현을 할 때 더 많이 사용되는 경향이 있다. 교과서에서도 한자어의 비중이 높기에, 한자어 학습을 안 할 수는 없는 것이 현실이다. 학년이 올라갈수록 교과서 내 한자어의 비중이 자연스럽게 높아지고, 대학에서 전공 공부를 할 때도 그 비중이 상당히 높다. 한자어는 학생들이 공부할 때 개념어로서 기본 바탕이 되는 측면이 있다.

따라서 한자어의 개념을 잘 알면 중고등학교 시기 학습에 도움이 된다. 교과서 어휘에 특히 개념어가 많이 등장하기 때문이다. 예를 들어 국어에서는 '품사, 동사, 형용사, 합성어, 파생어, 유의어, 반의어, 동음이의어'가 모두 한자어이고, 서로 연결되는 개념이자 단어이다. 여기 포함된 '사詞', '어語'의 의미를 확실히 알면, 처음 보는 다른 단어에서 접했을 때도 단어의 의미를 유추하거나 이해하기 쉽다.

공부뿐 아니라 일상생활에서도 한자어의 의미를 제대로 아는 것은 개인의 문해력을 설명한다. 요즘 문해력 문제로 논란이 되는 경우도 순우리말과 한자어의 관계를 잘 모른다든지, 한자어의 뜻을 정확히 잘 파악하지 못해서 생기는 것이다. 한자와 한자어를 정확하게 많이 알아 두면 졸업 이후 사회에서도 경쟁력을 갖출 수 있다.

순우리말과 한자어의 관계

사흘: 3일을 가리키는 순우리말
四日: 4일(순우리말로는 나흘)

심심하다: 하는 일이 없어 지루하고 재미가 없다.
甚深하다: 마음의 표현 정도가 매우 깊고 간절하다.

교과서 속 한자어

학교에서 교과 학습을 잘 따라가려면 배우는 내용을 전달하거나 연결 또는 기술할 때 쓰이는 어휘인 '학습도구어'를 잘 아는 것이 필수적이다. 이러한 단어들은 초등학교 때부터 많이 사용되는데, '설명하라, 기술하시오'라고 할 때 대체 뭘 어떻게 하라는 건지조차 모르면 당연히 수업을 따라가기 어렵다.

학습도구는 대부분 한자어다. '예시, 기호, 괄호, 제목, 설명, 분류, 연결, 완성, 의논, 결정' 등 명사뿐 아니라, '-하다'가 붙으면 동사가 되는 단어들도 대부분 한자어다.

많은 내용이 압축된 요즘 교과서를 보면 아이들이 읽고 정리하며 이해까지 하는 것이 쉽지 않겠다는 생각이 든다. 아이들의 교과서나 학습 내용에 얼마나 많은 한자어가 들어가고, 그게 과연 어느 수준인지 과목별 예시로 살펴보자.

먼저, 국어에서는 장르에 따라 자주 등장하는 한자어나 개념어가 좀 다르다. 예를 들어 시에는 '운율, 비유, 상징, 관용 표현' 등이 자주 등장하고, 논설문에는 '주장, 근거, 문제의식, 타당성, 구조, 토론, 토의' 등이 쓰인다. 또한 지문에 자주 나오는 조어는 하나를 알면 이후에 다른 단어로도 연결이 되기 때문에 쓰임새가 많다. '될 화化' 자는 '현대화, 정보화'처럼, '성품 성性' 자는 '보편성, 진실성, 자율성'에서 쓰여 뜻이 금방 유추가 된다.

초등 저학년	종류(種類), 전원(電源), 조화(調和), 구별(區別), 용맹(勇猛)
초등 고학년	요소(要素), 인상(印象), 과장(誇張), 간주(看做), 묘사(描寫)
중학교	관점(觀點), 관조(觀照), 풍자(諷刺), 은유(隱喩), 초월(超越)

위에 제시된 초등학교와 중학교 국어 교과서에 수록된 한자어는 부모들이 다 아는 단어이지만 막상 아이가 무슨 뜻이냐고 물어보면 대답해 주기가 쉽지만은 않을 것이다. 용맹, 간주, 풍자, 관조 등은 상당히 어려운 수준의 표현이지만, 한 글자 한 글자의 뜻을 풀어 보면 이해하기가 좀 쉬워진다.

중학교 3학년 국어 교과서의 비문학 지문은 한자어의 비중이 더 높다. 그래서 많은 학생들이 읽고 이해하는 데 있어 문학에 비해 더 어려워한다. 처음부터 끝까지 그 내용을 읽고 파악해야 하는데, 특히 긴 글의 경우에는 의미를 몰라서 중간에 걸리는 단어가 너무 많기 때문이다.

수학 교과서에도 한자어가 의외로 많다. 초등학생 때부터 '삼각형, 사각형, 분모, 분자, 예각, 둔각, 백분율, 원주율' 등 서로 비교할 수 있는 개념어나 조어적 특성이 나타난다. 늘 쓰일 수밖에 없는 '계산, 검산, 약분, 인수분해, 삼각비'도 전부 한자어다.

과학에서는 '광합성, 백혈구, 적혈구, 가시광선, 적외선, 용해, 용

◆ 중학교 3학년 교과서 수록 비문학 지문 예시

플라스틱은 **석유**에서 **추출**한 **원료**를 **결합**하여 만든 **고분자 화합물**의 한 종 **류**이다. 이 **고분자 물질**은 대부분 **합성수지**인데, **합성수지**를 열 가공하거나 **경화제, 촉매, 중합체** 등을 사용하여 **일정한 형상**으로 **성형**한 것 또는 그 원 료인 **고분자 재료**를 플라스틱이라고 한다. 플라스틱은 매우 가벼운 데다 모 양을 **변형**하기도 쉽고 **다양한** 빛깔로도 만들 수 있다. 게다가 **절연성**도 뛰어 나니 플라스틱이 우리 **생활** 깊숙이 자리 잡은 것은 어쩌면 **당연**한 일처럼 보 인다.

출처: 박경화(2015)

매, 용질, 용해' 등의 표현이 나온다. 그 밖에 '대기, 순환, 멸종, 가열, 음전하, 양전하, 풍화' 역시 한자어들이다. 이런 단어는 각 교과목을 배우는 동시에, 또는 해당 단원을 배우기 직전에 의미를 따로 살펴보 아야 할 필요도 있다. 한 글자씩 바뀌는 뜻을 살펴보면 단어의 의미 를 확실히 이해할 수 있다. 그런데 각각의 단어를 암기하는 데는 한 계가 있다. 그 단어가 쓰이는 용법을 알고 이해하는 것이 우선이다. 예를 들어 '정맥靜脈', '동맥動脈'이 인체 단원에서 나왔을 때는 '고요할 정靜' 자와 '움직일 동動' 자가 대비되어 쓰임을 알 수 있다. '정적 활동' 과 '동적 활동'이라고 말할 때처럼 뜻을 이해하면 공부가 쉬워지고 심지어 즐거워지기도 한다. 이처럼 유사하거나 대비되는 단어들을 함께 묶고, 특히 기본 개념어라면 구성하는 한자 조합의 의미를 제대 로 이해하는 것이 필수적이다.

사회 교과서에는 한자어가 정말 많이 등장한다. 초등 저학년인데도 '답사하다, 촌락, 의례' 등이 나온다. 초등학교 4학년 교과서에서 이미 높은 수준의 단어들이 나오는데, 사회 교과서를 보면 지리를 다루면서 '지역, 지도, 안내도, 요소, 역할, 기호, 범례, 축척, 지형지물' 등의 한자어가 쓰인다. '등고선'은 높이高가 같은等 지점들을 연결한 선線을 의미한다. 이렇게 개별 한자의 의미를 알면 단어의 뜻을 파악하고 기억하기 쉽다.

'공존'은 4학년, '외세'는 5학년, '보편'은 6학년 때 교과서에 나오는 한자어다. 어렵게 보일 수 있지만 '함께 공共', '있을 존存' 이렇게 풀어 놓고 보면 '함께 존재한다'는 뜻임을 쉽게 알 수 있다. '외세'는 '외부의 세력'으로 풀 수 있다. 이렇게 좀 쉬운 단어는 바로 풀어서 말해 주기 좋다. 부모도 막막할 때는 뜻을 같이 찾아 보면 된다. 그 한자의 음과 뜻이 뭔지 찾고 의미도 읽어 보자.

아이가 한자어의 뜻을 몰라 어려움을 겪지 않게 하려면 사회 관련 책(주로 비문학)을 초등학생 때부터 꾸준히 읽히는 것이 좋다. 책에서 처음 본 단어라 할지라도 맥락과 유추를 통해 어떤 의미일지 감을 잡을 수 있고, 다른 책이나 수업에서 다시 접할 때는 더 강력한 의미 연결을 할 수 있게 된다. 사회도 과학처럼 단원별 어휘를 미리 한번 훑어보는 것이 의미 있다. 보통 교과서나 참고서 앞에 그 단원에 나오는 핵심 단어들이 정리되어 있고, 간략하게 뜻이 요약되어 있다. 단어별 정의를 읽어 보고 의미를 이해하는 방법에 익숙해지면 학습의 지름길로 작용한다. 중고등학교에 비해 읽을 분량이 그리 많지 않은 초등 시기에는 교과서를 읽어 보며 모르는 단어에 표시하고 공책에 기록하는 것도 좋은 방법이다. 이 기록장에는 단어와 의미, 그리고 한자어의 경우 무슨 뜻과 음을 가진 한자인지까지 정리하면 이해와 기억이 훨씬 쉬워진다. 한자의 형태도 한 번씩 써보는 것으로 충분하고 굳이 외우거나 반복해서 써볼 필요는 없다. 어릴수록 나만의 메모, 특히 그림 같은 걸 활용하면 도움이 된다.

'영어에 무슨 한자어?'라고 생각할 수도 있다. 그런데 의외로 영어 문법의 상당수 단어가 한자다. '부정사, 동명사, 품사, 전치사'는 전부 '말씀 사詞' 자로 끝난다. 또 '목적어, 보어' 등의 문장 성분, 앞뒤 순서를 바꾸는 '도치'도 전부 한자어다. 동명사는 '동사인데 명사'의 형태로 쓰이는 것이고, 전치사는 '앞에 위치하는 말'로, 명사의 앞에 오는 'at, on, in' 등을 말한다. 이 뜻을 알면 다른 언어를 배울 때 후치사가 나와도 대비해서 쉽게 이해하게 될 것이다. 이처럼 영어의 개념어나 문법 용어를 이해하는 데에도 한자의 의미를 알아 두면 도움이 많이 된다.

또한 영단어의 우리말 의미마저 한자어일 때가 있다. 예를 들어 'abstract'는 '추상적인'이란 뜻이다. 그런데 아이가 그 단어 자체를 모르기 쉽다. '버릴 추抽'에 '모양 상象'이다. 이때 '상' 자는 비교적 쉬우니 '인상印象', '형상形象'처럼 그 글자가 포함되는 단어를 몇 개 말해 줘도 좋다. "'추' 자는 버린다는 뜻이래. 그러면 '구체적인 모양을 버린다'는 뜻이야. 아주 구체적이고 상세한 것들을 다 버리고 나면 뭐가 남을까? 중심, 핵심, 가장 중요한 것만 남겠지?" 아이와 이렇게 상호작용을 할 수 있다. 그래서 아주 일반적이고 중심적인 것에 가깝다는 뜻임을 아이가 이해하게 하면 된다. 영단어 'abstract'의 어원도 '끌어내다, 분리하다'의 뜻이라고 한다.

이렇듯 언어끼리는 결국 통한다. 영어의 뜻과 우리말로 바꿨을 때 한자어의 뜻을 함께 학습할 기회가 되는 것이다. 그러니까 한자어를 너무 어렵다고만 생각할 게 아니라, 오히려 공부를 더 효율적으로 할 수 있는 계기로 만들어 보자.

자녀에게 한자 지도하기

유아기-초등 저학년

초등학교 때부터 학습 내용에 한자어가 이렇게 많이 나온다면 한자를 어떻게 지도하는 것이 좋을까? 일단 겁먹을 필요는 없다. 저학년 때 한자를 무조건 외우게 하는 것은 비효율적이고, 심지어 유아기에는 발달에 부적절하다. 초등 1-2학년 때는 한글 해독을 연습해서 읽기 유창성을 키워 가는 단계인데, 시각적으로 복잡한 표의문자인 한자까지 익히려면 과부하가 된다. 이때까지는 우리말에서 '한자어'의 존재를 인식하는 것 정도가 의미 있다.

　유아기부터 초등 1-2학년 때까지는 한자어에 대한 관심과 흥미를 가지게 하는 것이 필요하다. 어린 시기에는 재미가 우선이므로, 한자를 다루는 애니메이션, 학습만화, 신문 코너 등을 추천한다. 필자는 일간지에 연재되는 어린이용 한자 코너를 가위로 오려서 지퍼 달린 비닐백에 모으며 매번 그날의 내용을 제일 앞에다가 끼워 주었다(신문지가 워낙 얇아 지퍼백 하나에 수백 장이 들어간다). 그것을 거실 탁자에 두면 아이가 오가며 눈으로 보곤 했다. 한창 좋아했던 포켓몬을 주제로 한 내용이었기 때문이다. 매회 포켓몬 하나의 이름과 특징이 읽기 쉽게 소개되어 있고, 그 특징과 관련된 한자 하나와 그 글자가 들어간 단어 몇 개가 함께 제시되어 있었다. 예를 들어 냄새로 공격하는 포켓몬이면 '냄새 취臭'라는 한자와 '악취惡臭' 같은 단어가 나오는 것이다. 어린아이들은 복잡한 한자의 모양에는 관심을 두지 않는 게 당연하다. 하지만 부모가 그 자료를 보거나 외우라고 강요하지 않아도 자신이 관심 있는 주제이기 때문에 눈길을 주게 된다. '이 포켓몬

한테 이런 특징이 있었지. 어? 이 단어 들어 봤는데? 그게 한자어였구나!'까지만 알아차려도 충분하다. 이런 순간이 쌓여서 아이의 머릿속에 있는 사전이 더 세련되게 조직화된다. 우리가 쓰는 말 중에 한자어가 존재하고, 들어 봤음 직한 여러 단어에 공통적으로 쓰인 한자가 하나의 뜻으로 통함을 아는 것 자체로 충분한 학습이다. 이렇게 차근차근 쌓인 어휘력은 무시 못 할 수준이 될 것이다. 한자의 모양, 음과 뜻을 외우는 것은 아직 불필요하다.

한자나 사자성어의 유래 등을 다룬 그림책도 이 시기에 좋은 매체로 쓰일 수 있다. 역시 한자의 모양 같은 글자 자체보다는 한자의 의미와 쓰임새, 그와 관련된 배경 이야기를 이해하는 것이 중요하다.

일상적인 대화에 쓰이거나 주변에서 접해 본 한자어가 있다면 그 한 글자에 초점을 두어 뜻을 강조하는 전략이 적합하다. 2음절로 된 한자어라면 두 글자 중 더 중심이 되는 글자에 집중하여 아이가 그동안 일상에서 들어 봤을 만한 다른 단어들 중에서 그 글자가 포함된 예를 들어 주는 것이다. 앞에 나온 단어를 예로 들어 보자. "'악취'에 들어간 '악惡' 자도 나쁘다는 뜻이구나. '선악', '악마'에서처럼…. 그럼 이 '악' 자가 들어간 또 다른 단어는 뭐가 있을까?"와 같이 상호작용하면 아동의 사고가 확장되고, 아는 단어를 탐색하며 단어의 의미에 접근하는 기술이 증가한다. 이후에 새로운 단어를 만났을 때 의미 유추가 쉬워지는 것은 당연하다. 그 과정이 얼마나 빨리 이루어지는지가 어휘력 증가의 핵심이다.

이렇게 일상적인 한자어에 사용되는 한자를 몇 개 묶어서 설명하는 것을 습관화하면 좋다. 아이가 어릴수록 '꽃 화花', '물 수水', '배울 학學', '가게 점店' 등 기초적인 한자에 집중해야 한다. '음식점'이라고 쓰인 간판을 보았을 때는 '점'이 들어간 다른 가게를 찾아내는 연습을 해보자. '백화점, 서점, 편의점, 상점, 매점, 정육점' 등 동네에서 접한 단어들이 줄줄이 나올 수 있다. 필자도 아이가 어릴 때 이런 대화를 놀이처럼 하곤 했다. 침대에 누워 자기 전에 아이가 퀴즈를 내달라고 하면, 일부러 재미있는 목소리를 내며 "다음 중, 딱 하나만 다른 뜻으로 쓰인 '화'는? 1번 국화, 2번 화병, 3번 화원⋯." 같은 문제를 냈다. 아이는 여러 단어를 듣고 기억해야 하는데, 그것도 좋은 인지적 자극이 된다. 그러다가 "4번 화장실!"로 마무리하면 아이가 까르르 웃으면서 답을 맞히곤 했다.

주변에서 보는 환경인쇄물을 이용할 수도 있다. 도로, 표지판, 간판, 전단지, 광고 등이 모두 도움이 된다. 예를 들어 '주정차 금지'라는 표현을 보았다고 할 때, '무언가 막는다, 허용하지 않는다'를 의미하는 '금지'는 알겠는데 '주정차'는 어렵게 느껴질 것이다. 아마 어린아이도 차는 다 알 것이고, 주차도 많이 들어 봤을 테니 "정차는 뭘까? 주차와 무엇이 다를까?"와 같이 질문할 수 있겠다. 그러면 아이는 흥미를 느끼며 생각하게 된다. '주駐'와 '정停' 모두 '머무르다'의 뜻이 있지만, 차에 운전자가 있느냐 없느냐에 따라 두 단어가 구분되어 쓰인다는 것을 실생활과 연결해 깨달을 것이다. 즉, 주차와 정차의 의미를 구분하고, 두 단어를 합해 '주정차'라는 한 단어로도 표현함을 알게 된다.

초등 중학년 이상

이 시기에는 교과서 어휘의 난도$_{難度}$가 갑자기 높아지면서 그동안 구어나 문어로 접한 적이 없는 새로운 단어가 많이 등장한다. 그래서 저학년 시기를 지나 중학년으로 갈 때 공부가 어렵다고 느끼는 경우가 많다. 따라서 3-4학년 이후에도 여전히 일상생활에서 틈틈이 한자에 대한 감각을 키워 주면 좋다.

한자어 지도를 놀이에도 적용할 수 있다. 어휘 학습을 다루면서 끝말잇기를 추천했는데, 사실 한자어는 끝말잇기의 단골손님이다. 한자어의 조어력이 워낙 강하기 때문에 한자어로 끝말을 잇는 것이 상대적으로 쉽다. 이런 감각이 생긴 아이는 무턱대고 아무 단어나 만들고선 그런 단어가 있다고 우기기도 하는데 검색해 보면 그런 단어가 실제로 있는 경우가 많다. 이러면서 어휘에 대한 감각은 더욱 다져진다.

한자어 찾기도 다양한 방법으로 할 수 있다. 순우리말과 같은 뜻의 한자어 짝꿍이 있는 경우도 많다. 예를 들어 '벗'은 '친구'와 같은 뜻이다. 그런 단어들을 연결해서 찾아 보는 말놀이도 좋다. 또는 '이상-이하', '냉방-난방'처럼 반대말에 해당하는 한자어도 스피드 퀴즈로 낼 수 있다. 앞에서 강조한 특정 한자가 들어간 단어 여러 개를 이어 말하는 것도 시도해 볼 만하다. '말씀 언(言)'이 타깃이라면 '언어, 유언, 발언' 등이 이어질 수 있다.

주변에서 쓰이는 이상한 말을 찾아 보며 이야기를 나누는 것도 좋다. 예를 들어 흔히 잘못 쓰는 표현으로 '역전앞'처럼 중복된 말이 있다. 먼저 아이에게 "이 말은 어떤 뜻 같아?"라고 물어 추측하는 시간을 갖게 하고, "그럼 뭔가 이상하지 않아?"라고 질문해서 더 깊이 생각해 보게 한다. 이와 같이 잘못된 표현에 집중해 무엇이 잘못됐는지를 찾아 보는 것도 아이들의 상위 언어 인식을 높여 주는 방법이다.

단어 사이의 관계를 활용해 지도하면 머릿속에 어휘 조직도가 그려지는 효과가 있다. 예를 들어 상위 개념과 하위 개념의 관계라면 '도형'이라는 개념 아래에 '삼각형, 사각형, 평행사변형' 등이 있게 된다. 인과관계, 즉 원인과 결과도 단어 사이 관계를 활용해서 파악할 수 있다. '사과해서 화해하게 되었다'는 과오에 대해서 말을 함으로써 온화하게 해결이 되었다는 뜻이다. 한 글자씩 한자의 뜻을 알게 되면 단어의 의미를 정확하게 이해하고, 필요할 때 적절하게 사용할 수 있다.

아이가 이와 같은 방법들을 경험하면 단어를 만들어 내는 조어 능력이 향상되고, 일상에서의 단어 사용 범위가 확장되며, 독서도 더 편하고 깊게 할 수 있게 된다. 우리말에는 왜 이렇게 한자어가 많나 하고 투덜거리거나 어려워할 수도 있지만, 이런 경험은 더 풍부한 언어생활을 할 수 있는 밑바탕이 되어 준다.

요즘은 과거와 달리 신문에 한글만 쓰이지만 신문의 기사, 칼럼, 사설에는 한자어가 많이 포함되어 있다. 신문은 아이들의 어휘력과 독해력을 높여 주는 가장 실제적인 자료다. 가정에서 부모와 자녀가 신문을 함께 읽고 이야기를 나누는 것은 문해력 향상에 매우 효과적이다. 신문을 구독하지 않는다면 온라인 검색을 통해 아이가 이해하고 좋아할 만한 주제의 기사를 출력해 활용하면 된다. 기사를 볼 때 키워드 두세 개만 다루어도 유용한데, 그중 한자어의 비율이 상당히 높을 것이다. 아이가 관심 있는 주제에 대해 실제로 일어난 일을 가지고 쓰인 글이라서 단어를 더 쉽게 배울 수 있다.

사전을 활용하면 한자어에 대한 지식을 더 효과적으로 키울 수 있다. 국어사전에 실린 단어 중 한자어는 한자로도 표기되어 있어 한자어 여부를 바로 알 수 있고, 무슨 한자로 이루어졌는지 살펴보면서 뜻을 이해하는 데 도움을 받을 수도 있다. 필자는 요즘 두꺼운 한자어 사전을 거실 탁자 위에 둔다. 대학교수도 뜻을 모르는 한자어가 참 많다. 그런 단어를 접하면 문득 궁금증이 생겨 손에 잡히는 사전을 찾아보게 된다. 이런 자료를 이용하면 단어의 유래에 대해서도 알 수 있다. 이처럼 궁금할 때 직접 찾아 보면 이해력과 기억력 향상에 매우 유리하다.

자녀가 어려운 단어에 대해 물었는데 부모도 모를 때가 많다. 그러면 자녀와 같이 사전을 찾아보면서 의미도 파악하고, 문제해결 능력의 모델링을 보여 주면 된다. 자녀가 낱말에 대해 말하거나 질문할 때 많이 칭찬해 주는 것부터 시작하자. 이럴 때 얼마나 수용적으로 받아 주는 부모인지에서부터 차이가 생긴다. 부모도 모르는 것은 부담 없이 인정하고 같이 찾아 볼 기회가 생긴 것에 감사하면 된다.

본격적으로 '한자'의 음과 뜻, 모양을 공부하는 것은 최소 초등 3학년 이후 시작하자. 이때는 한글 해독 연습이 끝났기 때문에 새로운 기호와 상징체계를 배우는 것이 그렇게 큰 부담이 되지 않는다.

아이가 학습 동기가 좀 있는 편이라면 3-4학년 이후에 한자능력검정시험에 도전하며 한자 학습을 하는 것을 제안한다. 다만 적성에 맞고 아이가 희망할 때만 권유해야 한다. "너도 이제 3학년 됐으니까 한자 시험 봐야 돼!" 이러면 거부감을 느낄 수 있다. 시험의 급수는 다양하지만, 중학생 때까지 한두 번 정도 보는 걸로도 충분하다. 그리고 처음에는 당연히 기초 한자 위주로 시작해야 한다. 아동이 어른들과 섞여 시험장에서 시험을 보는 것 자체도 부담스러울 수 있다. 그렇다면 이 시험을 위한 참고 자료가 잘 나와 있으니, 그냥 집에서 부모와 같이 꾸준히 보며 공부만 해도 괜찮다.

한자와 한자어는 우리 일상에서 많이 만날 수밖에 없고 아이들의 학습에서도 참 중요한 부분이다. 일단 가정에서 쉽고 재미있게 접근해서 아이들이 한자에 대해 가진 부정적 인식을 바꾸고 학업에 도움이 되길 바란다.

수학·과학과 문해력

미래 사회에서는 수학과 과학이 지금보다도 더 중요해질 전망이다. 10장에서는 수학, 과학이 문해력과 어떻게 관련되는지 살펴보고, 문해력 성장까지 고려하면서 자녀에게 수학과 과학을 지도할 수 있는 방안을 제안한다.

미래 인재상과 우리의 현주소

2016년 세계경제포럼 보고서는 초등학생 중 65%가 현재 존재하지 않는 직업을 갖게 될 것이므로, 미래의 변화에 대비할 수 있는 교육이 이루어져야 한다고 보았다. 그리고 4차 산업혁명 시대의 인재가 갖추어야 할 중심 역량으로 문해력을 꼽았다. 일상적인 과제를 해결하는 데 필요한 기초 문해력은 다시 문자 문해, 수리 문해, 과학 문해, 정보통신 문해, 재무 문해, 문화 시민 문해로 구성된다. 문해력의 개념이 읽고 쓰기에 국한된 좁은 범주로부터 탈피한 것이다. 이를 통해 수학적·과학적 문해력이 크게 강조될 것임을 알 수 있다.

우리 교육부도 과학·수학·정보·융합교육 종합계획(2020-2024)을 발표하며 과학교육, 수학교육, 정보교육, 그리고 이들 간의 융합교육과 관련하여 중장기 종합계획을 수립한 바 있다. 앞으로 지능정보사회를 이끌어가기 위해서는 과학, 수학 그리고 정보 분야의 핵심 인재 양성이 반드시 필요하다고 본 것이다.

그렇다면 현재 우리의 실태는 어떨까? 유아를 대상으로 하는 수학·과학·로봇·코딩 학원이 성행하며, 무려 지필검사와 지능검사로 반 편성을 한다고 한다. 교습 시간은 회당 100-150분으로, 이는 유아의 집중력을 고려할 때 지나치게 길어 부적절하다(사교육걱정없는세상, 2020).

부모는 자녀를 수학 학원에 보내기 위해 한글까지 빨리 가르치며 유아기부터 사교육으로 '닥치고 수학'을 공부시키지만, 정작 학교에 가면 수학은 아이가 가장 싫어하는 과목이 되어 많은 학생이 '수포자'가 된다는 뉴스를 자주 접할 수 있다. 게다가 선행학습과 반복 연습을 통해 일찍부터 계산 능력을 키운 아이들이 정작 수학을 잘 못하는 경우가 있는데, 이는 문제 자체를 이해하지 못하기 때문이라며 다시 문해력 학원이 붐비고 있다고 한다.

한편 이 디지털 시대에 글을 읽지 못하는 학생들도 많아지고 있다. 짧은 영상에만 익숙하고 긴 글이나 책은 이해하지 못하는 것이다. 또 수학을 잘해도 읽기 능력이 떨어져서 고득점에 실패한다는 분석도 있다. OECD 국가들을 비교했을 때 우리나라 아동의 문장 이해력 하락 폭이 가장 큰 것도 심각하게 여겨야 할 부분이다.

수학과 과학의 개념 이해

수학과 과학을 학습하고 문제도 풀어내려면 개념을 이해하는 것이 우선시된다. '개념'이란 특정 사물이나 사건 같은 어떤 대상들의 공통된 속성을 추상화하여 종합한 보편적 관념을 말한다. 구체적이면 좀 쉬울 텐데 우리 머릿속에만 존재하는 추상적인 생각이라서 구체적일 수 없다. 문제해결 능력은 하나의 이치를 다른 상황에까지 일반화할 수 있는 능력이기 때문에 이를 갖추려면 개념 이해부터 이루어져야 한다.

특히 수학은 '기호'라는 약속을 통한 추상적인 과목이므로 이전에 학습한 내용이나 개념과의 연계성이 강하다. 또한 수학 교과서에는 한글 외에도 여러 언어와 기호가 사용된다. 수학적 개념과 어휘(수학 용어, 공식, 기호 등)에 대한 지식이 부족한 것은 일반적인 독서와 대화로는 해결되지 않는다. 먼저 수학적 개념을 이해하고, 필요하다면 이를 정리하고 암기하는 학습 과정이 수반되어야만 한다(권태형·주단, 2022). 과학 역시 전문적

용어, 표와 그래프의 해석이 매우 중요한 과목으로, 교과서에 나오는 개념과 용어를 잘 아는 것만으로도 학습이 훨씬 쉬워진다(오선균, 2022). 과학 교과서의 보충 교재인 실험 관찰 교과서에서는 각 단원 및 실험에서 학습한 주요 개념과 내용을 간결하면서도 일목요연하게 정리하여 쓰는 연습이 이루어진다. 따라서 과학에서도 문해력이 매우 중요하다. 과학 교과서가 '비문학 지문 읽기', '쓰기 연습' 등 문해력을 키울 수 있는 도구가 되는 것이다.

이렇게 개념을 학습할 때는 언어와 의미에 의존할 수밖에 없다. 그래서 개념은 곧 문해력과 통한다. 아래에서 수학과 과학의 개념 이해가 왜 필요하고 어떻게 이루어지는지 구체적인 예를 통해 살펴보고자 한다. 과연 이 과목들과 문해력은 어떻게 연결될까?

수학과 문해력

수학을 공부하는 데 문해력이 왜 중요한지 알아보자. 계산을 해서 빨리 정답을 내는 것은 수학의 핵심이 아니다. 수학의 본질은 바로 질문하고 생각하고 유추하는 일이다. 그래서 수학 문제를 풀 때는 일단 문제를 읽고, 세심하게 관찰하고, 어떻게 해야 해결할 수 있을지 그 개념부터 찾아야 한다.

> 2분 동안 4/7cm씩 타는 양초가 있습니다. 양초에 불을 붙인 지 8분이 지난 후 양초의 길이가 처음 양초 길이의 3/4이 되었습니다. 처음 양초의 길이를 구해 보세요.
>
> 5학년 2학기, 분수의 곱셈

초등학교 5학년을 위한 수학 문제다. 이 문제를 풀려면 문장을 읽고 제시된 조건을 파악해야 한다. 양초는 단위 시간당 얼마가 타는지, 지금 얼마가 남았는지의 정보를 받아들이고, 개념을 파악하여 두 조건을 같은 방향으로 통일해야 한다. 즉, 남은 양초의 비율을 이용해 '얼마나 탔는지'를 맞혀야 한다. 그러려면 문장의 의미부터 이해하고 해결 방법을 곰곰이 생각해 봐야 한다.

> 물건을 넣으면 길이가 변하는 요술 바구니 2개가 있습니다. 노란 바구니에 넣었다가 빼면 길이가 5배가 되고, 초록 바구니에 넣은 후 빼면 넣기 전 길이의 1/5이 됩니다. 재용이는 9.5cm인 장난감 자동차를 노란 바구니에 한 번, 초록 바구니에 두 번 넣었다가 뺐습니다. 재용이의 장난감 자동차의 길이는 마지막에 몇 cm가 되었을까요?
>
> 5학년 2학기, 소수의 곱셈

위의 문제도 초등학교 5학년에 해당하는 문제이지만, 5학년 학생들이 읽기에 버거울 수도 있다. 만약 그렇다면 문제 푸는 공식이 아무리 간단해도 문제를 맞힐 수 없다. 그리고 계산을 하기 전에 몇 배(갑절), 몇 분의 일(분수)에 대한 개념을 확실히 알아야 한다. 이해가 좀 빠른 아동의 경우는 양쪽 바구니에 한 번씩 들어가면 그 효과가 상쇄된다는 것을 이해하고, 좀 더 수월하게 문제를 풀 수 있다.

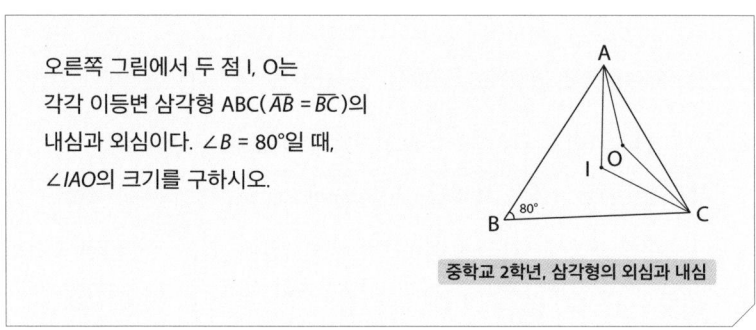

이번에는 중학교 2학년 문제라 언뜻 보아도 어려워 보인다. 삼각형의 외심과 내심을 다루는 이 문제를 풀기 위해서는 이등변 삼각형, 외심, 내심의 개념을 정확히 알고 있어야 한다. 그리고 '삼각형 세 변의 수직이등분선은 외심에서 만난다', '외심에서 세 꼭짓점에 이르는 거리는 모두 같다', '삼각형 세 내각의 이등분선은 내심에서 만나며, 내심에서 세 변에 이르는 거리는 모두 같다'는 성질을 기억해야 한다. 그림을 그리며 풀면, 즉 시각 문해를 활용하면 문제해결이 더 쉽다.

> 최고차항의 계수가 1인 삼차함수 $f(x)$에 대하여 함수 $g(x)$를 $g(x) = \sin|\pi f(x)|$라 하자. 함수 $y = g(x)$의 그래프와 x축이 만나는 점의 x좌표 중 양수인 것을 작은 수부터 크기순으로 모두 나열할 때, n번째 수를 a_n이라 하자. 함수 $g(x)$와 자연수 m이 다음 조건을 만족시킨다.
>
> (가) 함수 $g(x)$는 $x = a_4$와 $x = a_8$에서 극대이다.
> (나) $f(a_m) = f(0)$
>
> $f(a_k) \leq f(m)$을 만족시키는 자연수 k의 최댓값을 구하시오. [4점]
>
> **2023학년도 7월 전국연합학력평가 수학 영역(미적분, 30번)**

이번에는 대부분의 부모가 풀기 정말 어려운 문제일 것이다. 고3 전국연합학력평가 문제였는데 문제를 풀려면 함수의 극대, 극소, 함수의 그래프 추론, 초월함수 미분 등을 모두 학습했어야 한다. 종합적인 문제해결력을 측정하는, 요즘 인기 있는 문제 유형이다. 즉, 지엽적인 일부 지식이 아니라 오랫동안 배운 것을 종합해야 하는 문제다. 역시 개념부터 확실히 알아야 하므로 식만 세운다고 풀리지 않는다. 여러 조건을 만족하는 경우를 거꾸로 생각하며 답에 근접해 나가는 추론 과정이 요구된다.

초중고생들이 접하는 수학 문제를 예시로 든 것은 다른 이유 때문이다. 부모가 사교육비만 부담하며 걱정만 할 것이 아니라, 학생들이 문제를 풀려면 어느 정도의 개념 파악과 독해력이 요구되는지 실감해 보도록 하기 위함이다. 그래야 제때 자녀의 발달단계에 맞는 문해력을 키우고, 바람직한 교수학습 방법을 사용해 수학 지도 방안을 마련할 수 있을 것이다.

과학과 문해력

수학 문제를 푸는 데 상당한 문해력이 요구된다는 것은 확인했는데, 과학은 어떨까? 과학은 우리가 어떤 의심을 품고 가설을 세워 그에 대한 잠정적인 답을 찾아가는 과정이라고도 말할 수 있다. 과학적으로 문제를 해결하려면 수학과 동일하게 개념 파악을 바탕으로 문제를 이해해야 한다. 이번에도 초중고생들을 대상으로 하는 과학 문제를 보면서 어떤 수준인지 피부로 느껴 보자.

> 우리 주변에 존재하는 공기는 여러 가지 기체가 섞여 있는 혼합물입니다. 혼합물의 특성이 잘 드러나도록 공기에 대한 글을 써봅시다.
>
> 6학년 1학기, 여러 가지 기체

초등 6학년 과학 문제인데 '과학 글쓰기'라는 걸 한다고 한다. 적합한 예시는 이렇다. "공기는 혈액과 같습니다. 왜냐하면 적혈구, 백혈구, 혈소판, 혈장이 섞인 혈액처럼 기체 속에는 질소, 산소, 이산화 탄소 등 여러 가지 기체가 섞여 있기 때문입니다." 이렇게 작성하려면 먼저 혼합물의 개념을 이해하고, 그다음에 유추를 통해 이 개념이 우리 생활에 적용되는 적절한 예를 찾아 논리적으로 표현할 수 있어야 한다. 고작 두 문장뿐이지만 만점을 받기는 쉽지 않다. 중고등학교에서도 과목별 수행평가는 사전에 설계된 평가 기준인 루브릭을 바탕으로 채점한다. 이 경우라면 "혼합물의 개념을 확실히 이해했는가? 일상생활에 적용되는 예를 찾아냈는가? 문장을 논리적으로 표현을 했는가?"라고 제시되었을 것이다.

> 다음은 라부아지에의 물 분해 실험에 대한 내용입니다. 실험 결과를 토대로 생각할 때, 물이 원소가 아닌 이유는 무엇일까요?
>
> 긴 주철관을 화로 속에 통과시켜 뜨겁게 달군 후에, 주철관의 한쪽 끝에는 물을 붓고, 반대쪽 관에는 냉각수가 지나가도록 하였다. 이 과정에서 발생한 산소는 주철관을 녹슬게 하였으며, 냉각수를 통과한 물질에서는 수소가 발생하였다.
>
> 중학교 2학년, 전하를 띠는 입자

중학교 2학년 과학 문제인데 역시 문장으로 서술해야 한다. 일단 원소가 무엇인지에 대한 개념 이해가 필요하다. 원소는 '더 이상 분해되지 않는 단순한 물질'이라는 부분이 중요하다. 제시된 텍스트가 '물 분해 실험'에 대한 내용이라고 했으니, 물은 분해된다는 것을 알 수 있다. 이 부분을 놓치지 않으면 물은 원소가 아님을 바로 알 수 있다. 제시된 정보를 바르게 해석해서 논리적으로 설명할 수 있는 과학적 문해력을 요구하는 과제다.

다음은 수능 모의고사 국어 문제인데, 읽고 이해하기 쉽지 않다.

용해도는 일정한 온도에서 일정한 양의 용매에 최대로 녹을 수 있는 용질의 양으로, 보통 용매 100g에 녹을 수 있는 용질의 질량이다. 혼합물의 과포화 상태는 용질이 용해도 이상으로 녹아 있는 상태인데, 과포화 상태의 혼합물은 포화 상태로 돌아가려는 경향이 있다. 결정화는 포화 상태의 혼합물이 과포화 상태가 되어 용질이 고체 입자로 석출되는 것으로 결정화 공정을 거치면 입도*가 작은 고체 입자를 얻을 수 있다. 이러한 결정화 공정은 약물의 생체 흡수율을 높여야 하는 제약 분야 등에서 사용된다.

결정화 공정에서는 초임계 유체를 쓰는 경우가 많다. 물질은 임계 온도와 임계 압력 이상에서 초임계 상태로 존재한다. 임계 온도는 어떤 물질이 액체로 존재할 수 있는 최고 온도이고, 임계 압력은 어떤 물질이 기체로 존재할 수 있는 최대 압력이다. 온도와 압력이 임계 온도와 임계 압력 이상일 때 물질은 액체도 아니고 기체도 아닌 초임계 상태로 존재한다. 초임계 상태에서 물질의 분자 간 거리는 그 물질이 기체일 때보다는 가깝지만 액체일 때만큼 가깝지는 않다. 물질이 액체일 때보다는 초임계 상태거나 기체일 때 용질이나 용매가 더 자유롭게 이동할 수 있다. 또한 초임계 유체에 가해지는 압력을 높이면 밀도가 높아져 더 많은 양의 용질을 녹일 수 있어 초임계 유체를 이용한 결정화 공정에서는 고체 입자의 입도를 조절할 수 있다.

GAS 공정에서는 초임계 이산화 탄소를 반용매로 사용하여 혼합물에 녹아 있는 용질을 작은 입도의 고체로 석출하는 경우가 많다. 반용매는 용질을 녹

* 입도: 입자 하나하나의 평균 지름

이지 않고 용매와는 잘 섞이는 물질로, 반용매를 혼합물에 첨가하면 반용매는 용매와 섞이고 용질은 고체 입자로 석출된다. GAS 공정에서는 결정화하려는 물질을 액체 용매에 녹여서 혼합물을 만들고 용기에 적당량 채운 뒤 용기를 밀폐한다. 이후 용기의 온도와 압력을 이산화 탄소와 액체 용매의 임계 온도와 임계 압력의 사이에 맞추고 초임계 이산화 탄소를 용기에 주입한다. 그러면 혼합물이 과포화 상태가 되고 녹아 있던 용질은 고체 입자로 석출된다. 반용매가 용매와 섞이면서 포화될 수 있는 용질의 양이 줄어드는 것이다. 석출되는 용질의 양은 처음에 채운 혼합물의 양이 같다면 그 농도에 의해 정해진다.

결정화 공정에서 고체 입자를 석출할 때는 우선 일정한 수의 용질 분자가 모여서 집합체를 이루어 결정핵이 생성되어야 한다. 혼합물의 농도가 높을수록 결정핵을 만들 수 있는 용질 분자의 수가 많아 결정핵이 많이 생긴다. 결정핵이 많이 생성되면 하나의 결정핵에 모일 수 있는 용질 분자의 수가 적어져서 고체 입자의 크기는 작아지게 된다.

한편 초임계 이산화 탄소를 용매로 사용하는 결정화 공정도 있다. RESS 공정에서는 결정화하려는 물질과 초임계 이산화 탄소가 섞인 혼합물을 고압의 용기에서 대기압을 유지하는 용기로 분사한다. 분사 직후 초임계 이산화 탄소는 빠르게 압력이 내려가고 기체로 변화하는 과정에서 용질이 고체 입자로 석출된다. 이때 혼합물에서 결정핵이 생성되는데, 석출되는 고체 입자의 입도가 정해지는 원리는 GAS 공정과 동일하다.

GAS 공정과 RESS 공정 등의 결정화 공정에서는 이산화 탄소가 주로 쓰인다. 이산화 탄소는 임계 온도가 상온과 큰 차이가 없어 온도를 조금만 올리고 압력을 올리면 쉽게 초임계 상태로 만들 수 있기 때문이다. 초임계 이산화 탄소를 이용하면 압력을 조절하여 석출되는 고체 입자의 입도를 작게 만들 수 있을 뿐 아니라 그 자체로 독성이 없어서 안전성 문제에서도 자유롭다.

2023학년도 3월 전국연합학력평가 국어 영역(14-17번)

요즘은 과학 탐구 영역에서뿐만 아니라 국어(언어 영역)에서도 과학 개념 관련 어휘나 지식을 묻는 문제가 많이 출제된다. 국어의 비문학 읽기가 중요한 평가 요소이자, 수험생의 학업 능력을 보여 주기 때문이다. 그래서 과학 문제 또는 국어 영역 과학 지문 문제를 잘 풀 수 있는지는 긴 글을 정확하고 효율적으로 읽어 내는 독해력이 판가름한다.

국어 문제인데 어렵고 낯선 과학 용어들이 대거 등장한다. 과학 수업에도 열심히 참여했어야 개념을 알 수 있다. 또 유추와 적용을 통해 읽은 내용을 문제에 적용해야만 한다. 이는 졸업 후 사회생활에도 지속해서 필요한 능력이다.

학생들이 족집게식 벼락치기 공부를 하거나 답을 때려 맞혀서라도 이런 문제를 맞히기만 하면 되는 걸까? 수능시험은 대학에 지원하고자 하는 학생에게 대학에서 필요한 수학 능력이 있는지를 보기 위한 방편으로서의 한순간일 뿐이다. 이후에 진짜로 대학생이 되면 이런 글을 더 자주 읽고, 이해하고, 심지어 써내야 한다. 전문적인 글을 읽고 필요한 만큼 정보를 추출해서 내 것으로 만들 수 있는지는 시험 한 번으로 끝나는 것이 아닌 평생을 가는 아주 중요한 문제다.

문해력을 고려한 수학·과학 지도법

부모가 자녀를 가르치기에 자신이 있는 영역과 그렇지 않은 영역이 무엇인지 조사한 결과, 읽기와 쓰기가 가장 자신 있는 영역이었고, 수학은 73%, 과학에 대해서는 54%만 자신 있다고 보고했다(Silander et al., 2018). 수학이나 과학에 관련된 직업에 종사하지 않는 한, 많은 부모가 자녀에게 자신 있게 수학과 과학을 지도하기는 어려울 것이다.

문해력까지 고려해서 자녀에게 수학과 과학을 지도할 방법이 있을까? 우선, 부모가 수학적 대화math talk를 풍부하게 사용하면 자녀의 수학 성취에 긍정적인 영향을 미친다. 고난도의 수학 문제를 함께 푸는 것이 아니더라도 어릴 때부터 일상 대화에 수학적 요소들을 심어 넣을 수가 있다.

영유아기에 할 수 있는 제일 쉬운 수학적 대화의 예로 수를 같이 세는 것이 있다. 물건을 분류하거나, 장을 보거나, 사물의 공통점을 찾거나, 블록을 쌓으며 놀 때 부모가 수학적 요소가 포함된 대화를 해주느냐 아니냐에 따라 수학에 대한 아이의 흥미도와 수학 성적이 달라진다. 일상에 수학이 녹아들게 하려면 이런 대화부터 시작하는 것이 좋다. "간식으로 이 과자 먹을래?"에서 끝내는 것이 아니라, "과자가 전부 열두 개 있어. 너희들 몇 개씩 나눠 먹을래?"와 같이 말하는 것만으로도 의미가 있다. 물론 같은 맥락에서 과학적 대화도 마찬가지의 효과가 있다.

영유아기에 수학·과학 관련 그림책도 접하게 하는 게 좋다. '스토리텔링 수학'이 유행한 이후 수학 그림책이 많아졌다. 주의해야 할 것은 교재에 가까운 그림책인지, 이야기 자체가 탄탄한 가운데 수학적 요소가 자연스럽게 녹아들어 있는 수준 높은 책인지 가려내는 것이다. 수십 권으로 이루어진 전집이 아이의 수학 능력을 높여 줄 만병통치약처럼 보이겠지만, 실상은 그렇지 않다. 아이가 수학·과학적인 부분에 지나치게 초점을 두지 않고 이야기 자체를 즐겁게 읽어야 개념을 자연스럽게 배울 수 있다. 공부라고 생각하면 지루해하거나 흥미를 잃기 십상이다. 수 개념, 연산, 측정과 비교, 규칙성, 도형, 동식물, 인체, 도구와 기계, 우주 등에 대해 가능한 한 재미있게 엮어낸 그림책을 골라 함께 읽고 내용을 아이의 실생활과 연결해 보자.

좀 더 연령이 있는 아동이라면 아이가 흥미를 가지고 있는 주제의 수학·과학 정보 도서를 잘 골라서 추천해 주자. 아이가 책을 읽는 것만으로도 머릿속에 정보체계가 조직화된다. 즉, 개념화 능력이 향상된다. 수학이나 과학 관련 책 중에는 비문학 책이 많지만, 아동 도서는 이야기가 접목된 경우도 많이 있어 흥미롭게 읽을 수 있다. 이야기책에는 기승전결만 있고 개념이나 정보는 없을 것 같지만 실제로는 그렇지 않다. 사진과 삽화가 풍부하고 상세한 과학 정보책도 많다. 궁금한 것이 생겼을 때 인터넷을 검색해 자료를 찾아 보는 것도 괜찮지만, 아동기에는 책을 손으로 펼쳐 보며 찾는 것이 공부 습관을 들이는 데 유리하다.

이 장에서 '개념'을 강조했다. 자녀가 수학·과학적 개념어를 확인하는 것부터 도와주자. 가장 좋은 접근 방법은 바로 교과서라는 텍스트를 살펴보는 것이다. 요즘 부모들은 아이가 학원 레벨 테스트를 어떻게 보았는지에는 관심을 갖지만, 학교에서 어떤 교과서로 무슨 수업을 받는지에 관심을 갖는 경우는 흔치 않다. 하지만 이 부분을 잘 체크해야 아이의 문해력이 정상적으로 발달하고 있는지 확인하고 교과목 학습도 순조롭게 도울 수 있다. 요즘 초등 교과서 수준은 절대 쉽지 않다. 자녀가 제 학년 교과서를 유창하게 읽고 의미를 파악하는지, 아는 내용과 모르는 내용을 구분하고 중요한 부분을 가려낼 수 있는지 확인하자. 과학이든 수학이든 교과서에 나오는 내용을 한번 같이 볼 필요가 있다. 교과서에 나오는 기본 개념을 제대로 이해했을 때 단원 학습을 충실하게 하고, 더 나아가서 서술과 응용까지도 할 수 있다.

과학의 개념은 과정, 성질 등으로 나뉘는데, 과정의 경우 순서도가 이해에 도움이 된다. 어떤 순서로 진행되는지를 보여 주는 그림을 시각 자료로 활용하면 말과 글로만 추상적으로 받아들이는 것에 비해 훨씬 구체적으로 인식되므로 기억에 잘 남게 된다. 일상생활에 적용되는 예가 있는지 정리함으로써 성질에 대한 개념 이해를 도울 수 있다. 예를 들면 물에 뜨는 것과 가라앉는 것의 차이를 통해 부력을 학습할 수 있다. 주변의 사물 중에 어떤 것이 물에 잘 뜨고 어떤 것이 가라앉는지 찾아보고 그 특성을 비교하는 것이다. 이와 같이 개념을 잘 이해하도록 돕는 추가 자료는 수학·과학 참고서에서 쉽게 찾을 수 있다. 또는 플로차트, 표 모양의 T차트, 공통점과 차이점을 교집합과 함께 보여 주는 벤 다이어그램 등을 작은 칠판이나 종이에 직접 그려 가며 설명하면 아동이 개념을 쉽게 파악할 수 있고, 이후에 정보를 얻었을 때 이러한 방식으로 스스로 정보를 조직하며 학습하게 된다.

다음은 수학·과학 일기를 쓰는 방법이다. '일기' 대신 '일지'나 '저널'이라고 불러도 된다. 이런 것은 어릴 때부터 수학이나 과학 교과에 흥미가 있는 아이가 하게 되겠지만, 일단 시작하면 그런 흥미를 더 높여 준다. 수학과 과학만 다루는 것처럼 보이지만 사고력과 문장력을 동시에 강화하기 때문에 문해력을 키우는 좋은 방법이기도 하다.

수학·과학 일기 작성에 익숙해진 다음에는 처음 쓴 버전을 수정하여 더 낫게 바꿔 보면 좋다. 그 과정에서 부모가 여러 가지 제안을 하거나 도와줄 수 있다. 초등 고학년 이후라면 워드프로세싱 작업을 하여 파일로 일기를 작성함으로써 컴퓨터를 다루는 기술도 익힐 수 있다. 일기 내용을 바탕으로 부모가 참고 서적을 추가로 권해도 좋겠다.

수학 일기에는 수학 개념을 탐구한 과정, 새로 알게 된 용어, 문제를 푼 방법, 더 알고 싶은 점이나 느낀 점 등을 기록한다. 익숙해지면 이렇게 부분으로 나누어 쓰지 않고 자연스럽게 하나의 글로 이어 쓸 수 있다. 그럴 시간에 수학 문제집을 몇 권 더 푸는 게 낫지 않냐고 생각할 수도 있다. 요즘은 문제를 누구나 똑같이, 빨리 풀어 정답을 내는 방식을 암기하고 수없이 반복하도록 유도하지만 이는 바람직하지 않다. 어떤 문제가 나와도 풀 수 있어야 진정한 문제해결 능력이다. 이미 나왔던 문제를 외워서 푸는 것은 수학적 능력을 기르는 것과 거리가 멀다. 탐구 과정과 결과를 적는 수학 일기를 통해 수학 공식과 풀이 방법만 외워서 풀기보다 원리를 파악하려는 자세를 익힐 수 있다.

과학 일기에는 탐구 활동이나 실험을 했을 때 그 단계를 순서대로 적을 수 있다. 예를 들어 보름 동안 달을 관찰해서 어떤 모양인지 기록하겠다면 매일 같은 자리에서 달의 모양을 본 대로 그림을 그리고 "오늘 달은 꼭 개피떡처럼 생겼다. 왼쪽으로 30도쯤 기울어져 있었다."와 같이 특징을 간단히 기술하면 된다. 새로 알게 된 과학 용어를 정리해 두는 것도 좋다. 아직 어려서 설명 글을 쓰는 것이 힘들다면 편지, 퀴즈, 상상하는 글 등 다양한 종류로 시도해도 상관없다. 이런 식으로 아이가 어떤 하나의 과학 개념을 탐구했다면 그 내용은 절대 잊지 않을 것이다. 그리고 이걸 바탕으로 더 많은 과학적 호기심을 가지고 지속적으로 탐구하고 학습하게 될 것이다.

수학·과학과 문해력은 언뜻 보면 서로 반대의, 이과와 문과로 나뉘는 영역 같지만 요즘은 이과 학생들도 국어와 영어를 잘해야 하고 문과 학생들도 수학과 과학을 잘해야 한다. 융복합 인재가 필요한 시대다. 그런 의미에서 문해력에 초점을 두고 수학과 과학을 지도해 보기 바란다.

11장

미디어 리터러시

스마트 기기로 동영상만 보려고 하는 우리 아이, 괜찮을까? 문해력과 관련해서 지금 이 시대에 빼놓을 수 없는 중요한 주제가 바로 미디어. 이 장에서는 미디어 리터러시의 개념과 함께, 현대사회에서 미디어 리터러시가 얼마나 중요한지, 그리고 우리 자녀들에게 어떻게 지도할 수 있을지 알아보자.

미디어 리터러시의 개념과 종류

1장에서 리터러시란 특정 영역에 대한 지식, 기술, 문제해결 능력이라고 했다. 이는 읽기와 쓰기에 국한된 좁은 의미를 훨씬 벗어난 범위다. 리터러시의 개념은 기술이 점점 발달하고 시대적 상황이 변하면서 함께 변화하고 확장되고 있다. 요즘은 온라인 동영상을 보는 것도 읽는다reading고 말하고, 그런 영상물을 촬영하고 편집해 만들어내는 것을 쓴다writing고 보기도 한다. 초점을 둔 미디어가 무엇이냐에 따라서 리터러시의 종류가 달라진다. 인쇄 미디어, 영상 미디어, 디지털 미디어는 각각 문자 언어와 영상 언어, 그리고 디지털 언어를 사용한다. 그에 따라 문자나 영상 리터러시인지, 컴퓨터나 네트워크 리터러시인지로 나뉜다. 이것들이 합해져서 통합적인 의사소통 능력으로 묶이기도 한다. 앞으로의 미디어 교육은 이렇게 다채로운 성격을 가질 수밖에 없다.

미디어 리터러시는 다양한 형태의 메시지에 접근해서 그것을 분석 및 평가한 다음 메시지를 만들어 내고 행동까지 할 수 있는 능력을 말한다. 이때 미디어는 뉴스, 지식, 정보, 사상, 정서 등을 전달하고 공유하는 수단이라는 의미가 있다. 책, 신문, 비디오, 사진, 광고, 영화, 텔레비전, 컴퓨터, 인터넷, 이동통신, SNS 등 우리 생활에서 빼놓을 수 없는 매체들이 모두 포함된다.

한편 미디어 리터러시보다 '디지털 리터러시'라는 말을 더 많이 들어 보았을 수도 있다. 이는 미디어 리터러시와 약간 다르면서도 겹치는 부분이 있다. 디지털 리터러시는 디지털 기술에 접근해서 활용하고 참여할 수 있는 능력이다. 웹 환경에서 상호작용하며 소통까지 할 수 있게 되면서 미디어 리터러시만으로는 감당할 수 없는 부분이 생겼다. 특히 윤리적인 측면과 소통에 대한 측면이 크게 보강되지 않을 수 없었다. 그래서 디지털 리터러시는 디지털 환경에서 필요한 기능과 태도를 갖추고 이를 활용하는 능력으로 정보와 기술뿐 아니라 윤리도 포함한다. 즉, 디지털 소양에는 컴퓨터나 ICT Information and

Communications Technology에 대한 리터러시, 정보처리 능력, 그리고 위에서 말한 미디어 리터러시까지 복합적인 요소가 들어간다.

이제는 IQ나 EQ의 시대를 넘어서서 한 개인이 디지털 세상에서 인지적으로나 사회 정서적으로 얼마나 잘 기능하는지를 보는 개념인 디지털 지능DQ의 시대라고 말할 수 있다. 그래서 요즘은 기술을 얼마나 잘 다루느냐에만 집중하기보다는 온라인 인격 형성 능력, 온라인 사생활 관리 능력, 디지털 이용 시간 조절 능력, 온라인 정보 선별 능력, 사이버 폭력에 대한 대처 능력, 디지털 발자국 관리 능력 그리고 사이버 보안 능력과 디지털 공감 능력 등 디지털 환경을 이용할 때 없어서는 안 되는 다른 측면을 더 많이 고려한다는 것을 알 수 있다. 과연 우리 아이들은 이런 능력을 다 갖추고 디지털 시민으로 성장하고 있을까?

디지털 리터러시와 미디어 리터러시는 어느 한쪽이 상위 개념이 아닌 서로 변별되는 독자적 개념이었지만, 요즘은 혼용되기도 한다. 사실 디지털 환경이 확대되면서 둘의 교집합은 더 커지고 있다(정현선·장은주, 2021). 물론 미디어는 책, 신문부터 시작해 온갖 매체를 다 포함하는 전통적인 개념이었고, 디지털 리터러시는 디지털 미디어에 국한된다는 차이가 있지만 요즘은 미디어라고 할 때 디지털(스마트) 미디어를 훨씬 더 많이 가리키므로 때때로 혼용되는 것으로 보인다. 이 장에서도 필요에 따라 두 가지를 넘나들며 논의하고자 한다.

디지털 리터러시와 미디어 리터러시의 비교

디지털 리터러시		미디어 리터러시
• 협력적 디지털 지식 공동체 참여 • 탐구학습을 위해 텍스트·도구·기술 사용 • 문화로서 디지털 텍스트가 어떻게 유포되는지 인식 • 실천·자기 학습으로 디지털 기술 관련 역량과 자신감 습득	• 신뢰도·특질 평가를 위해 비판적으로 메시지 분석 • 자기평가·소통·지지를 위해 창작 • 의미 공유를 통해 학습하면서 해석 과정 인식 • 사회적으로 책임감 있게 미디어 콘텐츠를 이용해 이익과 위험 비교	• 미디어 이용 인식 강조 • 미디어가 태도와 행동에 어떠한 영향을 미치는지 숙고 • 미디어가 민주적 절차에 영향을 미치는 방식으로 생각·사건·사람의 재현을 어떻게 구성하는지 인식 • 미디어 체계 및 정치·경제 이해

출처: 정현선·장은주(2021)

디지털 리터러시와 미디어 리터러시의 교집합을 살펴보는 것은 의미가 있다. 메시지를 비판적으로 분석하는 것, 자기평가·소통·지지를 위해 창작하는 것, 의미 공유를 통해 학습하면서 해석 과정을 인식하는 것, 사회적으로 책임감 있게 미디어 콘텐츠를 이용할 때 이익과 위험을 비교하는 것 등 콘텐츠를 현명하게 사용하기 위한 능력이 공통적으로 해당한다.

미디어 리터러시의 중요성

디지털 미디어의 시대에 우리 아이들의 디지털 리터러시는 어떤지 먼저 살펴보자. 최근 국가 수준에서 초중학생의 디지털 리터러시 수준을 측정한 결과에 따르면, 성취 수준을 우수-보통-기초-미흡 수준으로 나눌 때, 초등학생은 보통 미만이 43%, 중학생은 28.7%로 나타났다(한국교육학술정보원, 2022). 활용 수준에 비해 능력 면에서는 대책이 필요하다고 할 수 있다.

한편 초중고생과 부모를 대상으로 미디어 리터러시 실태를 조사한 결과, 부모와 달리 자녀는 뉴스 기사의 사실 여부를 거의 확인

디지털 리터러시 성취 수준 및 하위 영역별 평균

초등학교

우수	보통	기초	미흡
3,177 (27.4%)	3,422 (29.5%)	3,680 (31.7%)	1,316 (11.3%)

- 정보의 탐색: 2.65
- 정보의 분석 및 평가: 2.66
- 정보의 조직 및 창출: 2.52
- 정보의 활용 및 관리: 2.87
- 정보의 소통: 2.40
- 추상화: 2.91
- 자동화: 1.92

중학교

우수	보통	기초	미흡
3,555 (24.1%)	6,981 (47.3%)	2,350 (15.9%)	1,884 (12.8%)

- 정보의 탐색: 2.91
- 정보의 분석 및 평가: 3.06
- 정보의 조직 및 창출: 2.85
- 정보의 활용 및 관리: 3.11
- 정보의 소통: 3.10
- 추상화: 2.47
- 자동화: 1.82

출처: 한국교육학술정보원(2022)

하지 않는 것으로 나타났다(초록우산어린이재단, 2021). 기사의 작성자 또는 게시 웹 사이트를 확인하거나 뉴스의 내용에 대해 의심이 생길 때 다른 자료를 찾아보는 비율도 현저히 낮아, 부모와 자녀 세대 간의 차이가 컸다. 부모 세대는 전통 미디어에 익숙한 시기를 오래 경험해 온 터라 부정확한 정보에 대비가 더 되어 있는 반면에, 어린이들은 생애 초기부터 이러한 정보의 홍수를 경험하여 미디어에 대한 여러 가지 감각이 아직 많이 부족한 것으로 볼 수 있다.

그렇다면 현대사회에서 미디어 리터러시는 왜 중요할까? '탈진실'이라는 표현으로 통용되는 가짜 뉴스가 정말 많아졌다. 실제 일어난 일, 팩트 그 자체보다 자신이 그 이슈에 대해 어떤 관점과 신념을 가지고 있느냐에 따라 반응이 좌우되고, 또 감정에 휘둘려 극단적으로 찬성 또는 반대로 양극화되는 경향이 나타난다. 이러한 배경에는 가짜 뉴스가 있다. 이는 세계적으로 나타나는 현상인데 딥페이크deepfake 기술까지 발전하다 보니 진짜와 가짜를 구분하기 더욱 어렵게 되었다. 이런 상황에서 올바른 정보를 선별하기 위해서는 개인적 역량을 더 많이 갖추어야 한다. 넘쳐 나는 정보를 다 수용할 수도 없고, 그것을 내가 다시 그대로 전파해서도 안 된다. 허위 정보의 피해자인 동시에 그것을 전달하는 순간부터 가해자가 될 수 있기 때문이다. 정보에 대해 스스로 판단하는 과정이 훨씬 더 중요해진 것이다.

흥미롭게도 가짜 뉴스는 사실을 담은 뉴스에 비해 확산 속도가 여섯 배나 된다고 한다. 미디어를 통한 소통이 증가한 데다, 누군가

목적을 가지고 만든 가짜 뉴스에는 상업적인 배경이 깔려 있을 때가 많기 때문이다. 관심이 쏠린 문제를 둘러싼 가짜 뉴스가 온라인을 통해 확산되면 금전적 이득을 보도록 설계된 것이다.

또한 디지털 도구를 자기 주도적으로 활용하기 위해서도 미디어 리터러시가 더 중요해졌다. 그렇다면 교육 수요는 어떨까? 청소년 자녀를 둔 부모 대부분은 미디어 리터러시 교육의 필요성에 매우 강한 호응을 보인다. 반대로 동영상이나 게임 등 콘텐츠 부분에서는 온라인 동영상 플랫폼, SNS에 대해 우려를 많이 한다. 콘텐츠와 플랫폼이 급변하는 가운데 자녀들이 워낙 몰두하고 있어 관련된 문제도 많이 생기는데, 세대가 다른 부모 눈에는 더욱 걱정스러울 수 있다. 요즘 아이들 간에 일어나는 각종 갈등이나 학교폭력위원회에 올라오는 사안들 대부분이 메신저 서비스나 SNS와 관련되어 있다고 한다. 그만큼 요즘 아동, 청소년의 일상과 뗄 수 없는 부분이 이러한 미디어다.

미디어 리터러시 교육에 대한 수요가 이렇게 많다면 실제 교육 현황은 어떨까? 안타깝게도 미디어 교육을 독립적으로 가르치는 과목은 아직 없고, 공통과목인 초중고 국어과의 교육 성취 기준 일부에 미디어 관련 내용이 포함된 정도에 그친다. 예를 들어 중학교 교육과정에는 '매체 자료의 효과를 판단하며 듣는다', '매체에 드러난 다양한 표현 방법과 의도를 평가하며 읽는다'와 같은 성취 기준이 제시되어 있다. 하지만 여기 '매체에 드러난'에서 가리키는 매체가 요즘 아이들이 사용하는 매체를 충분히 다루고 있는지는 명확하지 않다. 비록 교육과정 상황은 이렇지만, 여러 관련 기관에서 미디어 리터러시 교육을 따로 진행하고 있다. 학교 외의 다양한 기관에서 이루어지는 미디어 리터러시 교육에 관심을 가져 볼 필요가 있다.

미디어 리터러시 지도법

우선 스스로 질문을 던져 봄으로써 확인한 정보가 사실인지 추론해 볼 수 있다(National Association for Media Literacy Education, 2020). "이 메시지는 누가, 왜 만들었을까?", "이 메시지에서 꼭 필요해 보이는데 빠진 정보가 있는가?", "나/우리 말고 다른 사람들은 이 메시지를 어떻게 다르게 해석할 수 있을까?", "누가 이 메시지로 이득을 보는가?", "누가 이 메시지로 피해를 볼 수 있는가?" 등의 질문을 기억하자. 이득 보는 사람이 명확한 메시지는 의심해 봐야 한다. 순수하게 사실을 전달하기보다 주장하고 싶은 내용으로 호응을 얻거나 상업적 이익을 얻으려는 배경이 있을 수 있다. 반대로 메시지로 인해 부당한 차별을 받거나 크게 손해를 볼 사람이 있는 경우에도 역시 조심해야 한다. 이런 질문을 연습하기 위해 부모와 자녀가 어떤 미디어를 놓고 같이 보면서 토의나 토론을 하면 좋다. 주기적으로 함께 신문 기사를 읽거나 뉴스를 시청하는 것을 추천한다.

미디어 리터러시 백신(방송통신위원회, 2020)은 실제 주사하는 백신은 아니지만, 예방주사처럼 미리 준비함으로써 미디어 리터러시를 갖추어 가짜 정보에 속지 않는 현명한 사용자가 되게 해준다. 일단 정보의 출처를 아는 것이 중요하다. 특히 정치적인 뉴스 기사의 경우 작성자의 관점이 정보를 왜곡하는지 확인해야 한다. 또한 언론사의 관점을 알고 기사의 내용을 접하는 것은 언론사의 관점을 모르고 기사를 볼 때와 이해의 깊이에서 확연한 차이가 있다. 의학 정보는 전문가의 발언을 토대로 한 것인지 반드시 확인해 봐야 한다. 또 텍스트뿐만 아니라 이미지가 같이 실리는 경우 조작이나 편견이 없는지 살펴봐야 하고, 특정 집단이나 지역에 대해 차별이나 혐오 발언이 있다면 가려내야 한다. 특히 아이들은 이런 표현에 쉽게 동화되어 별 의미 없이 쓰다가 문제가 될 수 있다.

자녀들이 SNS를 많이 이용할 텐데, 부정확한 정보는 공유하지 않는 것을 철칙으로 해야 한다. 미디어 활용 시간을 정해 두고 충분히 쉬는 것도 중요하다(media free time). 디지털 기기에 지나치게 의존하게 되면 순수한 나의 사고와 나만의 다양한 활동이 제한받는 데다, 나쁜 메시지의 영향은 더욱 크게 작용한다. 특히 아동과 청소년은 성인에 비해 시간 조절이 더 중요하다. 디지털 원주민으로서 태어나면서부터 디지털 세상에서 자라 왔기 때문에 자기 조절력을 키우지 않으면 디지털 기기 사용량을 조절하지 못할 수 있다. 마지막으로 정보를 혼자만 수용하거나 고민할 것이 아니라 다른 사람들과, 특히 어른들과 생각을 나눠 보는 기회를 갖도록 하는 것이 필요하다.

한편 미국의 뉴스 전문 채널 CNN이 제안한 가짜 뉴스 구별법도 있다. 먼저 도메인이 이상하지 않은지 확인한다. 그리고 기사 제목이 너무 과장되거나 과격한 경우는 독자를 '낚기' 위한 것이므로 막상 클릭하면 질이 낮은 내용이거나, 제목에 해당하는 내용이 없을 수도 있다. 또 기사 발행 날짜를 확인하고(최신 소식인지), 사진과 동영상이 기사와 관련된 내용인지도 살펴봐야 한다. 그리고 정보의 출처도 확인해야 한다.

기사의 출처가 제시되었다면 실제로 그 매체에 수록되어 있는지 확인해 볼 필요도 있다. 순식간에 널리 퍼지는 뉴스에 대해서는 최초의 단독 보도를 확인하고, 그 내용이 확실한지 팩트 체크 사이트나 댓글을 통해서도 어느 정도 알아볼 수 있다. 마지막으로 뉴스의 URL이 가짜 뉴스 사이트에 들어 있으면 확실하게 가짜 뉴스다.

한편 개인의 확증 편향도 주의해야 한다. 청소년들도 부모의 영향으로 이미 정치적·종교적 신념이 형성된 경우가 있다. 특히 요새는 알고리즘에 의해서 검색 체계나 SNS상의 정보가 개인이 선호하는 주제, 궁금해하거나 좋아하는 콘텐츠 쪽으로 계속해서 이끌어 간다. 그런 정보를 계속 접하면 편향은 점점 더 강해진다. 만약 극단적인 성향이 있는 개인이라면 자신이 100% 옳으며, 주변 모든 사람도 그렇게 생각한다고 여겨 자기만의 세계에 갇히게 될 수 있다.

다양하고도 단계적인 방법을 통해 개인도 뉴스의 진실성을 가려내는 유능한 독자로 기능할 수 있다. 자녀가 아동이라면 뉴스 중에 가짜도 있음을 알려 주고, 청소년이라면 가짜 뉴스를 가려내는 구체적인 방법까지 지도하면 좋겠다.

발달단계별 미디어 리터러시 지도법

이번에는 자녀의 연령대별로 미디어 리터러시 지도법을 알아보자. 먼저, 유아에게도 미디어 리터러시 또는 뉴스 리터러시 교육이 가능하다. 실제로 교육과정에도 이러한 내용이 포함된다. 예를 들면 '건강하고 바른 세상, 뉴스를 배워요'라는 제목으로, 어린이들이 뉴스 정보와 친해지도록 하는 것을 목적으로 한다. 뉴스의 필요성, 예전에 어떤 뉴스가 있었는지, 지역사회, 즉 우리 동네에서 일어나는 일, 다른 나라에서 일어나는 일 등을 다룬다. 유아 수준에 맞는 콘텐츠로 뉴스를 이해하게 도와주는 교육 활동이다.

유아를 대상으로 하는 미디어 리터러시 교육의 목표는 미디어 수용력, 비평력, 창작력을 기르는 것이다. 먼저, 미디어 수용력을 기르려면 미디어 작품의 내용을 이해하면서 감상하고, 미디어의 종류와 영상, 소리 등 미디어에 포함되는 요소를 알아보며, 제작 과정에 대해서도 배워야 한다. 기초적인 텔레비전 리터러시를 키우는 것과 일맥상통하는 내용이다. 미디어 수용력이 커질수록 영상물이든 다른 매체든 이해할 수 있는 힘이 커진다.

미디어 비평력을 기르기 위해서는 광고, 만화, 영화, 인터넷 콘텐츠의 좋은 점과 나쁜 점을 비교하고 평가해 본다. 아이들에게도 광고 리터러시가 필요하다. 광고는 왜 하는지, 어떤 과정을 거쳐서 만들어지는지, 누가 만들어서 화면에 내보내는 것인지 등을 알아야 소비자로서 기능할 수 있다. 또는 미디어의 내용과 실생활을 비교하는 것도 바람직하다. 광고와 실제 상품을 비교한다거나, 미디어에 나오는 유행어와 내가 평소에 사용하는 말을 비교해 본다.

미디어 창작력과 관련해서 요즘은 어린이도 사진이나 영상을 이용해 손쉽게 콘텐츠를 만들 수 있게 도와주는 애플리케이션들이 많이 있다. 태블릿 PC로 애플리케이션을 내려받고 자기가 찍은 사진이나 영상에 목소리도 더해서 짧은 미디어 콘텐츠를 만든다. 요즘 아이들에게는 콘텐츠 생산자로서의 경험도 중요해졌다.

다음으로, 자녀가 학령기 아동이라면 우선 미디어 리터러시를 키우기 전에 기본적인 읽기와 쓰기에 기초한 리터러시 역량이 먼저임을 인지해야 한다. 핵심 내용을 통해 문제 상황을 제대로 짚어 내야 합리적인 해결책을 제시하는 능력을 기를 수 있다. 그래서 초등학생들에게는 기사 읽기나 유튜브 영상 보기, 쓰기 역량 강화 활동 등을 제안한다. 읽으면서 잘 모르는 말 찾아 표시하기, 내용 요약하기, 사실과 의견 구별하기, 원인-결과/주장-근거 구별하기 등이 효과적인 훈련법이다.

이런 활동을 효과적으로 하려면 학습하는 상황에 접목하는 것이 좋다. 교과서 내용과 관련된 기사나 유튜브 동영상을 부모와 함께 찾아 보고 활동을 하면 좋다. 그런 콘텐츠를 보기만 하고 끝낼 것이 아니라 각자의 생각이 어떤지 이야기해 보면 미디어 리터러시를 깊이 있게 발전시키는 기회가 된다.

한편 청소년기는 한창 외모에 민감한 시기다. 그래서 대중매체가 보여 주는 외모지상주의를 더욱 경계하도록 지도할 필요가 있다. 매체에 드러난 이미지는 대부분 많이 왜곡되어 있는데, 청소년들은 이를 인식하지 못할 수 있다. 성장기에 부적절한 신체상body image을 형성하지 않도록 해야 한다.

그리고 청소년들이 정보 검색을 잘할 수 있게 지도해야 한다. 정보 검색을 통해 실제 상황의 문제해결 능력까지 키울 수 있다. 이는 곧 정보 문해information literacy이고, 미디어를 잘 다루는 방법과도 긴밀하게 연관된다. 자녀가 정보 검색을 효율적으로 할 수 있도록 부모는 검색 키워드에 대해 조언해 주면 좋다.

스마트폰을 현명하게 사용하는 것은 청소년기에 정말 중요하다. 이른바 스크린 타임을 같이 정해서 온 가족이 스마트폰을 정말 스마트하게 쓸 수 있도록 약속하고 지켜 나가는 것을 권유한다. 자녀가 손에서 스마트폰을 놓지 못한다면 다른 생활 영역, 특히 교우 관계나 학습에서 큰 손해를 볼 수밖에 없다. 그러한 상황을 자녀 스스로 이해할 수 있게 대화를 나누고, 스크린 타임부터 잘 지키게 하여 자기 조절력을 강화해야 한다. 그 밖에 중고생들이 좋아하는 온라인 게임이나 1인 미디어의 특성에 대해서도 잘 알고 접근해야 하므로, 부모가 관심을 가지고 대화를 나눠 볼 필요가 있다.

위에서 다룬 가짜 뉴스 구별과 더불어 온라인 예의는 청소년기 지도 내용에 꼭 포함되어야 한다. 청소년들은 온라인 상호작용의 익명성 때문에 예의를 고려하지 않는 경우도 있고, 부정적인 표현(악플)의 영향을 직접적으로 받기 때문에 가정에서의 지도 역시 필요한 부분이다.

또 개인정보나 저작권을 보호하는 문제, 특히 나와 가족, 친구들의 사적인 정보가 온라인에 노출되지 않게 하는 것도 매우 중요하다. 또 타인의 정보를 무책임하게 사용함으로써 저작권을 침해하는 경우가 있지는 않은지 등 저작권과 관련된 인식을 청소년기부터 키워 줘야 한다.

12장 영상 시청 지도

과몰입이나 중독 같은 문제를 방지하고 자녀의 영상 시청을 적절하게 지도하는 방법에는 어떤 것이 있을까? 12장에서는 가정에서 미디어 이용 규칙을 마련하는 방법, 부모-자녀 간의 대화를 곁들인 영상 시청 지도법, 그리고 이를 통해 문해력까지 키울 수 있는 방법을 살펴본다.

디지털 페어런팅을 위한 주의 사항

부모 역할을 하는 것, 즉 양육을 페어런팅parenting이라고 한다. 디지털 페어런팅digital parenting은 디지털 미디어를 이용하는 자녀를 부모가 지도하는 것을 말한다. 오늘날의 디지털 사회에서 우리는 디지털 기기를 항상 사용한다. 특히 아이들은 디지털 네이티브digital native, 즉 태어나면서부터 각종 스마트 기기에 둘러싸인 디지털 원주민이다. 아이들이 이러한 첨단기술을 문제없이 이용하게 하려면 부모가 신경 써야 할 부분이 많다.

일단 몇 가지 주의 사항을 짚어 보자. 첫째는 자녀가 아직 영아기라면 스마트 기기, 특히 영상 미디어에 노출되는 시기는 최대한 늦추는 것이 좋다. 이 분야의 세계적인 전문가들, 특히 소아과 의사들이 공통적으로 제시하는 권고 사항이다. 최소 만 2세까지, 즉 24개월 정도가 될 때까지는 전자 미디어와 영상에 노출하지 않는 것이 좋다. 하지만 이는 쉽지 않다. 아이들 주변에 디지털 기기가 넘쳐 나고 있기 때문이다. 텔레비전이 없는 집도 흔치 않다. 따라서 참 어려운 일이지만 그럼에도 영아들의 영상 시청은 최대한 늦추고 줄이는 것이 요구된다.

연구 결과를 보아도 미디어 기기를 늦게 접하고 적게 사용한 영유아가 자조 기술, 소근육 운동, 글자 습득 능력을 비롯한 전체적인 발달 수준이 더 높은 것으로 나타났다(전초원·성현란, 2017). 즉, 일찍부터 디지털 기기에 노출된 집단과 천천히 노출된 집단 간에 통계적으로 유의한 여러 가지 발달적 차이가 있다. 왜 그럴까? 만 2세 전 영아기에는 전이 결핍 transfer deficit 또는 다른 말로 비디오 결핍 video deficit 이라는 것이 나타나기 때문이다. 아기들이 텔레비전이나 스마트 기기로 영상을 볼 때는 평소보다 훨씬 집중해서 화면을 바라보지만, 내용을 제대로 이해하는 것은 아니라는 의미다. 화면이 빠르게 전환되고 자극적이니까 시청각적으로 몰입은 하지만, 영상의 의미를 정확하게 파악하기는 어렵다. 따라서 영아기 영상 시청의 이득은 거의 없는데, 과몰입 같은 문제가 발생하기는 무척 쉬운 시기이고, 무엇보다도 이런 영상 시청은 성인과의 언어적 상호작용을 줄이는 부정적 영향도 준다.

둘째, 텔레비전을 늘 틀어 두어서는 안 된다. 딱히 누군가 주의를 기울여 프로그램을 보지 않아도 버릇처럼 텔레비전을 켜두는 경우가 있다. 이러한 상황을 '영상 배경 노출background TV'이라고 한다. 어린 자녀가 있는 가정에서 자녀의 시청 연령대에 맞지 않는 콘텐츠를 계속 켜두는 것은 위험하다. 이런 상태는 자녀의 언어·인지 발달에 악영향을 준다. 집중하기 어려운 소음을 만들고, 부모-자녀 간 상호작용을 막거나 줄이기 때문이다. 그러므로 이런 영상 배경에 자녀를 무방비하게 노출하는 것은 피해야 한다.

셋째, 디지털 리터러시를 키워야 하는 요즘 아이들에게 중요한 능력은 바로 자기 조절력이다. 디지털 네이티브이지만 디지털 기기를 적절하게 쓰지 못한다면 아이들이 이후의 삶에서 큰 좌절을 경험할 수 있다. 이런 기기들이 대단히 자극적이고 중독적이기 때문이다. 아동, 청소년이 커가면서 해야 할 중요한 일을 미루고 디지털 기기와 콘텐츠에만 빠져 버린다면 어떻게 될까? 과몰입이나 중독으로 이어져 공부나 대인관계에 큰 손상이 생길 것이다.

가정 미디어 이용 규칙 마련하기

이와 같은 이유로 부모는 자녀에게 명확한 사용 규칙을 알려 주고, 일관성과 융통성 사이에서 균형을 맞추어야 한다. 혹시 아이들의 게임 또는 텔레비전 시청에 대단히 엄격한 기준을 적용하고 있다면, 그 또한 그다지 효과적이지 않다. 그런 경우 아이는 다른 길을 찾는다. 부모의 눈을 피할 방법을 찾아 필요 이상으로 많이 게임을 하거나 텔레비전을 보게 되는 것이다. 별로 재미없는 프로그램인데도 끄지 못하고 화면에 빠져든다거나 게임을 꼭 하고 싶은 상황이 아닌데도 기회가 왔으니 모든 일을 제쳐 두고 게임을 먼저 한다. 그러므로 자녀가 받아들일 수 있는 적절한 수준의 사용 기준을 제시하고 부모도 이를 일관되게 적용하는 것이 필요하다.

특히 아이들이 어릴 때는 뇌 발달이 아직 완전히 이루어지지 않은 상태라 자기 조절력 또는 통제력이 부족하다. 이 시기에 자극적이고 재미있는 미디어를 과도하게 사용하면 과몰입이나 중독에 빠질 가능성이 매우 높다. 따라서 아이들이 디지털 기기를 잘 다루도록 기회를 주는 한편, 자기 조절력도 동시에 길러 줘야만 이러한 문제 없이 성장할 수 있다.

그 첫 단계로, 디지털 기기의 사용 현황부터 파악해야 한다. 우리 가족 모두가 디지털 미디어를 어떻게, 얼마나 사용하고 있는지 기기의 종류별로 처음 사용한 시기, 사용 빈도/시간/장소, 주로 사용하

우리 가족의 미디어 기기 사용 현황

1) 언제 미디어 기기를 처음 사용했나요? _____ 세

2) 어떤 미디어 기기를 자주 사용하나요? (중복응답 가능)
   - ① 텔레비전
   - ② 핸드폰
   - ③ 컴퓨터(노트북)
   - ④ 유아용 디지털 기기

3) 언제 미디어 기기를 사용하나요?
   - ① 밥 먹을 때
   - ② 이동하는 중
   - ③ 자기 전
   - ④ 형제자매와 놀이할 때
   - ⑤ 기타 (   )

4) 어디에서 미디어 기기를 사용하나요?
   - ① 집
   - ② 학교/사무실
   - ③ 식당
   - ④ 기타 (   )

5) 하루 중 언제 주로 미디어 기기를 사용하나요? _____

6) 하루에 얼마나 미디어 기기를 사용하나요? _____ 시간 _____ 분

7) 미디어 기기를 많이 사용하는 요일은 언제인가요? (중복응답 가능)

월	화	수	목	금	토	일

8) 어떤 콘텐츠(프로그램, 앱)를 가장 많이 시청 또는 사용하나요?

출처: 최나야 외(2022a)

는 프로그램/애플리케이션/콘텐츠 등을 파악하는 것이다. 그 결과는 종이에 기록하면 좋다. 글, 그림, 숫자, 그래프 등을 활용해 자녀의 연령에 맞게 나타내면 되는데, 이것도 훌륭한 문해 활동이다. 또한 아동 수학교육과정의 한 부분인 '자료 수집·분석·결과 나타내기'에 해당하기도 한다. 이 결과물로 각 가족구성원의 디지털 기기 사용 실태를 한눈에 비교할 수 있다.

그다음에는 이 결과를 바탕으로 함께 우리 가족의 미디어 규칙을 만든다. 이 규칙은 아동의 이해와 공감 없이 부모가 일방적으로 정하면 안 된다. 그렇게 결정된 규칙을 전부 다 받아들일 수 있는 아이는 거의 없고, 연령이 높아질수록 반발만 더 커질 수 있다. 그래서 재미있고 때때로 도움이 되는 디지털 미디어도 과하게 사용하면 해가 된다는 것을 분명하게 설명해야 한다. 그리고 언제, 얼마나, 어떤 방식으로 사용하고 싶은지, 그 필요성은 무엇인지 자녀의 의견을 꼭 물어야 한다. 이와 같은 방식으로 아이만이 아니라 가족이 다 같이 지켜야 할 규칙을 "텔레비전은 그냥 틀어 두지 않아요. 보고 싶은 텔레비전 프로그램을 정해서 한 시간 이내로 가족이 함께 봐요. 태블릿 PC는 저녁 먹기 전에 30분 동안 사용하고, 약속한 시간이 끝나면 스스로 꺼요."처럼 정하면 된다.

세심하게 관찰하다가 자녀가 약속대로 우리 집 규칙을 잘 지킬 때마다 바로, 그리고 구체적으로 칭찬을 해주는 것은 효과가 크다. "대단하다! 만화 더 보고 싶을 수도 있는데, 어떻게 그렇게 딱 껐어?

○○는 앞으로 뭘 하더라도 책임감 있게 잘할 사람이네! 아주 대견한데!"와 같이 칭찬해 주면 앞에서 말한 자기 조절력이 자라는 기초가 된다.

특히 잠자기 전이나 식사 시간에는 디지털 미디어를 사용하지 않는 규칙도 필요하다. 블루라이트가 나오는 기기는 수면을 방해하기도 한다. 또 하루 일과에 대해 이야기 나누면서 잘 준비를 하거나, 같이 책을 읽는 것이 규칙적인 일과에 습관을 들이거나 문해력을 키우는 데 훨씬 도움이 된다. 특히 부모는 아이들이 식사할 때 조금이라도 더 먹게 하겠다는 이유로 스마트폰이나 태블릿 PC를 눈앞에 세워 주지는 않았는지 돌아봐야 한다. 이는 정말 좋지 않은 양육 방법으로, 아이에게 아주 부정적인 영향을 미친다. 아이를 달래고, 어르고, 더 많이 먹게 하고, 집중하게 하고, 조용히 앉아 있게 하기 위해 스마트 기기와 게임, 영상 등의 콘텐츠를 사용하는 것은 미봉책에 불과하다. 그렇게 아이를 키우면 절대 자기 조절력이 키워질 수 없고, 그 순간만 얌전하게 있는다고 해서 얌전한 아이가 되는 것도 아니다. 이런 방식은 아예 시작하지 않아야 하고, 이미 그런 경험이 있다면 즉시 바로잡아야 한다.

아이와 규칙을 정하면서 보상도 정하는 경우가 있는데 "어떤 좋은 행동(예: 정리나 학습)을 하면 유튜브 30분 더 보게 해줄게."와 같이 디지털 기기 사용 자체를 보상으로 삼는 것은 바람직하지 않다. 부모가 기기의 과사용을 금지했지만, 사실 사용 자체가 보상이 될 만큼 아주 재미있고 의미 있는 일임을 계속 강화하는 셈이 된다. 이런 경우가 잦아지면 점점 더 긴 사용 시간을 두고 부모와 자녀 간에 실랑이가 벌어질 일도 많아진다.

영유아기 자녀를 위한 미디어 사용에서 또 한 가지 중요한 원칙은 아이가 스마트 기기를 혼자 사용하게 하지 않는 것이다. 혼자 애플리케이션을 사용하거나 영상을 보는 시간은 취학 이후부터 점진적으로 늘려 나가는 것이 좋다. 부모가 영유아기 자녀와 미디어 사용을 함께 하면 오히려 그 시간을 의미 있는 시간으로 만들어 인지·언어·정서 측면에서 모두 혜택이 있다.

그리고 이 시기에는 영상 콘텐츠나 애플리케이션을 아이 마음대로 클릭해서 이용하거나 내려받지 않도록 처음부터 규칙으로 정해 두는 것이 좋다. 아이들이 유튜브에 들어가서 보고 싶은 섬네일을 따라가거나, 게임 애플리케이션 소개를 보고 계속 새로운 것을 내려받기 시작하면 걷잡을 수 없다. 스마트 기기 사용 지도 자체가 힘들어진다. 그래서 유아기까지만이라도 이 원칙을 지키면 좋다.

부모도 약속을 꼭 지켜야 한다. 엄마, 아빠도 어린 자녀와 한 공간에 있을 때는 스마트 기기 사용에 주의를 기울여야 한다. 아이랑 놀아 주는 것이 힘들고 별 의미가 느껴지지 않는다고 해서 아이가 타는 그네를 한 손으로 성의 없이 밀면서 스마트폰으로 영상을 보고, 쇼핑을 하고, 통화를 하면 아이와 보내는 시간의 질이 떨어지게 된다. 또한 그런 행동은 자연스럽게 아이에게 모델링이 되기 때문에 스마트 기기의 과사용을 직접적으로 주입하는 상황이 되고 만다. 스마트폰이 참 많은 일을 해내면서 우리 삶에 너무나 중요해졌지만, 아이와 같이 있는 상황에서는 과감히 다른 곳에 놓아두는 것이 좋은 부모가 되는 지름길이다. 실제로 부모가 자녀와 함께 있을 때 스마트폰을 많이 사용할수록 아이와의 눈맞춤과 대화가 줄어들어 아이의 언어 습득에 부정적인 영향을 미치거나 정서 행동 문제로 이어진다는 결과가 많이 보고되고 있다(Uhls & Robb, 2017).

가족 모두 디지털 기기에 과의존하고 있지는 않은지 체크해 보자. 점수를 통해 일반 사용자인지, 고위험군인지, 그 사이에 있는 잠재적 위험군인지 알아볼 수 있다. 일반 사용자여도 주의해야 할 부분은 여전히 많다. 하물며 위험군에 속한다면 빨간불이 켜진 상태이기 때문에 당장 행동으로 변화를 시작해야 한다.

요인	항목	전혀 그렇지 않다	그렇지 않다	그렇다	매우 그렇다
조절 실패 (역문항)	1) 스마트폰 이용에 대한 부모의 지도를 잘 따른다.	①	②	③	④
	2) 정해진 이용 시간에 맞춰 스마트폰 이용을 잘 마무리한다.	①	②	③	④
	3) 이용 중인 스마트폰을 빼앗지 않아도 스스로 그만둔다.	①	②	③	④
현저성	4) 항상 스마트폰을 가지고 놀고 싶어 한다.	①	②	③	④
	5) 다른 어떤 것보다 스마트폰을 갖고 노는 것을 좋아한다.	①	②	③	④
	6) 하루에도 수시로 스마트폰을 이용하려 한다.	①	②	③	④
문제적 결과	7) 스마트폰 이용 때문에 아이와 자주 싸운다.	①	②	③	④
	8) 스마트폰을 하느라 다른 놀이나 학습에 지장이 있다.	①	②	③	④
	9) 스마트폰 이용으로 인해 시력이나 자세가 안 좋아진다.	①	②	③	④

유아용 디지털 기기 과의존 점검 (만 3-5세 관찰자용, 9문항)

※ 기준점수(36점 최고점): 1)번부터 3)번 문항은 역채점(1점 → 4점, 2점 → 3점, 3점 → 2점, 4점 → 1점으로 변환)
※ 고위험군(28점 이상): 스마트폰 과의존 경향성이 매우 높으므로 관련 기관의 전문적인 지원과 도움이 필요합니다.
※ 잠재적 위험군(24-27점): 아이의 스마트폰 사용 행동을 적절히 조절하지 않을 경우, 스마트폰에 과의존될 위험성이 있습니다. 아이의 스마트폰 사용을 관리하고, 계획적으로 사용할 수 있도록 도와주세요.
※ 일반 사용자(23점 이하): 스마트폰을 적절히 이용하고 있지만, 지속적인 관심과 지도가 필요합니다.

출처: 서울특별시육아종합지원센터·스마트쉼센터(2021)

대화하며 영상 시청 지도하기

아이가 영상을 시청할 때 부모는 무엇을 하면 좋을까? 자녀가 보기에 적절한 영상을 부모가 먼저 적극적으로 탐색하고 확인하는 것이 좋다. '우리 아이가 이 캐릭터 좋아하던데 어떤 애니메이션인지 내가 미리 한번 봐야겠다' 정도의 노력은 필요하다. 그 내용이 아이가 이해하는 데 인지적으로 적합한지, 너무 어렵거나 폭력적이지는 않은지 등을 확인하는 것은 부모가 할 수 있는 아주 보람 있는 일 중 하나다.

평소에 아이의 스크린 타임이 어느 정도 되는지를 꾸준히 관찰하는 것도 반드시 필요하다. 아이들은 아직 자기 조절력이 부족해서 어른처럼 의지를 통제하기 힘들다. 그럴 때 "시간 다 됐어. 이제 꺼!"라고 강압적으로 말하기보다는 "약속한 시간이 20분 남았네."처럼 부드럽게 미리 알려 주는 것이 좋다.

그리고 그 영상이 아이한테 적합하다고 판단되면 적극적으로 아이와 같이 시청하면 된다. 이럴 때 부모와의 상호작용을 통해 아이가 얻는 것이 아주 많다. 그러면 영상을 같이 볼 때 구체적으로 어떻게 언어적 상호작용을 해야 할지 알아보자.

부모와 자녀가 미디어를 같이 시청할 때 부모의 개입 유형을 몇 가지로 나눌 수 있다. 크게 나누면 단순한 함께 보기 co-viewing와 중재 intervention가 있다. 그냥 옆에 앉아서 같이 보는 것을 함께 보기라고 하는데, 성인이 옆에 없는 것보다는 훨씬 낫지만 효과 면에서는 중재를 따라갈 수 없다. 부모가 얼마나 개입을 많이 하느냐보다 유형이 더 중요하다. 효과적으로 중재하는 것이 필요하다는 뜻이다.

중재 중에서도 제한을 하느냐, 여러 가지 가이드를 하느냐에 따라서 다시 나뉜다. 먼저, **제한적 중재**는 영상 시청을 금지하거나 범위를 좁히는 것이다. 보통 시청하는 콘텐츠의 주제나 종료 시간 등에 제한을 둔다. "너는 어려서 이 프로그램은 보면 안 돼.""평일에는

30분 이상 보면 안 돼." 이와 같이 제한을 두는 것을 말한다. 필터 기능으로 몇 살 이하의 아동·청소년이 아예 특정 영상물에 접근할 수 없게 하는 것도 이에 속한다.

다음으로, **지시적 중재**(적극적 중재)는 언어를 사용하는 대화에 해당한다. 미디어를 함께 경험하며 영상의 내용을 설명하거나 그에 대해 이야기를 나누는 것이다. 많은 연구에서 대화를 나누는 지시적 중재를 추천한다. 이렇게 개방적인 의사소통을 하거나 콘텐츠를 둘러싸고 이야기할 때, 아이가 자신보다 인지적 수준이 높은 어른과 상호작용함으로써 비고츠키가 강조한 비계 설정이 일어난다. 그러면서 아동의 비판적 사고력이 길러진다.

한편 **허용적 중재**는 부모가 자녀의 영상 시청과 관련해 아무것도 하지 않거나 비개입하는 경우다. 청소년기 자녀를 둔 부모의 절반 정도는 이 유형을 보인다(Valcke et al., 2010). 자녀에게 미디어 사용 규칙 설정을 허용한다는 것은 결국 알아서 시청하라는 뜻이다. 부모의 무관심일 수도 있고, 자녀가 어느 정도 컸으니 알아서 잘할 것이라고 믿거나, 더는 개입의 의미가 없다고 보는 태도가 반영된 것일 수도 있다. 그런데 이 유형을 경험한 아이들의 미디어 소비 시간이 가장 긴 것으로 나타난다(Vaterlaus et al., 2014). 정말 스스로 알아서 잘 관리하는 청소년은 흔치 않아서, 과시청을 하다 보면 당연히 시간 관리 소홀, 학업 저해, 자극적 콘텐츠 노출로 인한 심리적 문제 등으로 이어지기 쉽다. 그래서 허용적 중재도 제한적 중재만큼 조심해야 하는 유형이다.

아동기까지는 가정에서 제한적 중재를 많이 사용하는 경향이 있는데, 물론 효과는 어느 정도 있다. 그런데 초등 고학년 이후 청소년기가 되면 이런 유형의 중재는 역효과를 보이기도 한다. 효과가 없을 뿐만 아니라 아이가 부모의 제한에 크게 반발하는 것이다. 부모가 감독하지 못하는 때에는 자기 마음대로 시청해서 영상물의 수준이나 시청 시간을 부모가 알기도 어렵다. 청소년기 자녀가 점차 자율성을 갖게 되는 것은 자연스러운 일이므로 부모도 인정해야 한다. 그러면서 미디어 중재 빈도도 자연스럽게 낮아지지만, 때때로 부모가 미디어를 같이 보거나 관심을 가져 주면서 비판적으로 생각할 수 있는 방향을 안내하는 것은 지속적으로 필요하다. 오히려 미디어를 사춘기 이후 자녀와 대화를 이어 나갈 수 있는 계기로 삼을 수도 있다.

따라서 지시적(적극적) 중재를 잘하는 것이 최선이다. 부모와 자녀가 영상을 함께 보면서 풍부한 대화를 나누고, 그 과정에서 자녀가 뭔가를 배워 가도록 돕는 것이 필요하다. 바로 이 방법이 아이가 미디어를 책임 있게 소비하는 방법을 배우기에 가장 도움이 되는 효과적인 접근이다.

텔레비전을 시청하는 유아에게 부모의 어떤 중재 전략이 좋은지를 본 연구에서, 부모가 어떻게 대화하는지가 아이들의 이해력과 어휘력에 직접적인 영향을 미치는 것으로 증명되었다(Strouse et al., 2013). 특히 이럴 때 질문할 수 있는 기회가 만들어진다는 것이 좋은 바탕이 된다. 아이가 뭔가 말하도록 하는 것도 당연히 좋다.

한마디로 요약하면, 영상물 시청도 책 읽어 주기와 똑같다고 보면 된다. 책 본문에 쓰인 텍스트보다 그때 나누는 대화의 양과 질이 더 중요함을 기억하면 된다. 영상을 볼 때 대화를 나눌 수 있는 기회를 오롯이 이용할 수 있어야 한다. 기기에서 소리가 나오고 있는데 어떻게 그 사이에 말을 하는지 궁금할 수 있다. 만약 실시간 본방송이 아니라면 잠시 멈추는 기능을 활용해서 대화하는 것도 좋은 방법이다. 그게 어려울 때는 이야기 이해에 덜 중요한 장면이 나오거나 배경음악이 나올 때, 또는 대사가 없을 때를 노려야 한다. 아이들용 영상은 아무래도 속도가 느린 편이라 틈틈이 짧은 발화가 오가기에 충분하다.

자녀와 애니메이션뿐 아니라 예능 프로그램이나 드라마를 보면서도 대화할 수 있다. "저 장면을 보니까, 이러이러한 느낌이 드네. 너는 어떻게 생각해?" "주인공이 왜 저런 표정을 지었을까?" "앞으로 저 사람한테 무슨 일이 생길까?" "요즘 학교에서 저런 일이 일어나니? 엄마는 몰랐는데, 이유가 뭔 것 같아?" 이런 식으로 말하면 된다.

아동이 영상을 보다가 나쁜 언어 표현을 익힐 수도 있다. 그럴 때 화들짝 놀라지 말고, 그런 표현에 대해 같이 이야기를 나누는 기회로 삼으면 된다. 그런 말을 쓰면 왜 나쁜지, 아빠와 엄마가 그것에 대해 왜 걱정하는지, 그래서 앞으로 어떻게 해야 할지 대화하는 시간을 가져 보자.

부모는 자녀 앞에서 역할을 훌륭히 해내는 모델로서 기능해야 한다. 그것이 바로 모델링이다. 부모의 텔레비전 시청 스타일은 자녀의 텔레비전 시청 양상과 관련을 보인다. 자녀의 모습을 보면서 반성하게 되는 부모가 있을 것이다. 가족이 함께 영상을 즐겁게 시청하며 자녀의 언어능력과 사고력이 자랄 수 있는 기회로 삼아 보자.

문해력 쑥쑥 키우는 독서

13장

문해력을 키우기 위해서 왜 책을 읽으라고 할까? 13장에서는 독서와 문해력의 관계를 본격적으로 살펴보자. 그리고 다독과 정독, 학습 독서와 여가 독서, 책 읽기와 독해 문제집 풀기의 의미와 장단점을 비교해 본다.

책을 읽지 않으려는 아이들

빌 게이츠Bill Gates는 독서가로 유명하다. 그는 "나는 끊임없는 독서와 사색을 통해 통찰력을 얻었다. 어릴 적에 꿈이 많았는데 그 꿈의 대부분은 책 읽을 기회가 많았기 때문에 이룰 수가 있었다."라고 말했다. 그리고 터프츠대학교 교수이자 『책 읽는 뇌』의 저자인 매리언 울프Maryanne Wolf는 "책을 읽는 독자가 되었을 때 우리는 문장에 담긴 감정을 느낄 수 있고, 내 관점에서 타인의 관점으로 옮겨 갈 수 있으며, 유추와 추론을 통해 비판적 사고를 할 수 있게 된다."라고 독서의 기능에 대해 언급했다. 우리 교육부는 독서가 자기 주도적 학습력, 다양한 간접 경험을 통한 균형적 시각, 공감 능력 등의 인성 함양에 필수적인 기제라고 하였다.

우리 삶에 이렇게 긍정적 영향을 미치는 독서, 아이들은 잘하고 있을까? 요즘 책에 대한 학생들의 관심과 흥미, 읽기 동기는 어느 수준일까? 대부분의 부모들이 피부로 느끼듯이 아이의 연령이 높아질수록 읽기 동기는 뚝뚝 떨어지고 있다. 전국 조사를 해봤더니 유아기와 취학 시기에 그나마 높던 읽기 동기가 초등 3-4학년 때와 5-6학년 때 계단식으로 낮아지는 경향이 나타났다(정수정·최나야, 2018). 또 다른 연구(이순영, 2019)도 비슷한 결과를 보였다. 초중고생들에게 자신의 독서에 대해 회상하게 했더니, 그나마 초등 1-2학년 때까지는 독서가 제법 재미있어서 책을 많이 읽었다고 했다. 그러나 초등 후반인 5-6학년 때 읽기 동기가 급감하고, 중고등학교 때는 매우 낮은 수준이 되었다고 보고했다. 학교급이 올라갈수록 읽기 동기가 떨어지는 기울기가 가파르다. 이는 현시점에서 어린 세대일수록 읽기에 대한 관심과 흥미가 더 빨리 떨어진다는 것으로 해석된다.

흥미로운 것은 독자를 유형별로 나누었을 때, 애독자는 학년이 올라가도 읽기 동기가 거의 떨어지지 않는다는 점이었다. 반면 간헐적 독자와 비독자는 상황이 달랐다. 그 두 집단의 아동·청소년은 책에 대한 관심과 흥미 자체가 애독자 집단과 비교했을 때 처음부터 낮게 시작했고, 나이가 들수록 급감했다. 이상의 결과들을 정리하면 독서 동기는 일반적으로 초등 저학년 때 최고 수준이다가 3-4학년 이후 지속해서 감소하며, 5-6학년 때 급감해서 청소년기에는 바닥 수준이라고 보면 된다. 그리고 이러한 경향에 예외가 있다면 그것은 애독자 집단이다.

독서, 왜 해야 할까?

학생들이 좀처럼 책을 읽으려 하지 않는 암담한 상황임에도 우리는 왜 독서를 해야만 할까? 7장에서 독서가 뇌에 미치는 영향을 살펴보았고, 독서는 그 자체로 전뇌운동임을 강조했다. 독서는 문해력을 키워 주는 가장 확실한 방법이다. 이를 증명해 주는 연구 결과들을 훑어 보자.

고등학생 가운데 독서를 하는 집단, 그중에서도 좀 더 많이 읽는 집단이 책을 아예 읽지 않는 집단보다 학업성취도가 더 높다. 독서 태도 측면에서도 차이가 있어, 독서 태도가 좋은 집단의 학업성취도가 더 우수하다(한국직업능력개발원, 2018).

독서는 노인의 치매 예방에도 도움이 되는 것으로 밝혀졌다(이윤환 외, 2009). 문맹인 노인이 글을 읽을 줄 아는 노인에 비해서 치매에 걸릴 확률이 다섯 배 높다는 결과도 같은 맥락에서 이해할 수 있다(중앙치매센터, 2018). 이는 읽는 것이 뇌 인지 발달에 도움이 되는 행동임을 증명한다.

그런데 요즘 같은 시대에 디지털 읽기도 해야 하고 읽을거리도 넘치는데 왜 옛날처럼 굳이 책이냐, 책만 읽으면 문해력이 발달하는 것이냐, 다른 방법은 없는가, 이런 질문을 많이 받는다. 다양한 매체와 정보의 홍수 속에서 왜 우리는 계속 책을 읽어야 하는지 생각해 보자.

요즘 아이들은 주로 디지털 매체를 통해 정보를 습득한다. 모르는 것이 있을 때는 우선 포털 사이트 검색창에 묻고, 블로그, SNS, 유튜브나 팟캐스트를 통해서 정보를 얻기도 한다. 그리고 가장 마지막에 찾는 것이 책으로, 고작 1.2%가 책에서 정보를 얻는다고 보고했다(이순영, 2019). 이런 시대에 책은 어떤 강점을 가질까? 영상처럼 순식간에 접하고 넘어가는 콘텐츠와 달리 책은 길고 짧은 다양한 문장들로 가득 차 있다. 책을 한 권 읽으면서 우리는 다양한 리듬으로 생각하게 된다. 그러면 사고의 근육, 대뇌 피질이 활성화되고 단련된다. 그리고 책은 읽는 사람이 속도, 방법, 이해 범위를 제각각으로 조정하면서 읽을 수 있다. 일방적으로 주어지는 영상물과는 달라서 나만의 속도로 나만의 해석을 할 수가 있는 것이다. 또한 책을 읽으면 감정의 깊이도 보다 다양하게 경험할 수 있다. 예를 들어 우리가 시집을 읽는다고 생각해 보자. 시적 표현을 통해 우리는 보다 섬세한 사유를 하게 된다. 따라서 책을 읽는 사람과 읽지 않는 사람의 감정의 높낮이나 깊이는 다를 수밖에 없다.

다독과 정독, 어떤 것이 좋을까?

여러 가지 독서법을 비교해 보자. 먼저, **정독**精讀은 글의 뜻을 새기면서 자세히 살펴 읽는 방법이다. 글의 의미를 깊이 있게 파악하기 위해 차분하게 처음부터 끝까지 읽는 것을 말한다. 다음으로, **속독**速讀은 속도에 초점을 맞춰 글이나 책을 빨리 읽는 방법이다. 주로 가벼운 글을 훑어보는 경우, 정보를 알아내려는 목적으로 자세하게 읽지 않는 경우에 적용된다. 그리고 읽으면서 소리를 내느냐 안 내느냐에 따라 **묵독**默讀과 **음독**音讀으로도 나눌 수 있다. 유창한 독자가 되려면 점점 더 묵독을 잘하게 되어야 하지만, 어린아이라면 소리 내어서 책 읽는 연습을 충분히 하는 것이 문해력에 정말 큰 도움이 된다. 또 범위에 따라 나누면 **통독**通讀은 처음부터 끝까지 내리읽는 것을 말하고, 이와 비교되는 **발췌독**拔萃讀은 글에서 필요한 부분만을 일부 뽑아 읽는 방법이다.

이렇게 다양한 방법이 있는 가운데, 다독과 정독을 비교해 보자. 두 가지 중에서 아이에게 어떤 접근을 적용해야 하는지 묻는 부모가 많다. '남아수독오거서男兒須讀五車書'에서 주어를 꼭 남자로 볼 필요는 없고, 사람이라고 바꿔 이해하면 되겠다. '사람은 수레 다섯 대만큼의 책은 읽어야 한다'는 뜻이다. 어느 정도 책 읽기의 양이 뒷받침되어야 한다는 것이니, 다독의 손을 들어 주는 표현이겠다. 한편 '위편삼절韋編三絕'은 공자 때 이야기인데 책을 멘 가죽끈이 세 번이나 끊어

졌다는 뜻으로, 책을 반복해서 열심히 보았음을 의미한다. 따라서 정독을 비유하는 표현이라고 볼 수 있다.

사실 독서의 양과 문해력의 관계에 대해서는 연구 결과가 다소 혼재되어 있다. 한 연구에서는 고등학생이 문학 서적을 많이 읽을수록 대학수학능력시험의 언어, 수리, 외국어 영역 점수가 높게 나타났다. 특히 문학을 많이 읽었다는 것은 초등학교 이후 중고생으로서는 쉽지 않은 일이니, 그만큼 책을 많이 읽었음을 보여 준다(채창균·신동준, 2015). 반면 초등 5학년생과 중등 2학년생을 대상으로 한 다른 연구에서는 지난 한 달 동안 책을 얼마나 읽었는지와 독해력을 조사해 분석한 결과, 독서량과 독해력이 비례하지 않았다(Kato, 2023). 이처럼 연구에 따라 결과가 다른 양상을 보인다.

하지만 경향을 좀 더 넓게 파악해 보면 유아기 때까지는 다독이 문해력을 직접적으로 설명하지 않는다. 이렇게 해외 연구들과 결과가 다른 이유는 우리나라 유아들이 책을 유별나게 많이 보기 때문으로 파악된다. 그런데 나이가 더 들어 중고생이 될수록 문해력이나 학업성취에서 누적된 독서량의 영향이 나타나는 경향이 있다.

우리가 정독을 하면 어떤 일이 일어날까? 글 쓴 사람의 아주 세밀한 생각을 따라가면서 행간을 읽게 될 것이다. 그러면서 글을 깊이 이해하고 생각도 더 많이 하게 될 것이다. 그렇게 독자의 사고력이 깊어지게 된다. 수능시험을 잘 보려면 '추론적 독해' 실력이 필수적이라고 한다. 지문의 내용을 이해하는 데서 나아가 직접적으로 언급되지 않은 내용까지 미루어 짐작해 글의 핵심을 파악하는 방식의 읽기이다.

깊이 생각하며 책을 천천히 읽을수록 학습 능력이 향상될 뿐만 아니라, 책 읽기의 즐거움도 더 잘 느낄 수 있다. 결국 정독이 우리 아이들이 키워야 할 문해력에 더 도움이 되는 방법이라고 볼 수 있는 것이다. 흥미로운 연구 한 편을 추가로 살펴보자. 초등학교 6학년을 대상으로 음독-묵독, 다독-정독, 발췌독-통독 등 다양한 독서 방식의 효과를 비교했더니, 다독보다 정독이 아이들의 창의력과 자기 주도적 학습 능력에 더 큰 영향을 미치는 것으로 나타났다(조미아, 2007). 따라서 우리 아이들이 무조건 책을 많이 읽기보다는 좋은 책을 제대로, 깊이 있게 읽어야 한다는 것이 증명되었다고 볼 수 있다.

학습 독서와 여가 독서, 어떤 것이 좋을까?

이번에는 학습 독서와 여가 독서를 비교해 보자. 요즘 어른들은, 그리고 아이들은 각각 어떤 독서를 하고 있을까? 연구 결과, 아이들이 가장 좋아하는 읽기 대상은 만화책이었다(이순영, 2019). 심지어 책도 아닌 웹툰이 요새는 더 인기가 있다. 그다음 순위였던 SNS도 결국은 읽기에 해당한다. 그리고 인터넷으로 접하는 온라인 정보가 3순위였다. 반면 연구는 아이들이 일반 도서, 교과서, 학습서 순으로 더 읽기 싫어한다고 밝혔다. 이는 아이들이 여가 독서 활동은 비교적 선호하나, 공부를 위한 독서는 좋아하지 않는다는 점을 시사한다.

학습 독서와 여가 독서(자유 독서)는 다음과 같이 서로 대비된다. 교과를 대상으로 하고 공부를 위해 읽는 것이 학습 독서인 반면, 취미로, 즐거우려고, 또는 특별한 목적이 없이, 그저 관심 있는 분야에 대해서 읽는 것이 여가 독서다. 학습 독서는 학생, 전공자, 전문가가 높은 수준의 주의 집중을 유지하면서 읽는 방식이고, 여가 독서는 주로 어린이와 시간이 남는 성인이 흥미로 읽는 경우다. 또한 학습 독서는 이유가 있어서 읽는 것이지만, 여가 독서는 부담이 없는 활동이다(이순영, 2012).

물론 두 가지 접근이 모두 필요하지만 아이들을 독서의 세계로 좀 더 끌어 줄 수 있는 방법은 여가 독서다. 청소년이 될 때까지 이런 경험이 부족하면 삶에서 아주 큰 부분을 놓치게 된다. 그러면서 아예

학습 독서와 여가 독서의 비교

	학습 독서	여가 독서
유사 개념	• 교과 독서 • (성인) 직무 독서, 전문 독서	• 취미 독서 • 자유 독서
목적	• 학습, 공부 • 전문 분야의 직무 수행(새로운 지식 획득 및 산출이 목적)	• 즐거움 추구 • 휴식, 여가 활동 • 특별한 목적이 없는 독서
텍스트	• 학생: 교과목, 전공 분야 • 직장인: 직무 관련 분야 • 일반적으로 정보 텍스트가 많음	• 독자의 관심 분야 • 대체로 가벼운 읽을거리
독자층	• 초등 고학년 이후의 독자 • 학교 졸업 후 직무 종사자	• 미취학 아동이나 초등 저학년 • 여가 독서 상황의 성인
특징	• 여가 독서보다 높은 수준의 주의 집중 요함 • 텍스트의 선정과 독서의 과정이 유목적적임 • 연습과 지도가 필요함	• 부담 없는 독서 활동 • 텍스트의 선정과 독서 과정 (중단, 종료)이 모두 자유로움 • 연습이나 지도가 필요 없음

출처: 이순영(2012)

책을 읽지 않는 사람이 될 가능성이 높다. 청소년이 책을 읽는 이유와 읽지 않는 이유를 따져 보면 애독자, 간헐적 독자, 비독자에 따라 그 양상이 다르다(이순영, 2019). 애독자는 책 읽는 것을 즐겁게 여긴다. 독서 시간이 좋으니 다른 행동을 하는 것보다 책 읽기를 골랐다고 보고한다. 반면, 책을 조금 읽는 간헐적 독자는 목적성이 더 강하다. 그들은 주로 지식과 정보를 얻기 위해 책을 읽기 때문에 학습 독서를 한다. 마지막으로 비독자는 책을 아예 읽지 않는데, 억지로라도 읽는 경우가 있다면 부모나 교사가 읽으라고 시켜서 읽는 것이다. 즉, 타인의 요구나 강제에 의한 독서를 한다. 결국 애독자는 내적 동기에 따라 읽고 비독자는 굳이 읽어야 하는 상황이 생겼을 때 외적 동기 때문에 읽는다고 할 수 있다.

이를 통해 내재적 읽기 동기의 중요성을 알 수 있다. 초등학생들을 대상으로 한 연구에서는 내재적 읽기 동기가 독서를 더 많이 하게 만들고, 그래서 몇 년 후 문해력에 긍정적인 영향을 미치는 것이 확인되었다(Becker et al., 2010). 3학년 때 문해력이 더 높았던 아동이 4학년 때의 외재적 읽기 동기는 더 낮았던 것이다. 반면 누가 시켜야만 읽는, 외재적 읽기 동기가 높은 아동은 2년 후에 문해력이 더 낮아졌다. 성취 결과로 볼 때도 내재적 동기가 더 효과적이고 의미가 있는 반면 외재적 동기는 역효과가 있었다. 이는 당연한 결과다. 누가 시켜서 억지로 한 행동은 시키지 않으면 안 하게 되고, 시켜서 읽을 때조차도 대충 읽기 때문에 깊이 있는 이해도 불가능하며, 얻는 지식도 적을 수밖에 없다.

중학생을 대상으로 조사한 다른 연구에서는 내재적 읽기 동기에 호기심, 몰두, 자신이 잘 읽는다고 느끼는 읽기 효능감, 도전 정신 같은 것이 포함되어 있다고 보았다(문병상, 2012). 이런 요소들이 활성화되면 읽기의 전 과정에서 자기 조절 학습 전략을 더 잘 만들어 내게 된다. 그래서 내재적 동기가 높은 상태에서 책을 읽으면 자기 조절 읽기 능력이 좋아지고, 결과적으로 국어 점수도 높아지는 것으로 나타났다.

따라서 우리 아이들이 자라면서 읽기 동기가 떨어지지 않도록, 무엇보다도 책을 읽고 싶어 하는 마음이 계속 생기도록, 그리고 여가 독서를 할 수 있을 만큼 충분한 시간과 적절한 환경을 만들어 주는 것이 필요하다. 우리 사회는 독서를 중시하는 분위기가 잘 마련되어 있고 교육열도 워낙 강하다 보니, 아이가 어릴 때는 부모가 책을 많이 사주고 읽어 준다. 하지만 이때는 오히려 책의 양보다는 질과 대화에 더 신경 써야 하고, 정보책에만 가치를 두고 아이에게 하나라도 더 가르치려는 자세는 지양해야 하며, 책이 주는 즐거움을 아이가 최대한 느낄 수 있게 해야 한다. 많은 부모가 믿지 않을 수도 있지만, 적어도 중학생 시기까지는 독서할 여유와 기회가 정말 많다. 특히 초등학생이 사교육으로 바빠서 독서는 포기한다는 상황이 되어서는 절대 안 된다. 공부 때문에 독서를 안 한다는 것은 논리적으로 성립하지 않는다. 시간을 들여 문해력을 쌓지 않으면 절대로 나중에 공부를 잘할 수 없기 때문이다.

독서, 독해 문제집으로 대체할 수 있을까?

문해력에 사회적 관심이 쏠리면서 아동용 독해 문제집이 많이 출간되고 있다. 독해 문제집은 주로 제시된 지문을 읽고 풀어야 하는 문제들로 구성되어 있다. 독해 문제집의 목표는 어휘나 배경지식을 늘리고, 문단의 중심 내용을 정리하며, 핵심어를 뽑아내고, 지문의 유형에 따라 어떻게 효율적으로 글을 읽고 정답을 맞혀야 하는지를 알려 주는 것이다. 즉, 지문의 유형별 독해 기술과 문제 유형별 풀이 방법을 학습하게 한다. 물론 독해력과 문제 푸는 실력을 키우는 데에는 도움이 되는 방식이다. 이런 접근이 도움이 되는 연령대는 청소년기부터인데, 너무 일찍부터 이용된다는 것이 문제다. 요즘은 취학 전 유아용 독해 문제집도 나와 있다.

구체적으로 독해 문제집의 장점과 단점을 짚어 보자. 문제집은 단계별로 정리되어 있어 아이의 읽기 수준에 맞게 문해력을 키우는 데 도움을 줄 수 있다. 문제를 다양하게 풀어 보고 싶거나, 독해력 점검이 필요할 때 적절하게 쓰이기도 한다. 또한 책을 처음부터 끝까지 읽는 것 자체가 너무나 버거운 아동도 짧은 지문은 읽을 수 있으니 아무것도 읽지 않는 것보다는 나을 수도 있다.

하지만 이것이 최고의 선택은 아니다. 하루빨리 긴 호흡으로 책을 읽을 수 있는 상태가 될 수 있도록 진짜 책을 활용하는 것이 우선이다. 독해 문제집만 풀어서 문해력 발달의 지름길로 가겠다는 것은 실력을 키우지 않고 요행을 바라는 얕은 꾀라 하겠다. 또한 문제집의 지문은 대부분 짧다. 초등학생용은 주로 서너 문단 정도 나오는데 이 정도 길이의 글로 문해력을 키우는 데는 한계가 있다. 위에서 말한 정독과 통독을 아예 경험할 수 없어서 깊이 있는 읽기가 어렵다.

독자는 책을 읽을 때 '다시 읽기'를 한다. 읽다가 제대로 이해를 못한 것 같으면 앞으로 돌아가서 다시 읽거나 확인하는 것이다. 추론한 어떤 단어의 의미가 맞는지 다시 살펴보기도 한다. 그런데 기본적으로 지면의 한계를 지닌 독해 문제집에서는 그렇게 돌아가서 읽는 데 제한이 있다. 완결된 긴 글 전체에 걸쳐 확인이 자연스럽게 이루어지는 책에 비해 부분적인 확인만 가능하다는 약점이 있는 것이다.

그리고 무엇보다도 문제가 되는 부분은 문제집으로만 읽기를 접하면 아주 어린 나이부터 시험 보는 느낌을 받게 된다는 것이다. 그리고 지문을 읽고 이해하려는 게 아니라 줄줄이 나오는 문제의 정답을 맞혀 점수를 높게 받는 것에 치중하게 된다. 그런 것은 진짜 실력이 아니라서 내공을 쌓아 주지 않는다.

대다수 아이들은 독해 문제집으로 공부하는 것을 별로 선호하지 않는다. 독해 문제집이 잘 만들어져 있으니 효율적으로 활용하기를 원한다면, 일단 책을 처음부터 끝까지 제대로 읽고 나서 그와 관련된 문제를 푸는 것이 가장 바람직하다. 중학교에 들어간 이후, 또는 빨라야 5-6학년 때부터 독해 문제집을 활용하는 것을 추천한다. 그전까지는 책을 읽고 부모나 친구와 이야기를 나누는 것으로 충분히 문해력을 키울 수 있다.

만일 부모의 불안 때문에 아이가 이보다 어릴 때 독해 문제집을 풀게 한다면, 적어도 충분한 독서와 병행해야 한다. 그리고 문제집의 지문에서 읽었던 발췌문의 전체 글을 제대로 읽을 기회가 있으면 좋다. 어떤 글이나 책에서 발췌한 것인지 정보를 살펴보고 원문을 구해 읽으면 된다. 또 정보책을 읽으며 연습한 스키밍과 스캐닝 기법(15장 참고)을 독해 문제집을 풀 때 적용하고 연습하면 효율적이다. 독해 이후 문제를 풀어야 할 때 도움이 되는 기법이기 때문이다. 만약 문제집에서 이해하기 어렵거나 틀린 문제가 있으면 제대로 알고 넘어가는 것이 중요하다. 흔히 문제집을 너무 빨리 이용하기 시작한 아이들은 몇 점을 받았는지에만 집중한다. 그리고 틀린 문제에 대해 왜 틀렸는지, 어떻게 읽고 이해했어야 그 문제를 더 제대로 풀 수 있었을지는 무시하는 경향이 있다. 그래서 쳇바퀴 돌듯 문제집에 길들지 않게 할 필요가 있다.

독서가 온갖 순수한 식재료들을 섭취해서 우리 몸이 건강해지는 기나긴 과정이라면, 처음부터 독해 문제집에만 의존해서 문해력을 키우려고 하는 것은 가공식품이나 영양제만 먹고 생명을 유지하겠다는 것과 크게 다르지 않다. 필요할 때 문제집을 활용하더라도 발달단계에 맞게 적절한 방법으로 활용해야 한다. 무엇보다도 독서를 더 먼저, 더 많이 하는 것이 아이들의 문해력과 뇌 인지 발달에 도움이 되는 방법이다.

14장

엄마표 책 동아리와 가족 북 클럽

문해력이야말로 부모가 자녀를 직접 지도해서 길러주기 적합한 능력이다. 14장에서는 국어 사교육을 대체할 수 있는 책 동아리와 북 클럽을 소개한다. 엄마표 책 동아리와 가족 북 클럽이 각각 어떤 방법이며, 어떻게 준비하고 운영하면 되는지 살펴보고 우리 아이에게 더 잘 맞는 방법을 찾아보자.

국어 사교육, 꼭 해야 할까?

우리나라 영유아 사교육은 심각한 수준이다. 취학 전 아동이 어린이집이나 유치원에 다니는 것 이외에도 많은 사교육을 받고 있다. 초등학교 1학년 학부모의 65.6%가 입학 전에 아이에게 사교육을 시켰다고 한다. 그중에 절반은 세 과목이 넘었다. 영유아기를 통틀어 국어, 영어, 수학 사교육을 비교해 보면, 역시 국어가 74.3%로 가장 높은 비율을 차지했다(사교육걱정없는세상, 2023). 이는 아이가 취학 전에

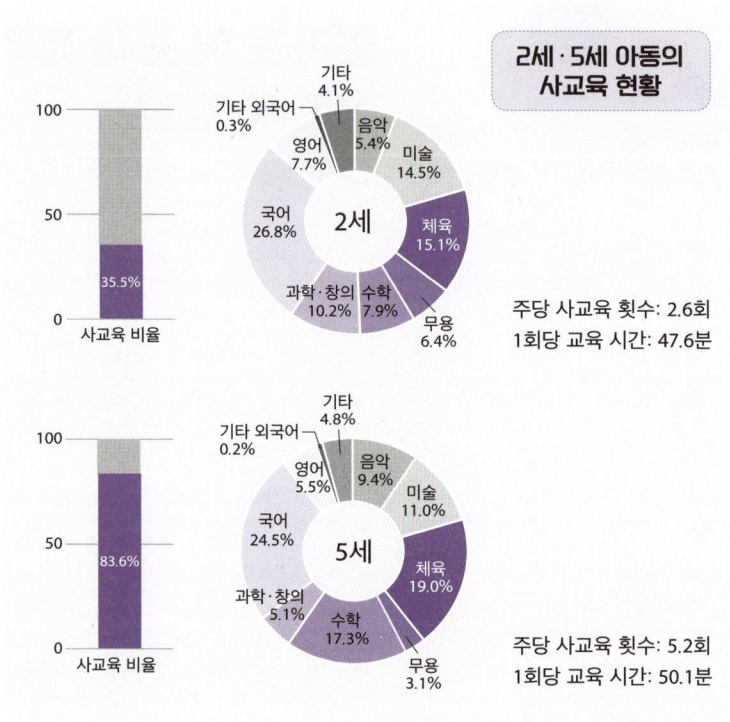

출처: 김은영 외(2016)

이미 사교육의 문턱에 아주 빨리 그것도 강력하게 진입했음을 보여주는 실태다.

　2세 영아들이 한글, 독서, 논술 등 국어 과목과 관련된 사교육을 받는 비율이 무려 26.8%라고 한다(김은영 외, 2016). 사실 영유아에게는 '과목'이란 말 자체가 맞지 않는다. 독서는 그렇다 치고, 영아들에게 한글이나 논술이 어울리는 말인가? 자연스럽게 모국어를 습득하는 시기에 관련 학습에 특별히 시간과 비용을 들이고 있다는 것을 믿기 힘들다. 5세 유아들의 사교육 상황도 비슷하다. 역시 다른 과목보다 국어의 사교육 비율이 24.5%로 가장 크게 나타났다.

이렇게 독서나 문해력과 관련된 사교육까지 꼭 해야 할까? 요즘 추세를 보면 초등학교 중학년이나 고학년 때 아동들이 삼삼오오 독서·토론·논술 학원에 다니거나 그룹을 만들어서 과외를 받는 경우가 흔하다. 그런데 독서나 문해력이야말로 사교육을 하지 않아도 되는 영역이다. 가정에서 부모가 어렵지 않게 지도할 수 있다. 또 부모가 지도함으로써 단순히 사교육 비용만 줄이거나, 아이가 다니는 학원 개수 하나 줄이는 것에 그치지 않는 다른 장점도 많다.

엄마표 책 동아리의 독보적인 장점

엄마표 책 동아리는 또래 아이들이 모여 독서와 문해 활동을 하는 동아리인데, 리더 역할을 하는 부모가 적어도 한 명은 있어야 한다. 여러 부모가 돌아가며 맡아도 괜찮다. 엄마인 필자가 9년간 직접 진행했었기 때문에 '엄마표'라고 이름 붙였지만, 아버지가 맡는 것도 물론 좋다.

책 동아리에서는 자녀에게만 책을 읽으라고 강요하고 부모가 뭔가를 가르치는 것이 아니라, 자녀와 부모가 동등한 주체가 되어야 한다. 요즘 어린이 책과 청소년 책은 수준이 높고 아주 재미있어서 어른들이 읽어 보면 '이런 세계가 있었구나. 왜 내가 어릴 때는 없었을까?' 하는 생각이 들 것이다. 엄마표 책 동아리를 구성해 운영하면 사교육비를 아끼는 것 이외에 과연 또 어떤 점이 좋은지 이야기해 보려 한다(최나야·정수정, 2021).

첫째, 책 동아리는 아이가 꼭 읽어야 하는 최소한의 독서량을 보장할 수 있는 가장 확실하고 강력하며 현실적인 방법이다. 책에 대한 학생들의 관심과 읽기 동기는 학년이 올라가면서 뚝뚝 떨어진다고 앞서 지적했다. 그 와중에도 애독자의 독서 동기는 그다지 떨어지지 않고 유지된다는 것도 강조했다. 세상에 책은 넘쳐 나게 많고, 아이가 그 책들을 모두 읽을 수는 없다. 독서도 과유불급이라 욕심만 내면 진지하게 읽기 어렵다. 그러나 꼭 읽어야 하는 만큼은 읽어야 문해력 발달에 문제가 안 생긴다. 그래서 아이의 읽기 동기와 독서량이 줄지 않게 유지하는 것 자체가 참 힘들면서도 중요하다. 책 동아리를 하면 주기가 얼마든 간에 다른 사람들과 약속한 독서에 충실히 참여하게 되기 때문에 꾸준히 최소한의 독서를 보장하는 효과가 있다.

둘째, 부모 한 명이 자녀 한 명만 지도하는 방식도 가능은 하지만 꾸준히 유지하기 어려운 반면, 책 동아리는 지속성이 보장된다는 점이다. 부모가 자녀에게 직접 영어, 수학 등을 가르치고 채점해 주다가 서로 상처를 입고 실망하거나 포기하기 쉽다. 필자도 그런 적이 있을 만큼 아주 일반적인 현상이다. 그런데 독서 모임은 분위기가 조금 다르다. 또래 집단이 함께 하기 때문에 지속성이 보장된다.

셋째, 책이 부모와 자녀 사이를 연결해 주는 매개체 역할을 해준다. 책 동아리는 같은 책을 읽고 부모와 자녀, 다른 아이들이 계속 대화하는 장을 꾸준히 만들어 주기 때문에, 대화의 양이 늘어나고 책 이외의 다른 주제로도 대화를 연결할 수 있다. 그래서 이런 시간이 쌓이면 자녀의 사춘기도 무난하게 지나가게 된다.

넷째, 책 동아리를 꾸준히 하게 되면 정말 친한 친구들을 사귈 수 있는데 이는 요즘 아이들에게 흔치 않은 경험이다. 학교나 학원에서 잠깐 만나는 친구가 대부분이고, 특히 같이 모여 놀 수 있는 시간이 별로 없기 때문이다. 참여하는 아이들의 사회성 발달에도 큰 도움이 된다. 주기적·지속적으로 모일 수 있는 독서 친구와 뜻과 힘을 모으는 가족들이 있다는 것은 아주 든든하게 느껴진다.

다섯째, 이 시간을 같이 보내며 아이들에게 질문하고 이야기를 나누다 보면 부모가 학년별로 아이들의 사고력과 문해력 수준을 가늠할 수 있게 된다. 사교육에만 자녀를 맡겨 두면 레벨 테스트 결과지는 받아볼 수 있더라도 아이가 무슨 생각을 하는지, 실제 문해력이나 성취도 같은 부분은 구체적으로 어떻게 발달하고 있는지를 부모가 파악하기 어렵다. 부모라면 바로 그 부분을 알고 싶지 않을까? 부모가 책 동아리를 하며 직접 자녀에게 뭔가를 묻고 대답을 들어 보면 아이가 어리다는 느낌을 명확하게 받을 수 있다. 아이는 딱 그 나이만큼의 발달 결과만 보여 준다. 그래서 이런 활동은 부모가 상업적인 홍보나 남의 말에 휘둘리지 않고 아이의 교육에 과한 욕심을 내지 않게 해주는 좋은 기회가 되기도 한다. 자녀의 성취에 과한 욕심을 내는 것은 금물이며, 있는 그대로 바라볼 수 있는 상황이 되어야 한다.

여섯째, 자녀만 발달하는 것이 아니라 책 동아리를 이끌다 보면 부모도 함께 발달한다. 각 책과 모임을 통해 아이들에게 어떤 도움을 줄지 고민하며 계획을 짜고, 실제 지도를 해가는 과정에서 부모가 같이 클 기회가 생기기 때문이다. '내가 아이를 잘 키우고 있구나'라는 양육 효능감까지도 느낄 수 있는 기회가 바로 부모가 이끄는 책 동아리이다.

엄마표 책 동아리 운영하기

일단 동아리 구성원을 모아야 한다. 자녀와 잘 통하고 어울리는 또래 친구들이면 된다. 저학년이라면 부모끼리 가까운 가정으로 구성해도 큰 문제가 없으나, 초등 고학년 때 시작한다면 민감한 초기 청소년기임을 고려해서 친한 아이들로 구성하는 것이 좋다. 그리고 반드시 아이들의 동의부터 얻어야 한다. "(이러이러한 이유로) 책 동아리를 하면 참 좋대. 친구들끼리 모여서 우리 한번 해볼까?" 이런 식으로 제안해서 진행하자. 성비는 반반으로 구성하는 것이 적절했는데, 동성으로 구성할 경우에는 남학생들끼리 진행할 때만 조금 주의하면 될 것 같다. 소위 말하는 '텐션'이 너무 높아 책이나 대화에 집중을 못 하게 되면 곤란하기 때문이다.

부담 없이 시작하는 것이 중요한데, 시작 자체보다는 얼마나 꾸준히 하는지가 중요하기 때문이다. 저학년 때는 주 1회도 좋지만, 부담 없이 하려면 격주에 1회도 괜찮다. 필자의 경우에 책 모임은 한 시간 정도 하고, 이후에 놀 시간을 꼭 마련했다.

적절한 책을 선정하는 것도 중요한 단계다. 초등 저학년이면 모든 고민을 제쳐 두고, 아이들에게 재미있을 만한 책을 고르는 것이 좋다. 특히 '필독 도서'에 너무 국한하지 말아야 한다. 아이들의 독서 수준에 안 맞거나 지나치게 교훈적이기만 한 책, 학습을 주목적으로 한 책은 어린이 독자에게 환영받기 힘들다. 책 동아리를 하면서 '책 그거 뭐, 읽을 만하네'라는 생각이 자리 잡게 되는 것이 중요하다. 고학년으로 접어들면서 책의 주제와 범위를 조금씩 더 넓혀 가는 것이 좋다.

리더 부모가 다 고르는 방법도 있지만 각 아동 그리고 각 가정이 한 권씩 추천하는 방식도 아주 좋다. 책임감을 가지고 선택하게 되고, 자기가 고른 책을 다룰 때에는 주인 의식을 가지고 더 적극적으로 참여하게 되기 때문이다. 아이마다 자기만의 고유한 책 선호가 있는데 이 모임은 좀 더 다양한 책을 경험할 수 있는 기회이므로 책을 골고루 선정하는 것도 중요하다. 그래서 다양한 장르와 주제, 또 창작서와 해외 번역서를 균형감 있게 번갈아 읽어 보면 좋다. 학기 단위로 읽을 책을 골라서 쉽고 얇은 것부터 어렵고 두꺼운 것까지 순서를 배치하면 된다.

책을 고를 때는 다양한 정보를 활용하는 것이 좋다. 일단 서점과 도서관에 자주 가는 것이 도움이 된다. 그런 기회를 통해 부모와 자녀가 함께 책을 향한 긍정적인 마음을 가질 수 있고, 아이는 수많은 책을 접하고 마음에 드는 걸 골라 보면서 읽기 동기를 유지하고 강화하며 세련된 독자가 될 수 있다. 도서관이나 도서 협회의 추천 도서를 참고하는 것도 좋다. 온라인 서점의 학년별 스테디셀러, 베스트셀러 목록도 꽤 유용하다. 다만 자녀의 읽기 능력이 우선이니 꼭 학년에 구애받을 필요는 없다. 온라인의 다양한 정보도 찾아 보자. 출판사나 작가의 홈페이지나 블로그, 카페에 올라와 있는 새 책에 대한 정보, 독서 활동 자료, 타인의 독서 감상문이나 작가의 인터뷰 기사 등을 참고할 수 있다. 그리고 부모가 어릴 때 재미있게 읽어서 여전히 기억에 남아 있는 책도 가끔 포함시키면 아이들은 고전을 만날 수 있고, 부모는 자신 있게 책을 다룰 수 있다.

가장 먼저 부모가 책을 읽는 절차가 필요하다. 엄마 아빠가 어린이책을 읽는 모습을 보는 것만으로도 아이는 '책을 읽는 것은 가치 있구나, 나를 위해서 부모님이 저렇게 애써 주시네'라고 인식하게 된다. 그래서 아주 의미 있는 모델링이 된다. 어른에게는 어린이책이 쉽고 빠르게 읽히겠지만, 아이들한테는 그렇지 않다. 과연 아이들이 이 책을 어느 정도 이해할 수 있을까? 어려운 개념은 없을까? 부모는 이렇게 어른의 눈뿐만 아니라 아이가 바라보는 눈까지 고려하며 읽어야 한다. 이런 것을 어린이책의 '이중 독자 구조'라고 하는데, 읽으면서 책의 뒤표지에 접착식 메모지를 붙여 놓고 아이들이 어떤 부분을 어려워할지, 어떤 질문을 던질지, 어떤 문해 활동을 할지, 순간순간 떠오르는 아이디어를 적어 두면 활동지를 만들 때 도움이 된다.

활동지를 구성할 때는 책마다 특별한 점을 하나씩 찾아 거기에만 집중하는 것이 좋다. 그 책의 포인트만 다루어도 큰 소득이 있으니 욕심을 낼 필요는 없다. 독서 지도를 할 때 그 책을 처음부터 끝까지 다루는 것은 불가능에 가깝고 서로가 너무 힘들다. 늘 독후감만 쓸 게 아니라, 매번 다른 독서 활동이 돼야 아이들의 흥미를 유지할 수 있다. 자녀를 위해 '이 책의 포인트 하나를 찾아야 될 텐데'처럼 보물찾기하는 마음으로 읽고 활동지를 준비하면 포인트가 보일 것이다.

목표로 한 책 이외에 신문 기사나 같은 주제의 다른 책 등 함께 읽어 볼 자료도 준비하면 좋다. 신문이나 잡지를 활용할 수도 있다. 이런 참고자료들을 활용해 활동지를 만들면 준비가 좀 쉽다. 활동지는 저학년은 A4 용지 한두 쪽, 고학년은 서너 쪽 분량이면 적절하다.

이해를 위해 독후 문해 활동의 예를 몇 가지 들어 보겠다. 초등학교 2학년 아이들과 셰익스피어의 『로미오와 줄리엣』 그림책 버전을 읽고 활동지 대신 버릴 달력 종이를 한 장씩 주었다. 그리고 두 가문을 둘러싼 다양한 등장인물의 삽화를 스마트폰으로 찍은 다음에 한글 프로그램에서 표에 이름과 함께 넣고 라벨지에 출력했다. 스티커처럼 떼어서 극의 인물 관계도를 구성하는 활동이었다. 이 활동을

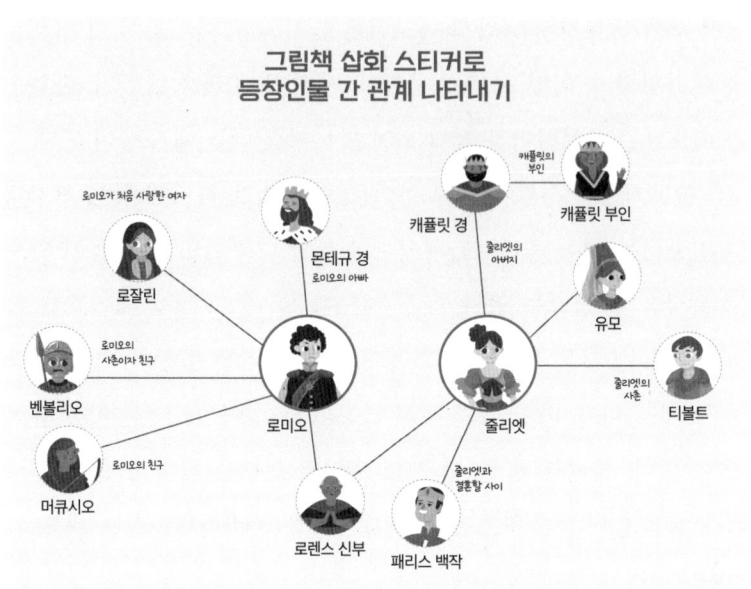

출처: 최나야·정수정(2021)

하려면 이야기 전반을 이해하고 있어야 한다. 중심인물과 주변 인물을 모두 알고, 서로의 관계가 긍정적인지 부정적인지도 기억해야 한다. 만약에 삽화로 등장하지 않은 인물이 있다면, 빈칸 스티커를 주고 직접 그릴 수 있게 하면 된다.

3-4학년 때는 논픽션 역사책 『2등을 기록하는 역사책』(이향안 글, 2012)을 읽고 책의 각 챕터에서 한 명씩 소개된 인물이 왜 2등으로 역사에서 가려져 있었는지 핵심 주제를 아우르는 질문을 던지고, 소제목별로 그 이유를 나름의 언어로 표현해 보게 했다. 이럴 때 활동지가

있다고 해서 문제집처럼 무조건 답부터 쓰게 하면 안 된다. 책 동아리의 취지를 살려 서로 충분히 이야기하고 들으며, 다른 좋은 표현은 없을지 제안도 해보자. 그런 다음에 최종적으로 정리해서 문장으로 표현하는 것이 좋다. 질문의 답을 표로 정리해 보면 성차별, 인종차별, 특허 문제 등으로 요약이 되어 경향성을 한눈에 보기 유리해진다. 이런 경험은 수집한 정보를 조직화하며 학습하는 방법을 알려 준다.

한 학기에 한 번 정도는 책 두 권 비교해 읽기를 시도하면 좋다. 상호텍스트성에 기반을 두고 통하는 부분이 있는 두 텍스트를 비교하며 읽는 통합적인 독서 방법이다. 저자의 관점 차이에 집중하기, 인물·사건·배경·이야기 전개의 차이를 비교해 도식화하기, 같은 소재를 다르게 사용한 방식 찾기 등 책마다 다양한 포인트를 찾아 진행하면 된다. 6학년생들과 함께 『이대열 선생님이 들려주는 뇌과학과 인공지능』(이대열 글, 2018)과 『세상을 읽는 커다란 눈 알고리즘』(플로랑스 피노 글, 2019)을 읽고 제시한 여러 개의 질문 중 각자 원하는 것을 골라 답으로 글을 완성하는 활동을 한 적이 있다. 이처럼 모임마다 마지막 문해 활동은 글쓰기로 하곤 했다.

그러면 리더인 부모는 어떤 역할을 해야 할까? 가장 중요한 역할은 질문하는 것이다. 질문을 들으면 아이들은 생각을 시작한다. 그런 기회를 많이 가져야 사고력이 성장한다. 그런데 일찍부터 사교육에만 익숙해진 아이들은 교사가 질문을 던져도 그게 자기가 생각할 거리라고 여기지 않는다. 질문 후에 교사가 문제를 풀어 줄 것을 기대하며 자기 스스로 생각하려고 하지 않는 것이다. 독서 모임에서는 정답이 없는 질문이 좋다. 그래서 '어떻게'나 '왜'가 들어가는 질문이 최선이다. 그렇기에 다른 과목보다 독서 지도가 부모가 직접 하기 적합하다. 답이 명확한 질문에서 틀린 대답을 한 아이는 속상하거나 민망해하고, 부모는 더 좌절하는 게 인지상정이다.

모임 초기에는 아이들이 조금 어색해하기 마련이어서 늘 워밍업이 필요하다. 지난 1-2주 동안 어떻게 지냈는지, 재미있는 일은 없었는지, 이 책을 읽고 전반적인 느낌은 어땠는지 등으로 대화를 나누며 편하게 시작하자. 활동지를 준비하는 것은 모임 운영에 큰 도움이 되지만 쓰는 활동은 항상 제일 마지막에 해야 한다. 듣고 말하고 머릿속으로 정리하는 것이 더 중요하기 때문이다. 자녀 한 명과 하는 것보다 동아리가 더 좋은 점은 쓰기 활동을 포함해 다른 친구들의 생각과 언어적 표현도 접할 수 있다는 것이다. 쓴 결과물을 각자 낭독하거나 돌려서 읽으면 문해 활동의 효과가 더 크다. 아이들이 쓴 글에 대해서는 간단한 첨삭 지도를 하는 것이 좋은데, 철자 오류보다는 자연스러운 내용 연결에 중점을 두는 게 좋다.

마지막으로, 독서 모임 후에 놀이 시간을 두는 것도 추천한다. 특히 저학년일수록 그렇게 해야 아이들이 동아리에 참여하는 것을 좋아하게 된다. 요즘은 아이들이 모여서 노는 기회가 워낙 드물어 사회성 발달이 위험한 수준이다. 보드게임을 준비하거나 야외 공원 또는 놀이터로 나가도 된다.

가족 북 클럽 운영하기

만약 또래들을 모으기 어렵고 가정에 자녀가 많다면 가족끼리 책 동아리를 조직할 수도 있다. 가족 북 클럽은 가족 구성원 모두가 독서로 특별한 이벤트를 만들고 싶을 때 시작하면 된다. 핵가족뿐 아니라 조부모나 삼촌, 이모, 고모, 사촌들과도 함께 할 수 있다. 최소 세 명부터 여섯 명 정도까지가 운영하기에 적절한 규모다.

또래와 하는 책 동아리와 효과는 비슷하다. 가족 단위라는 점이 다르겠지만, 독서를 습관화하는 데 아주 좋은 바탕이 될 수 있다. 이 모임을 통해 가족 모두의 문해력이 성장한다. 또 자녀들이 꾸준히 참여하면서 독립적인 독자, 즉 책 읽기를 꾸준히 해나가는 독자가 될 수 있다. 부모-자녀 세대가 같이 어울림으로써 세대 간의 대화가 계속 연결되는 기회를 제공하여 가족 간의 정서적 관계에도 도움이 된다. 부모의 의사소통 능력이나 양육 능력, 양육 효능감을 향상시킬 수도 있다(양혜정, 2022; 정춘순, 2014; Swain et al., 2014).

먼저 모든 가족들이 편한 시간을 정한다. 평일 저녁이나 주말 중 우리 가족에게 맞는 시간을 정해 주기적으로 진행하며, 시간은 자녀의 주의 집중력에 따라 40-90분 이내로 하면 된다. 다른 곳에 갈 필요 없이 가정 내의 편안한 공간에서 모인다.

가족 북 클럽에서 중요한 것은 참여자 모두가 같은 지위를 갖는다는 관념이다. 아무리 어린 자녀들이라도 동등한 한 명의 구성원으로 바라보아야 한다. 처음에는 당연히 어른이 진행자 역할을 하지만, 준비할 때 각각 다른 역할을 맡으면 좋다. 준비물 준비하기, 장소 정비하기, 간식 마련하기, 자료 복사하기, 활동 준비하기 등으로 나눠 맡으면 된다. 토론이나 토의를 할 때는 아무래도 어른의 주도적 역할이 필요하다. 그럴 때 부모가 리더가 되어 모임을 이끈다.

같이 읽을 책을 고르는 기준은 또래 책 동아리와 비슷하다. 일단은 모두에게 재미있는 책으로 정해도 충분하다. '이 모임으로 그동안 몰랐던 걸 많이 공부해야지, 아이들을 학습시켜야지'라고 생각하면 잃는 것이 생길 수도 있다. 우선은 흥미가 있어야 활동에 보다 적극적으로 참여하게 되기 때문에 아이들 눈에 흥미로운 책을 선정하는 것이 유리하다. 당연히 참여 가족 모두가 동의하는 책이어야 한다. 자녀가 여럿이라면 터울을 고려해 중간 나이대의 아이가 읽기에 수준이 맞는 책으로 고르는 것이 적합하다. 가족마다 개성이 있고 책을 골고루 접하는 것도 바람직하므로, 모임마다 다양한 주제와 장르의 책으로 돌아가며 고르는 것이 좋다. 때로는 영화로 만들어진 책을 골라 읽고, 가족끼리 영화 감상 시간을 가지면서 책과 비교하는 것도 즐거운 활동이다.

책을 고를 때의 기준을 연령별로 나눠 보면, 유아부터 초등 저학년까지는 깊이 있고 수준 있는 그림책을 추천한다. 글 없는 그림책처럼 읽기 자체의 부담 없이 풍부한 대화를 나눌 수 있는 방식으로 시작해도 좋다. 그리고 이야기 구조가 뚜렷하고 흥미진진한 문학성 있는 작품부터 시작해 점점 다양한 주제로 확장하면 아이들이 점차 그림책에서 글밥이 많은 책으로 순조롭게 옮겨 가는 계기를 만들 수 있을 것이다.

자녀가 초등 고학년이라면 사실적인 생활을 다룬 동화나 흥미진진한 판타지 동화 또는 논픽션 중에서 흥미를 보이는 주제를 추천한다. 특히 정보책의 경우 수준이 매우 높아서, 부모가 보아도 놀랄 만큼 배우게 되는 것이 많다. 청소년기에는 책뿐만 아니라 신문, 전문 잡지, 시집 등에서 뽑은 글을 활용할 수도 있다. 영 어덜트 문학이라고 하는 청소년 소설은 할리우드 영화로도 많이 만들어지는 장르인데, 어른이 읽어도 전혀 유치하지 않다. 이따금 독특하게 고전소설을 읽어 보는 기회로 삼아도 좋겠다.

책을 읽을 때는 집 안에서 편안하게 각자 읽어도 좋고, 학교나 직장에서 틈틈이 읽어도 된다. 물론 규칙적으로 함께 책 읽는 시간을 정하는 것도 좋은 방법이다. 특히 자녀가 어릴 때 이런 시간을 마련하면 가족의 독서 문화를 만들고 책 읽기가 습관화되게 할 수 있다. 그럴 때는 매일 짧게는 10분부터 길게는 30분까지 우리 가족에게 적합한 일과 시간 중에서 정한다.

만약 책이 한두 권밖에 없는데 가족 모두가 읽어야 한다면, 자녀부터 읽게 해야 아이들이 읽는 데 걸리는 시간을 감안하기 편하다. 아이가 유아기 후기 또는 초등학생이라면 함께 소리 내어서 읽고 참여하는 것도 좋은 방법이다.

가족 북 클럽 추천 활동

❶ **읽으며 필사하기**: 책 내용 중에서 각자 마음에 드는 문장을 찾아서 예쁘게 써보고 다른 가족이 쓴 문장도 읽어 보면 의미 있는 문해 활동이 된다.

❷ **가족 낭독회**: 아이들의 읽기 유창성을 발달시키기 좋은 소리 내어 읽기를 거부감 없이 하는 방법이다. 가족들이 돌아가면서 낭독하는 것으로, 녹음이나 녹화를 해두는 것도 추억이 된다. 배경음악을 사용해도 좋다.

❸ **별점 매기기**: 영화평처럼 별 다섯 개 중에 몇 개라고 생각되는 책인지 각자 평가한다. 어떤 점이 좋았고 또는 아쉬웠는지 얘기하면서 비평의 가장 기초적인 활동을 해볼 수 있다. 가족 간에도 서로 별의 개수가 다르고, 평가의 이유가 다를 수 있음을 접하는 기회가 된다.

❹ **어휘 다지기**: 아이가 모르는 단어가 15-20% 정도 포함된 책을 골라서 같이 읽고 몇 개의 초점 단어를 골라 유의어와 반의어 찾기나 스피드 퀴즈 같은 낱말 퀴즈 대회를 연다.

❺ **감상 나누기**: 가족 북 클럽 모임은 단순히 독서로 끝내지 않고 더 나아가 함께 둘러앉은 '멍석'이 본격적으로 깔리는 상황이다. "이 장면에서 어떤 생각이 들었어?"와 같이 구체적인 장면을 짚어서 질문을 하는 것이 좋다. 역시 서로의 감상이 다를 수 있음을 느껴 본다.

❻ **질문하고 답하기**: 책 모임의 핵심이다. 책을 읽고 각자 자신이 던지고 싶은 질문을 준비해 본다. 책을 읽으면서 질문할 거리를 만드는 것은 유능한 독자가 되는 가장 좋은 방법이다. 그런 질문들을 종이에 쓰고 모아서 바구니에 넣었다가 돌아가면서 뽑은 다음 읽고 답해 보는 식으로 진행할 수도 있다.

❼ **토의·토론:** 토의discussion는 서로 이야기를 나누는 것이고, 토론debate은 찬성-반대로 팀을 나누어 서로 주장하고 설득하는 것이다. 가족 간에 이런 활동을 하려면 책이라는 매체로 시작하는 게 적절하다. 주제는 어린이나 청소년이 참여할 수 있는 것으로 고른다. 토론 같은 경우는 미리 주제를 선정해 개인 의견에 따라 팀을 나누고 준비 과정을 거친 후에 해도 되고, 책에서 나온 간단한 주제의 경우 즉석에서 5-10분 정도 진행해도 된다. 나와 의견이 다른 타인의 말을 잘 듣고 존중하는 태도를 익히기에도 좋은 기회가 된다.

❽ **독서 뉴스레터나 신문 만들기:** 독서 모임의 후속 결과물을 만드는 방법으로, 장기 프로젝트나 종합적인 활동이 되기도 한다. 편지 쓰기나 만화 그리기처럼 자녀들의 인지 발달 수준에 맞는 간단한 것도 좋다. 그런 결과물들을 자유롭게 배치해 신문 양식으로 꾸밀 수 있는데, 고전적으로 커다란 전지에 해도 되고 온라인 프로그램을 이용해도 된다.

❾ **SNS에 결과물 공유하기:** 독서 모임 참여 사진, 책 홍보물, 가족이 함께 만든 독서 신문, 독서 뉴스레터 등을 온라인으로 공유한다. 우리 가족만의 기록물documentation이 될 수도 있지만, 이런 독서 문화를 주변인들에게도 알릴 수 있어서 의미가 크다.

15장 함께 읽으며 독서 지도하기

15장에서는 자녀를 위한 독서 지도 방안을 구체적으로 살펴본다. 아동·청소년 도서를 자녀와 함께 읽고 책의 내용을 활용해 풍부한 대화를 하고, 읽고 쓰는 문해 활동까지 하면 자녀의 문해력이 탄탄하게 자랄 수밖에 없다.

발달단계별 독서의 목표

아이들이 커가면서 독서에서 집중해야 할 목표와 주안점이 달라진다. 영유아기와 초등 저학년 시기에는 책을 꾸준히, 즐겁게 읽어 주는 것이 중요하다. 초등 저학년에서 중학년으로 올라갈 때는 자녀가 혼자서도 유창하고 즐겁게 읽을 수 있게 도와주어야 한다. 초등 중학년에서 고학년으로 갈 무렵에는 책의 텍스트가 늘어나는 것이 하나의 장애물이 될 수 있다. 그래서 긴 글도 순조롭게 읽어 낼 수 있는 독자가 되게 하는 것이 주안점이다. 더 다양한 분야의 책을 읽는 것도 이 시기에 중요한 부분이다. 초등 고학년 때는 깊이 생각하며 읽는 것이 보다 중요해지기 시작한다. 독서 동기가 크게 떨어지는 청소년기에는 "어떻게 하면 책을 계속 읽게 할 수 있을까? 책을 아예 놓아 버리지 않게 할 수 있을까?" 같은 질문을 던질 시점이 온다. 그게 이어져서 결국 "아이가 커서도 책 읽는 어른으로 살아갈 수 있을까?" 하는 고민이 남게 된다.

일단 부모가 책을 읽는다면 자녀를 독자로 키울 준비가 잘된 것이다. 초등학생 자녀에게 부모가 직접 독서 지도를 하려면 무엇에 신경 써야 할까? 기본적으로 가정의 문해환경이 풍부해야 한다. 부모가 먼저 책을 읽지 않으면서 아이에게 책을 읽으라고 강요할 수는 없다. 집 안 곳곳에 책이 있고, 부모가 책을 읽는 분위기 속에서 아이들은 독자로 자라난다. 그리고 그림책을 읽던 아동이 취학해서 삽화가 줄고 글밥이 길어진 동화책을 읽게 될 때, 읽기 동기가 떨어지지 않도록 지원하는 것이 1차 과제다.

초등 1-2학년이라면 글을 소리 내어 읽는 연습을 본격적으로 시작해서 꾸준히 하는 것이 필수적이다. 그리고 필독 도서나 권장 도서 목록에 너무 구애받지 말고, 아이에게 흥미롭고 재미있는 책을 우선시하는 게 유리하다. 심지어 고학년이 된 이후에도 가끔은 부모가 책을 읽어 줄 것을 추천한다. 집중력과 듣기 이해력을 증가시키고, 어휘력 향상의 기회가 마련되며, 게임을 하거나 스마트폰을 들여다보다가 자는 경우보다 정서적 안정 효과도 크다. 그러니 아이가 거절

할 때까지는 책을 읽어 주면 좋다.

    무엇보다도 아이에게 최소한의 독서 시간을 주어야 한다. 어른이 시간을 '준다'고 말하는 이유는 그 시간을 어른이 뺏는 경우가 많기 때문이다. '학원에 가는 게 먼저야, 시험이 더 중요해' 이런 생각을 심어 주다 보면 책 읽는 시간을 빼앗는 결과로 이어진다. 요즘 초등생들이 학원 숙제를 하느라 시간이 없어 책을 안 읽고, 수년간 '사교육 시청자'로 지내다 보니 어른이 질문을 해도 멍한 표정만 짓는 경우가 참 많다. 공부시킨답시고 진정한 공부를 못 하는 아이로 만들어 버린 것이다.

초등생 자녀를 위한 독서 지도법

그래픽 오거나이저

그래픽 오거나이저graphic organizer는 글의 구조, 내용, 읽을 때의 사고 과정 등을 한눈에 보기 쉽게 시각화해서 나타낸 것을 말한다. 저학년 생에게 적합한 방식이지만 고학년도 사용할 수 있다. 쉽게 말해 조직도를 생각하면 된다. 선, 화살표를 이용하거나 도형을 배열하거나 순서도를 그려 책의 내용과 연결 짓고 간략한 텍스트를 써넣게 되어 있다. 아동을 위해서는 아기자기한 그림이 좋다. 예를 들면 서론과 결론 사이에 있었던 내용을 칸마다 적기 위해 햄버거 모양을 그려 위

아래 빵 사이에 다양한 재료를 한 칸씩 구성하는 식이다. 원인과 결과 칸을 좌우에 배열하거나, 비교와 대조를 나타내기 위해 벤 다이어그램을 사용할 수도 있다. 간략한 표 형식인 T차트는 쓰임새가 많다. 간략하게 '누가, 언제, 어디서, 무엇을, 어떻게, 왜'에 대한 정보를 기록하는 그림은 육하원칙을 이해하고 사건의 이모저모를 요약하게 해준다. 이런 기록지를 활용하면 어린 독자도 읽은 내용을 쉽게 정리하고 표현할 수 있다.

초등학교 1학년생은 단어로 쓰지 않고 그림으로만 그려도 괜찮다. A4 용지에 마커로 쓱쓱 도안을 그려도 되고, 온라인상에 있는 다양한 자료를 출력해서 사용해도 된다. 하나의 도안을 여러 책에 반복해 쓸 수 있다. 그래픽 오가나이저를 쓰면 아동이 머릿속의 정보를 정리하는 습관을 들일 수 있고, 읽기뿐 아니라 쓰기 능력까지 발달하는 출발점이 된다.

도서관 단골손님 되기

초등학생이 지역사회 도서관과 초등학교 도서관을 적극적으로 활용하면 문해력 발달에 큰 도움이 된다. 도서관에 가거나 홈페이지에 접속해서 소장 자료를 검색해 보며 정보 문해를 키울 수 있다. 전시된 다양한 책을 접하고 대출하다 보면 자연스럽게 책을 읽는 기회와 시간이 확보된다. 게다가 도서관에서는 정말 다양한 무료 프로그램이 실시된다. 낭독회, 인형극, 애니메이션 상영, 원화전, 특강 등의 이벤트 정보를 전달받을 수 있게 연락처를 남겨 두는 것도 좋겠다.

부모도 도서관 활동에 적극적으로 참여할 수 있다. 필자도 초등학교 도서관에서 '책 읽어 주는 엄마' 활동을 3년간 했었는데 정말 뿌듯한 경험이었다. 또 그 모임의 참여자들끼리 모여 '책 읽어 주는 엄마들의 북 클럽'을 만들기도 했다. 엄마들끼리 책을 읽고 주기적으로 모여서 이야기를 나눌 수 있어 양육에도 도움이 되는 활동이었다.

책의 그림, 표지, 면지 활용하기

아동 도서에는 그림이 풍부하게 들어 있어 저학년 때는 이를 활용해 문해 활동을 할 수 있다. 삽화를 보고 이야기의 흐름을 이해하며 시각 문해를 키운다. 부모가 아이와 책을 보며 양질의 대화를 나누려면 그림을 보면서 이야기를 풀어 나가는 게 가장 쉽다. 문장보다 더 다채로운 정보를 담고 있는 그림을 각자만의 방식으로 말로 엮어 낼 수 있기 때문이다.

특히 그림책이라면 표지나 면지 또는 본문의 삽화를 보고 아동의 사전 경험과 연결하거나, 책의 내용을 예측하거나, 느낀 점을 이야기할 수 있다. 특히 앞 면지와 뒤 면지가 서로가 다른 경우는 놓치지 말고 이야기의 흐름에 따라 면지가 어떻게, 왜 바뀌었는지 대화하는 것을 추천한다. 또 같은 주제를 다룬 서로 다른 책의 표지나, 같은 옛이야기인데 저자가 다양한 책들의 표지를 비교하며 비교문학적 경험도 해보고, 텍스트와 텍스트 간의 관계(상호텍스트성)라는 개념에 접근해 볼 수도 있다.

어휘 지도하기

독서 지도는 자녀의 어휘력을 본격적으로 키울 수 있는 좋은 방법이다. 독자는 책을 읽으면서 모르는 단어가 나오면 그 뜻을 유추한다. 어렴풋하게 추측한 단어의 의미를 앞뒤 맥락을 통해 확인하는 과정도 거친다. 그런 상태에서 자녀에게 독서 지도를 할 때 해당 단어를 확실하게 짚어 줌으로써 완벽하게 자기 것이 되게 할 수 있다. 하지만 아이가 모르는 단어를 다 다루는 것은 불가능하므로, 초점을 둘 단어는 한 번에 세 개 정도만 골라서 집중하는 것을 권한다.

초등 중학년 때부터는 사전 찾기를 시작하면 좋다(이 무렵 학교 국어 시간에 사전에 대해 배우고 사전 찾기 수행평가도 실시한다). 나만의 정의를 먼저 만든 다음에 사전에서 찾은 정의와 비교해 보도록 하자. 유의어와 반의어, 품사 등의 정보도 읽으면서 해당 단어뿐만 아니라 수많은 단어를 내 것으로 만들 수 있다. 마지막에 예문 만들기(해당 단어가 들어가는 짧은 글짓기)까지 함으로써 단어의 의미와 실제적 쓰임새에 대해 확실하게 파악하게 된다.

읽었던 책에서 모르는 단어가 쓰인 문장을 찾아 다시 읽어 보는 것도 추천한다. 그 단어가 어떤 맥락에서 어떤 형식으로 쓰였는지 다시 점검하면서 어휘에 대한 지식을 확고하게 만들 수 있을 것이다.

책 동아리에서 여러 아이를 지도한다면, 책에 나온 단어를 활용해 낱말 퀴즈 대회를 여는 것도 재미있고 효과적인 방법이다.

좋은 질문 하기

자녀에게 독서 지도를 할 때 가장 핵심적인 부분이다. 좋은 질문은 개방형으로 정답이 하나가 아닌 질문이며, "왜?" 또는 "어떻게?"가 가장 잘 어울린다.

책 모임을 시작할 때는 이야기의 시대적·공간적 배경을 묻는 질문을 하면 좋다. 책을 다 읽었어도 그걸 정확히 파악하지 못하는 아이들이 많다. "이때는 얼마나 과거였을 것 같아?" "여기는 어떤 동네인 것 같아?" 이런 식으로 물어보면서 배경 정보를 파악하고 읽는 게 중요하다는 것을 알려 줄 수 있다. 그러면 아이가 다음에 책을 읽을 때 '피자값이 너무 싼 걸 보니 요즘 이야기는 아닌 것 같은데', '우리 동네랑은 분위기가 많이 다른 지역이네'와 같은 감각을 가지고 적극적으로 정보를 처리하며 책을 읽는 독자가 될 수 있다.

그리고 처음엔 어려울 수 있지만 "이 책의 주제는 무엇일까?"라는 질문으로 아이들을 유도해 가야 한다. 예를 들면 "이 책에서 이 아이가 불쌍했던 장면이 있었니? 왜 불쌍했는데? 아이가 겪었던 차별은 무엇 때문에 생긴 걸까? 예를 들어 볼까?" 이런 식으로 장면을 콕 집어 구체적으로 물어보면 아이들이 주제에 접근해 가기가 더 쉽다.

나만의 생각이나 감상을 묻는 질문에 아이들은 답을 잘 못한다. 그럴 때는 부모가 먼저 자기 생각이나 감상을 말해 주면 도움이 된

독서 지도에 쓰일 수 있는 좋은 질문들

책마다 가장 중요한 포인트가 무엇인지에 맞추어 질문을 달리할 수 있다.

❶ "이 책의 제목에는 어떤 뜻이 담겨 있을까?"
"(번역서의 경우) 이 책은 원래 제목이 ○○○였대. 그런데 우리말로 이렇게 옮겼네. 왜 그랬을까? 너라면 어떻게 다시 지을래?"
아이는 이런 질문에 대해 생각하면서 책의 전체적인 틀에 다시 한번 다가가 보게 된다.

❷ "이 책의 주제를 한 문장으로 표현한다면 뭘까?"
어려운 질문이지만 여러 번 대화를 주고받으며 정리하다 보면 한 문장의 주제, 심지어는 하나의 키워드만 남길 수도 있다.

❸ "여러 에피소드 중에서 가장 중요한 핵심 장면은 뭐였을까?"
"여러 인물이 나왔잖아. 누가 제일 마음에 들었어?"
사실적 읽기를 위해서는 이런 질문이 의미 있다.

❹ "등장인물 중 정말 이상했던 사람/네가 정말 싫었던 사람이 있어?"
"이런 장면들 중에 맘에 안 들었던 장면이 있니?"
"이해가 안 되는 부분이 있었니?"
책에 나온 내용이나 표현이라고 해서 늘 옳은 것은 아니다. 비판적 읽기를 위해서는 객관적인 시선을 가지고 책을 읽어야 한다. 이러한 질문으로 비판적 독서를 할 수 있는 계기를 만들어 주자.

❺ "이 아이가 겪은 경험과 너의 경험은 서로 어떻게 달라?"
"그 시대와 지금 네가 사는 ○학년으로서의 삶은 서로 뭐가 다르니?"
적용하며 읽기를 돕는 전략으로, 아동과 등장인물들 또는 이야기와의 거리를 좁혀 준다.

❻ "열린 결말로 끝났는데 다음 이야기가 어떻게 전개될까?"
"네가 작가야. 이 책을 다시 쓸 수 있어. 그렇다면 가장 다시 쓰고 싶은 부분은 어디야?"
이런 질문은 상상하며 읽는 능력을 키워 준다.

다. 이른바 마중물 같은 역할이다. 여러 명의 아이를 지도할 때는 한 아이를 지명해 구체적인 질문을 하면 다른 아이들도 감을 잡고 적극적으로 대답하게 된다.

토의나 토론으로 연결되는 질문은 유형이 다르다. 토의는 어떤 주제에 대해 자유롭게 이야기를 나누는 것이다. "이 책을 읽고 생각해 보면 우리 집에서 쓰레기를 줄이기 위해 어떤 방법이 가장 합리적일까?"와 같은 질문이 토의를 끌어낸다면, 토론은 적대적 토의에 가깝다. 즉, 찬반양론이 존재하는 상황이어야 한다. "돈이 인간의 행복에 필요할까?", "학생은 교복을 입는 게 좋을까?"와 같은 질문에 대해 그렇다/아니다로 입장이 달라지는 질문이 필요하다. 토론 주제를 정할 때는 아이의 연령과 관심사에 따라 적절한 수준을 골라야 한다.

반면에 좋지 않은 질문은 어떤 것일까? 책에 나왔던 구체적인 내용을 기억해야만 대답할 수 있는 질문은 별 필요가 없다. 하물며 그것이 정보책이라 할지라도 궁금하면 내용을 다시 찾아 보면 된다. 그러므로 암기를 요구하는 질문은 시간 낭비다. 또 아이의 이해도를 체크하는 시험 문제 같은 질문을 많이 던지기 시작하면 부모-자녀의 독서 파트너십은 깨지기 쉽다. 동등한 관계를 벗어나서 상위자와 하위자, 그러니까 교사와 학생 같은 관계가 만들어지기 때문이다. 이해 점검이 꼭 필요할 때만 자연스러운 방식으로 물어서 이해도가 잘 드러날 수 있게 하는 것이 최선이다.

좋은 질문은 이러한 대화식 독서에서 시작된다. 아동이 그저 수동적으로 듣기만 하는 대상이 아니라 자기 스스로 능동적으로 이야기를 만들어 내고 그것을 언어화할 수 있는 스토리텔러가 될 수 있게 하는 독서 지도 방법이다. 그럴 때 가장 많이 쓰이는 전략은 피어$_{PEER}$ 기법(Whitehurst et al., 1988; Whitehurst & Lonigan, 1998)이다. 촉진하다$_{pacilitate}$-평가하다$_{evaluate}$-확장하다$_{expand}$-반복하다$_{repeat}$의 첫 자를 딴 것이다. 예를 들어 설명하면 다음과 같다.

PEER 기법

"주인공의 성격이 어떤 것 같아?"

이야기책에서는 각 인물의 성격이 어떤지 일일이 기술하지 않는다. 독자는 여러 에피소드에서 인물의 언행을 통해 그것을 추론해 내야 한다. 아이의 머릿속에서 그런 생각이 시작되도록 질문한다.

"'적극적'이라고? 그런 단어를 어떻게 벌써 알아? 정말 잘 어울리는 멋진 단어로 표현했구나!"

점수를 매기는 것과는 다른 접근으로, 칭찬해 줄 수 있는 좋은 시점이다.

"그래, 맞아. 처음 만난 친구한테 먼저 다가갔지. 그리고 자기가 마음먹었던 대로 계획을 쭉 추진하는 걸 보니까, 진짜 적극적이고 끈기 있는 친구 맞네."

아이가 사용한 표현을 이렇게 늘렸다. 이럴 때 아이가 '추진'이라는 단어를 듣고 "추진하는 게 뭔데요?"라고 묻는다면 금상첨화다. 그러면 확장이 된 상황에서 또 다른 확장이 되기에 더 좋은 상황이 만들어진다.

"그렇구나. 이 장면에서도 주인공의 적극적인 면모가 잘 드러나네. 넌 왜 이 장면을 골랐니?"

이런 질문으로 대화가 바로 끝나지 않게 한다. 또 다른 이야기로 꼬리에 꼬리를 물고 대화를 이어가는 것이다.

칭찬하기

아이들은 아이답고, 뭐든지 잘하고 싶어 한다. 그게 아이들의 본능이다. 하지만 자라면서 점수로 평가받고, 누구와 비교되고, 하고 싶었던 것을 원하는 만큼 못해서 좌절하는 경험을 점점 더 많이 하게 된다. 지나치게 많은 학습량과 그로 인한 부담감에 지쳐 자기효능감이나 자신감을 잃어버리곤 하는데 독서 지도를 통해 그런 부분도 북돋워 줄 수 있다. "정말 꼼꼼하게 읽었네. 이 두꺼운 책을 다 읽었다니 정말 유능한 독자야!"라고 인정해 주자.

특히 아동이 질문했을 때 "와, 그런 질문을 하다니 정말 대단한데?"처럼 진심으로 칭찬해 주는 것은 매우 중요하다. 그래야 아동이 적극적으로 질문하는 사람이 되도록 계속 격려할 수 있다. 요즘 아이들은 질문을 정말 안 한다. 질문을 하면 얻는 게 많다는 것을 독서 상호작용을 통해 자꾸 느껴 봐야 한다.

칭찬은 행동이 일어났을 때 즉시, 구체적인 표현으로 하는 게 중요하다. '똑똑하다', '잘했다'는 별 의미가 없다. "아주 잘 어울리는 단어를 골라서 표현한 거야. 애들아, 정말 딱 맞지 않니? '천진난만'하다니, 그 단어는 이 공주를 표현하기에 더없이 좋은 단어였어."처럼 구체적이어서 더 진심이 느껴지는 칭찬을 들으면, 아이의 얼굴에는 수줍은 표정이 스치며 눈빛이 빛나게 된다. 책 동아리에서라면 친구들 앞에서 그런 칭찬을 들었을 때 '나도 할 수 있구나. 내가 정말 좋은 행동을 해낸 것 같아'라고 느끼며 자신감을 얻는다. 부모는 "정말 창의적인 생각을 했구나. 나는 그런 생각은 못 하고 읽었어." 이런 식으로 어른이지만 아이보다 자신을 더 낮출 수도 있다.

쓰기 지도

공교육에서 교과서를 다루는 것만으로는 문해 활동이 충분하다고 보기 어려운 게 사실이다. 국어 교과 외에 문해 수업이 따로 있지도 않고, 교과서 이외의 책을 다루는 경우가 드물며, 더군다나 쓰기 지도는 충분히 포함되지 않는다. 그렇다고 또 학원에 보내서 자녀의 문해력을 해결해야 하냐고 묻는다면, 그렇지는 않다. 가정에서 틈틈이 하는 독서 활동으로도 충분하다고 본다. 14-15장에서 소개한 책 모임에서 활동지 쓰기까지의 활동이 잘 이루어지면 된다.

과정은 이렇다. 어른이 질문을 던지면 그 순간 아이들 머릿속의 생각 회로가 돌아가기 시작한다. 여기에 익숙해지면 사고력이 성장하고, 스스로 생각하며 읽는 독자가 된다. 그다음엔 생각을 말로 표현하고, 다른 아이들은 그것을 듣는다. '내 생각은 이랬는데 친구는 다르게 생각했네?'처럼 서로의 생각에 차이가 있다는 걸 느끼는 좋은 계기가 된다. 그에 따라 생각이 정리된 후, 표현을 가다듬어 쓰기로 이어져야 의미가 있다. 부모가 만든 활동지에 질문(문제)과 빈칸이 있다고 해서 문제집 풀 듯 답을 서둘러 쓰게 하면 안 된다. 그리고 저학년의 경우는 아직 철자 쓰기가 좀 약할 수 있으므로 형식보다는 내용에 더 신경을 써주는 것이 필요하다.

고학년 때는 글쓰기를 조금 더 본격화해야 한다. 글을 쓰는 느낌을 조금 더 가져 보게 하려면 200자 원고지를 사용해도 좋다. 독서 지도나 책 모임의 마지막 활동은 쓰기로 마무리하는 것이 적절하다. 3-4학년 때까지는 한 문단 쓰기 연습만으로 충분하다. 중심 문장에 뒷받침 문장들을 연결해 하나의 생각으로 응집된 단위의 글을 반복해서 써보게 한다. 문단을 잘 쓰는 것이 글을 쓰는 가장 기본적인 출발점이다. 그래서 이 연습을 3-4학년 때 많이 하는 것이 좋다.

5-6학년 때는 서너 개의 문단을 연결어로 이어 한 편의 완결된 글을 써보도록 한다. 글 한 편을 쓰라고 하면 대부분의 아동이 막막해한다. 도움이 되는 한 가지 방법은 바로 구체적인 질문이다. 그런 질문에 대한 답을 생각해서 쓰다 보면 어느 순간 글이 멋지게 완성될 수 있게 하는 것이 효율적이다. 책을 읽었으니 독후 감상문을 쓰라고 했을 때 바로 잘할 수 있는 아이는 드물다. 부모는 책마다 독특하게 뽑아낼 수 있는 좋은 글을 예상하고, 그에 맞는 질문을 던져 주어 답을 하게 하면서 글이 쉽게 써지도록 도와야 한다.

글쓰기에 도움이 되는 다른 방법은 친구들이 쓴 글을 같이 읽고 거꾸로 중심 문장을 찾아내는 것이다. 보통 책을 읽을 때도 적용되는 방법이다. 또한 이런 글을 부모가 첨삭 지도 해주면 자녀의 쓰기 능력을 키우는 데 효과적이다. 아직 초등학생이니 너무 전문적인 수준까지는 불필요하다. 간단한 기호는 같은 건 '초등학생을 위한 원고지 쓰는 법'을 본 후 서로 약속해서 쓰면 된다. 사실 이런 형식보다는 내용 중심으로 봐주는 게 좋다. "이 두 문단 사이에 어떤 연결어가 있으면 연결이 더 자연스러울까?" 또는 "이 중심 문장 진짜 멋지거든. 그런데 이 문장을 더 살려 주기에는 약간 빠진 내용이 있어 보여. 무슨 내용일까?"처럼 말해 주자. 그리고 아이가 잘 모르면 모델링을 해주면 된다. "이런 문장이 들어가면 느낌이 어때? 전과 뭐가 달라?" 이렇게 느껴 보게 하는 것이다. 책 동아리에서의 첨삭 지도 역시 여러 아이가 함께 볼 수 있기 때문에 몇 배의 효과가 생긴다.

비문학 도서 읽기 지도

최근에 초등 4학년부터 비문학을 읽게 하자는 책도 나왔던데, 필자도 아이가 4학년이 됐을 때부터 문학과 비문학을 번갈아 읽게 하며 독서 지도를 했다. 비문학 작품에서는 작가의 의도나 내용 이해가 중요하기 때문에 어떻게 보면 주관성보다는 객관성 위주의 독서 활동이 될 수 있어, 문학작품에 비해 오히려 지도가 더 쉬운 측면도 있다.

자녀와 비문학을 읽을 때는 추가 자료를 찾아 보는 것이 도움이 된다. 같은 주제를 다룬 다른 책을 같이 읽고 두 책 간의 공통점과 차이점을 찾아 보며 비교하면 문해력을 더 효과적으로 키울 수 있다. 또는 신문이나 잡지처럼 책과는 결이 다른 텍스트도 연결해 보자. 이런 접근은 다문서 읽기의 출발점이 된다.

비문학 작품을 효율적으로 읽기 위한 스키밍과 스캐닝 기법도 연습할 필요가 있다. 스키밍skimming은 긴 글에서 중요한 부분에만 집중하며 핵심 요점을 찾기 위해서 속독하는 경우다. 제목, 부제 중심으로 훑어가며 읽거나 중심 문장일 가능성이 높은, 문단의 첫 문장들을 읽어 가며 글의 내용을 재빨리 파악한다. 어떻게 보면 독해 문제집에서 주로 쓰이는 전략이지만, 책 한 권을 다 읽은 후라면 읽은 경험을 바탕으로 다시 한번 이런 식으로 읽어 볼 수 있다. 스캐닝scanning은 스캐너처럼 눈으로 쭉 본다는 뜻이다. 풀어야 할 문제가 주어졌을 때 글을 쭉 훑으면서 특정 정보를 찾아내는 것이다. 책을 읽었다면 어디에 특정 정보가 있는지 대강 기억하게 되므로 독후 활동을 할 때 이 전략을 사용해 빠른 시간 안에 필요한 정보를 정확하게 찾을 수 있다. 이처럼 비문학 도서를 읽으면서 읽기 전략을 연습하면 나중에 실제로 독해 문제를 풀어내는 데 도움이 된다.

토의와 토론 연습하기

토론 연습도 책 동아리 독후 활동으로 하기에 딱 좋다. '조별 수행평가에서 공동 평가를 하는 것은 공정한가?', '우리나라에 오는 난민들을 수용해야 하나?', '선행학습은 꼭 필요한가?' 등등 초등학생의 생활과 관심사에 맞고, 의견이 하나로 수렴되지 않는 주제를 정해야 한다. 토론할 때는 논리적이고 객관적이며 창의적인 근거를 가지고 주장해야 한다. 근거 없이 주장하면 그냥 말싸움일 뿐이다.

모든 사람의 의견은 다를 수 있고, 좋은 토론 주제는 항상 결론이 나지 않는다. 나와 다른 의견을 어떻게 대해야 할 것인가를 경험하게 하는 기회가 바로 토론이다. 가정에서 아이들에게 토론 지도를 시작하기가 막막하다면 아동·청소년의 실제적 토론을 다룬 책부터 독서 목록에 넣어서 읽어 보자. 부모와 자녀가 함께 읽어 보면 토론을 어떻게 진행하면 될지 쉽게 감을 잡을 수 있을 것이다.

어떤 때는 본격적인 토론이 아닌 미니 토론도 가능하다. 어떤 책을 읽고 독후 활동을 하다가 5분 정도 각자의 생각을 물으며 즉석에서 팀을 나눠 이야기를 주고받는 방식이다. 본격적인 토론을 준비할 때는 주제를 잘 설명한 후에 생각에 따라 팀을 나누고 헤어진다. 1-2주 동안 토론을 위한 자료를 준비하거나 팀의 전략을 논의할 수 있고, 다시 모였을 때 준비한 토론의 과정을 따른다. 리더 부모가 객관적 중재자 역할을 맡음으로써 토론 진행을 모델링할 수 있다. 토론 경험이 아직 부족한 아이들이 상대편 의견에 흥분하지 않고, 경청할 수 있게 지도하는 것이 필요하다. 표현력이나 설득력뿐 아니라 토론 매너 역시 학습해야 할 중요한 자질이다.

16장

발달단계에 맞는 문해 지도 로드맵

마지막 장에서는 어떻게 자녀에게 문해 지도를 할지 그 핵심만 추렸다. 일상생활에서의 문해 지도법, 한글을 가르칠 때의 주안점, 부모-자녀 간의 대화법, 독서 지도법에 이어 양육과 학습 지도를 위해 꼭 기억해야 할 메시지까지 모두 담았다.

문해 지도 이정표

다시 한번 연령별로 문해력이 어떻게 발달하는지 되짚어 보자. 생후 5년간의 영유아기는 문해력의 뿌리가 만들어지는 중요한 시기다. 이때는 발현적 문해를 키워 주며 균형적 접근법으로 지도해야 한다. 초등학교에 들어간 이후 2년간은 문해력의 뿌리가 더 탄탄해지는 때로, 한글을 해득해 읽기 유창성을 획득하는 것이 주요 과제가 된다. 3-6학년인 초등 중·고학년 때는 읽기를 위한 학습을 넘어서 학습을

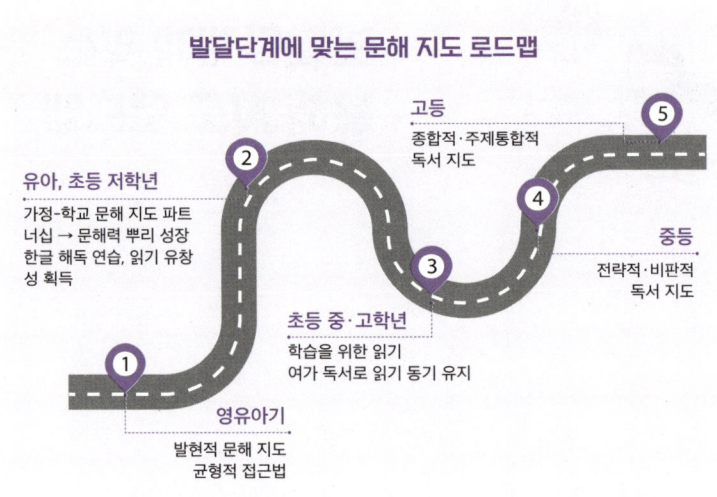

위한 읽기를 한다. 읽기에서 유창성뿐 아니라 이해도 무척 중요한 시기다. 또한 이때는 꾸준히 여가 독서를 함으로써 읽기 동기가 떨어지지 않게 지도하는 것이 중요하다. 중학생이 되면 필요한 방식으로 읽는 전략적 독서, 나만의 관점을 가지고 주관적으로 읽어 내는 비판적 독서 연습이 필요하다. 마지막으로, 고등학생은 관점을 더 넓게 가지는 종합적 독서, 다양한 글을 함께 읽어 독자로서 재구성하는 주제통합적 독서를 해야 한다.

일상생활과 놀이를 통한 문해 지도

영유아기는 '자연스럽게 출현하는'이라는 뜻을 지닌 '발현적 문해'의 시기다. 이때는 아이들의 발달 수준과 흥미를 간과하면 안 되고, 그에 맞추어 감각을 활용한 놀이 유형의 문해 지도가 이루어져야 한다. 그럴 때 아이의 문해력이 발달하면서 무엇보다 긍정적인 문해 성향이 만들어진다. 이것이 앞으로 아이들이 문해 활동에 어떤 마인드를 가지고 참여하게 될지를 결정한다.

발현적 문해는 취학 후 관습적 문해로 전환되어 문해력이 계속 잘 자라기 위한 토양이 되므로 이때 뿌리가 튼튼하게 자라야 한다. 그러기 위해 필수적인 두 가지는 영유아의 일상생활과 놀이다.

먼저, 영유아는 일상생활을 있는 그대로 담아내는 좋은 자료인 환경인쇄물을 최대한 효율적으로 활용하면서 자연스러운 맥락에서 읽고 쓰는 경험을 해야 한다. 그리고 이 시기에 가장 중심이 되어야 할 문해 활동은 바로 부모와 그림책 함께 읽기다. 단순히 텍스트를 읽어 주는 것에서 끝내지 않고, 내용을 둘러싼 대화를 풍부하게 하는 것이 핵심이다. 또한 그림책 읽기뿐만 아니라 이야기 들려주기도 충분히 이루어져야 집중력, 이해력, 어휘력 등이 순조롭게 길러진다. 따라서 일상에서의 대화가 아주 중요하다. 문해력은 문어에 국한되지 않고, 듣기와 말하기를 포함하는 의사소통 능력에 가깝다. 특히 영유아의 문해력은 구어로부터 시작됨을 기억해야 한다.

가정 일상생활에서 영유아를 위해 할 수 있는 언어·문해 활동을 더 살펴보자. 동요 부르기, 말놀이, 수수께끼 등은 영유아기에 잘 가다듬어져야 할 음운론적 인식을 자극하고 키워 주는 데 아주 적합한 방법이다. 또한 부모가 읽고 쓰는 모습을 자주 보여 주는 것이 영유아의 발현적 문해를 키우기에 좋다. 틈틈이 독서하기, 신문 보기, 고지서 살펴보기, 이메일 읽고 쓰기, 장 보러 가기 전에 구매 목록 작성하기 등 다양한 모습을 보여 주면 모델링이 되어 자녀에게 큰 영향을 미친다. 그런 부모를 관찰한 아이는 읽고 쓰기의 기능을 이해하고, 문자에 관심을 갖게 되며, 현대사회가 굴러가는 다양한 방식을 학습하게 된다.

영유아의 발현적 문해 행동은 자연스럽게 나타나는 것으로, 문제라고 생각해 걱정하지 말고 격려해 주어야 한다. 바닥이나 벽에 낙서처럼 끼적이거나, 책을 거꾸로 들고 읽는 척을 하거나, 글자의 좌우를 뒤집어서 쓰거나, 세상에 없는 글자를 만들어 쓰기도 한다. 어려도 문해가 어떻게 쓰이는지 이해하게 되어서 하는 기초적인 행동이다. 이런 행동이 나타날 때 부모는 반가워하며 놀이 등의 풍부한 문해 활동 기회를 제공하면 좋다. 유튜브만 찾아봐도 영유아기 자녀와 재미있게 할 수 있는 기초 문해 활동들이 넘치도록 제시되어 있다. 다 시도할 필요는 없고 아이의 수준에 맞고 흥미로워할 만한 활동을 골라서 해보면 된다.

다음으로 균형적 접근balanced approach을 강조하려고 한다. 의미를 강조하는 총체적 언어 접근과 발음 위주로 낱자를 강조하는 해독 중심 접근의 장점만을 살린 것이 균형적 언어 접근이다. 발현적 문해기를 거치며 점차 관습적 문해기로 나아가려고 할 때 필요한데, 풍부한 언어·문해 환경 속에서 자연스러운 놀이를 통해 문자와 관련된 경험도 해봐야 한다는 것이다. 그래야 초등학교에 들어가서 글자를 처음 배울 때 어려움 없이 따라갈 수 있다. 다만 현재 아이의 문해 발달 수준이 어느 정도인지, 글자에 대한 호기심은 보이고 있는지 개인차를 고려해야 한다. 제일 중요한 것은 아이의 흥미 수준이다.

일상생활에서 균형적 접근을 통해 문자에 대한 아이의 관심 수준을 더 높일 수 있는 구체적인 방법들을 알아보자. 과자를 싫어하는 아이는 없으니, 다양한 모양의 과자를 늘어놓으며 친숙한 이름을 만들어 본다. 글자의 모양을 시각적으로 지각하고 소근육을 사용하며, 읽기와 쓰기가 동시에 진행된다. 쓰기란 꼭 연필이나 펜으로 종이에 써야 되는 게 아니다. 블록으로 쓸 수도 있고, 엉덩이를 움직여서도 쓸 수 있다. 영유아에게는 오히려 그런 방식이 더 효과적이다. 일단 재미있고, 근육을 많이 움직일 때 글자 모양을 기억하기에 유리하다. 그래서 개별적인 글자 모양을 익힐 때는 유아의 몸 전체나 손 모양으로 만들어 보게 하는 것이 좋다.

동네에 넘쳐 나는 간판은 유아기와 초기 학령기에 흔히 보는 쉬운 음절의 글자들을 알아보고 기억하게 해주는 효과적인 환경인쇄물이다. 받침이 없는 음절부터 강조하면 좋다. 수첩과 색연필을 가지고 외출했을 때 본 글자를 그대로 따라 쓰거나, 특정 글자를 찾아 사진으로 찍어 오거나, 간판에서 본 글자를 다른 간판에서 찾는 놀이를 할 수 있다. 또 바깥 놀이터나 공원에 가서 한글 자모 모양과 유사한 지형지물을 하나씩 찾아 보고 목록에 동그라미를 치거나 사진을 찍는 방법도 있다. 이 활동을 하면서 어떤 낱자가 항상 같은 모양을 가지고 있음을 확실히 인식하게 되고, 한글 자모의 가획 원리에도 관심을 가지게 된다.

장보기 목록을 만들어 마트에서 실제로 식재료를 구입하면서 다양한 식품 안내문과 홍보 문구를 통해 낱말과 글자에 접근할 수도 있다. 특히 식품은 범주로 묶이므로, 단어 인식을 다지는 동시에 많은 어휘를 쉽게 접하는 기회가 된다. 예를 들면 유제품 코너에서 우유, 요거트, 치즈, 버터 등을 접하고 '유乳' 자가 들어간 단어의 의미를 쉽게 알 수 있다. 식재료를 사 왔다면 아이와 함께 요리를 하면서 다양한 단어와 문장 표현을 써볼 수 있다. 이렇게 활동에 기반을 두고 task-based 언어를 지도하는 방식은 매우 효과적이다. 자녀와 쉬운 요리를 다룬 요리책을 함께 보고, 조리법에 따라 조리하며 구어와 문어를 모두 자극하자.

아이와 함께 도서관에 가는 시기가 빠를수록 읽기 동기가 더 잘 형성된다. 그러면서 정보 문해도 자란다. 키보드로 타이핑하는 것도 쓰기에 해당하므로, 도서관 소장 도서를 검색하며 쓰기도 경험하고 책에 더 관심을 가질 수 있다. 유아들은 지역사회의 공간에서 경험을 넓히며 스크립트script를 형성한다. 스크립트란 '어떤 장소에 가거나 어떤 활동을 할 때 어떤 순서로 어떤 말을 하는 것'에 대한 인식이다. 예를 들면 특정 식당에 가서 주문하는 방식을 배우는 것에 해당한다. 스크립트가 풍부하게 형성되면 언어와 사회성 발달에 도움이 되므로 아동기에는 다양한 경험이 필수적이다.

한글을 지도할 때의 주안점

아이마다 출발점이 다르다는 것부터 명심해야 한다. 한글 학습지의 체계에 놀라거나 이웃 아이가 이미 어디까지 배웠다고 해서 휘둘릴 필요는 없다. 위에서 제안한 일상생활의 상호작용과 문해 놀이를 하면서 아이가 어느 정도 글자에 대해 경험하고 관심을 보이기 시작할 때를 놓쳐선 안 된다. 예를 들면 아이가 글자 비슷한 걸 끼적이거나, 간판을 보고 "뭐라고 쓰여 있어요?"라고 물을 때가 중요한 순간이다. 이때 그런 놀이를 더 확장하고 글자 지도를 시작하는 것이 좋다. 문해력에서도 아이 스스로 원리를 발견하고 받아들이는 과정에 큰 가치가 있기 때문이다.

알파벳 원리란 '알파벳 낱자는 소릿값을 가지며 글자는 소리를 나타낸다'는 원칙을 말한다. 유아가 이 감각을 가지게 되면 큰 성취를 해낸 것이고 문자를 학습하기 쉬워진다. 말소리를 인식하고 처리하는 음운론적 인식과 밀접한 관련이 있다. 유아와는 쉬운 기본 음절로 연습한다. 받침이 없는 민글자 단어로 시작하는 것이 좋다. 예를 들어 '우유'라는 단어를 그림과 함께 보고 '우'와 '유'가 소리 차이에 따라 글자 모양이 달라지는 것을 본다거나, '고래'와 '모래'의 소리 차이와 시각적 차이를 함께 인식하게 한다.

아동이 글자의 모양을 지각하고 식별, 기억하려면 최대한 다양한 감각을 사용하는 것이 유리하다. 손으로 직접 조작해 보면 매우 효과적이다. 소근육도 발달시킬 수 있으면서 재미도 있어서 발달에 적합하다. 블록 같은 놀잇감이나 반죽, 먹거리 등 그 순간에 주어진 것으로 글자 모양을 나타내면 된다.

그림책을 소리 내어 읽어 주는 시기는 길수록 좋다. 아이가 글자에 관심을 갖는 시기에는 유창하게 읽는 부모의 목소리를 들으며 텍스트의 단어와 문장에도 눈길을 보내기 때문에 소리와 글자를 연결하는 경험이 자연스럽게 늘어난다.

한글책임교육제는 초등학교 교육과정에서 한글을 처음부터 끝까지 지도한다는 정책으로, 1학년 1학기에 한글 해득을 목표로 지도가 이루어진다. 유아기에 풍부한 언어·문해 경험을 해서 기초 문해력이 갖춰져 있으면 초등학교에 입학해서 한글을 충분히 잘 익혀 나갈 수 있다. 이 시기에는 낱자들이 결합했을 때 어떤 소리가 나는지, 특히 자음과 모음이 결합하는 방식 등을 흥미롭게 지도하는 것이 필요하다. 다만 초등학교 1-2학년 시기 동안 해독 연습이 완전하게 이루어지지 않고 학습이 느리다면 위험 신호이므로 빨리 중재해야 한다. 글자와 소리를 연결하는 원리와 읽기 연습을 통해 또래의 문해 발달을 따라잡게 해야 한다.

어릴 때 문자 해독을 빨리 배워 글자만 잘 아는 것보다는 글을 제대로 읽고 깊이 있게 이해할 수 있는 사람이 되는 것, 그리고 글자를 빨리 쓸 수 있게 되는 것보다 글을 멋있게 잘 쓸 수 있는 사람이 되는 것이 궁극적으로 더 중요하다. 그것이 결국 더 높은 수준의 문해력이다. 자녀가 문자의 세계에 진입할 때 즐거워할 수 있도록 도와주자.

부모-자녀 대화로 문해력 키우기

부모에게 주어지는 중요한 숙제는 우리 아이가 어떤 아이인지를 잘 아는 것이다. 이 숙제를 잘하려면 평소에 자녀를 사랑으로 키우며 충분한 관찰을 해야 한다. 이 아이는 다른 아이들과 무엇이 다른가? 바로 거기에서 양육이 시작된다. 아이가 지금 무엇에 제일 관심이 있고, 뭘 할 때 제일 즐거워하는지 파악하는 것이 유용하다. 이 출발점에서부터 시작하여 일상에서 대화를 풍부하게 이끌어 가는 것이 아동 언어·문해 발달의 핵심이다. 예를 들어 수와 관련된 대화 math talk를 자녀와 나누면 초기 수학 발달에 도움이 된다. 이처럼 부모가 말을 통해 아이에게 전달하는 것이 정말 많다.

어휘력도 그렇다. 부모는 아이를 향해서 다양하고 세련된 단어를 써야 한다. 아이가 이미 아는 쉬운 단어만 쓰는 것은 좋지 않다. 사회적 계층에 따라 부모가 자녀에게 하루에 사용하는 단어의 양이 몇 배나 차이가 나고, 그에 비례하여 아이들의 어휘력이 차이를 보인 연구(Hart & Risley, 1995)를 기억할 것이다. 여기서 핵심은 부모의 사회·경제적 지위 자체가 아니었다. 중산층 이하여도 부모가 자녀에게 풍부한 어휘를 써주면 계층의 차이는 극복된다. 그러므로 일상의 실제적 맥락에서 자녀를 향해 다양하고 세련된 단어를 많이 쓰고 반복하며 대화하는 것이 자녀의 어휘력 발달을 촉진하는 바탕이 된다. "이거 봐. 상어는 다른 물고기들처럼 어류잖아. 그런데 고래는 사람처럼 포유류래. 알을 안 낳고 새끼를 낳거든. 바다에서 산다고 다 어류가 아니구나!" 이런 식으로 아이의 관심사에 대한 대화를 조금씩 더 확장해 주고 핵심 단어를 여러 번 반복해 쓰면 그 의미를 확실히 알게 할 수 있다.

언어에 대해서 생각하고 말해 보는 것도 좋다. 언어 위에 있는 언어, 즉 상위 언어meta language를 키워 주는 방법이다. "우리 여기에 있는 많은 낱말을 이어서 엄청 긴 문장을 만들어 볼까?"라는 말에는 낱말과 문장이라는 언어 단위가 들어 있다. 이 활동을 하면서 아이는 낱말과 문장이 각각 무엇인지 확실하게 알게 되고 나중에 그 표현을 스스로 쓸 수도 있다. 이런 식으로 언어에 대해서 생각할 수 있게 해 주는 게 상위 언어 능력이고, 문해력이 좋은 아이들에게서 발견되는 특징 중 하나다.

우리나라에서 어휘력과 관련해 무시할 수 없는 한자어도 다시 짚어 보자. 일상적 순간에 자녀의 어휘력을 확장해 주려면 맥락을 활용하면 된다. 생선 가게에 환경인쇄물로 생선 이름과 가격이 쓰인 안내문이 있다고 치자. "고등어, 민어, 병어 모두 다 '어'로 끝나네. 이 '어'가 물고기를 뜻하거든. 그러면 우리가 아는 생선 중에 또 '어'로 끝나는 게 있을까?" 이렇게 물어보면 특정 의미를 지닌 한자를 배우고, 사물의 범주를 아우르는 조직화까지 연습하게 된다. 아이가 관심을 가진다면 "그러면 건어물은 또 무슨 뜻일까? 우리 건어물 파는 데 한번 가보자. 거기엔 어떤 생선들이 있나? (쓰인 이름들을 세심하게 관찰하고) 마른 멸치, 말린 오징어, 명태를 말린 황태도 있네! 전부 말린 해물들이야. 건조기에 빨래를 넣으면 싹 마르는데, 건어물에도 같은 '건' 자가 들어가."와 같이 새로운 단어로도 확장하면 좋다. 이렇게 새로운 단어를 아이가 이미 잘 알고 있는 개념이나 단어와 연결하고, 사전 경험과 관련짓는 것이 적절하다.

잠들기 전에는 꼭 책 읽어 주기만 고집할 것이 아니라, 대화하고 이야기를 들려주거나 수수께끼를 내고 알아맞히는 것도 언어 능력 발달에 효과적이다. 특히 집중력과 듣기 이해력을 키우는 데 좋다. 이런 것을 주로 엄마들만 하는 경향이 있는데, 아빠도 참여하면 아이의 문해력 발달이 더 촉진된다. 아빠는 엄마와는 다르게 몸으로 즐겁게 놀면서 상호작용해 주면 더 좋다.

자녀와 영상을 같이 볼 때도 부모의 고관여 발화가 요구된다. 즉, 책 읽어 주기와 똑같이 대화를 풍부하게 이끌어 가면 영상을 시청하면서도 이해력과 어휘력을 높여 줄 수 있다. 동시에 세상에 대해 많은 것을 학습할 수 있는 기회가 된다.

초등 고학년 및 중고등생 자녀와도 대화를 풍부하게 나누어야 한다. 사춘기가 찾아와 쉽지 않을 수 있지만 책과 독서를 매개로 대화를 계속 이어 나갈 수 있다. 최소한의 독서라도 이어 가기 위해 책동아리를 활용하면 좋다. 그러면서 부모가 책의 내용과 관련해 확산적·개방적 질문을 하면 사고력과 문제해결 능력, 문해력을 모두 발달시킬 수 있다.

효과적인 독서 지도법

영유아기 자녀에게는 글자를 가르치려 하기보다는 그림책의 그림을 충분히 보도록 시간을 주면서 느낌을 살려 유창하게 읽어 주는 게 필요하다. 그런 경험을 충분히 한 유아는 나중에 유창하게 해독하면서 느낌까지 살려서 읽게 된다.

다양한 장르의 그림책을 골고루 활용하면서, 표지나 면지의 준텍스트para-text에도 눈길을 주면 대화가 늘어난다. 본문의 그림만 가지고도 이야기를 많이 할 수 있으니 어떤 날은 (특히 처음 읽는 그림책일 때) 그림 산책$_{picture-walking}$, 즉 그림만 쭉 넘겨 보며 이야기를 나누는 것도 추천한다. 영유아에게 책을 읽어 줄 때는 몸도 같이 많이 움직이면 효과적이다.

초등 저학년 때도 가정에 아이의 책이 여기저기 많이 놓여 있도록 풍부한 문해환경을 구성해 주자. 이때는 서점과 도서관에 꾸준히 책 나들이 가기에도 좋은 시기다. 유아기에 본 그림책 수준 이상으로 넘어가기가 힘들 수 있는데, 징검다리 역할을 하는 흥미진진하고 짧은 동화를 소개해 자신감을 갖게 해야 한다. 그리고 딱 이맘때가 소리 내어 읽기를 많이 연습해야 할 때이니 어색하지 않게 다양한 방법을 활용해 보자. 많은 아이가 녹음이나 녹화에 부담을 갖지 않고 재미있어하므로, 자신의 낭독이 어떻게 발전하는지 직접 느껴 보게 할 수 있다. 이렇게 읽기 유창성이 늘어야 읽기 이해에 더 많은 에너지를 사용할 수 있다.

저학년 자녀에게 독서 지도를 할 때는 조직도 같은 그래픽 오거나이저를 이용해 책을 읽고 요약한 내용이나 생각을 시각적으로 보기 좋게 구조화할 수 있게 도우면 좋다. 단어 수준으로만 써도 되고, 철자 실수가 있어도 괜찮은 시기다.

초등 중·고학년 때도 여전히 읽고 싶은 책을 읽을 수 있게, 즉 여가 독서(자유 독서)를 할 수 있게 배려해 주자. 독서 교육의 핵심은 읽기를 재미있게 해주는 것에서 벗어나지 않는다. "공부해라"만큼이나 "책 읽어라"라는 강요도 효과가 없으며, 가정에서 부모가 책 읽는 모델링을 보여 주고 분위기를 만들어 주는 게 필수적이다. 이때부터는 비문학 작품도 비율을 늘려 가면서 다양한 분야의 책을 접하게 해주는 게 좋다. 특히 정보책은 끊어 읽기, 중요한 내용에 하이라이트 하기, 모르는 단어를 사전으로 찾기 등의 연습을 하기에 적합하다. 신문 기사 같은 추가 자료를 탐색하면서 균형감을 갖추고 텍스트 간의 관계를 이해하는 상호텍스트성도 연습할 수 있다. '독서교육 종합지원 시스템'을 활용하면 읽은 책에 대한 기록을 남길 수 있어 유용하다.

중고등학교 때도 아이가 책을 놓지 않게 해야 한다. 고등학교 때는 진로 준비를 위해 독서할 기회를 만들기가 어렵지만 중학교 때까지는 책 읽을 여유를 충분히 찾을 수 있다. 특히 방학이 여가 독서에 적합한 때이니 방학 특강만 듣게 하지 말고 최소 한두 권이라도 읽고 싶은 책을 찾아 읽으면서 의미 있는 시간을 보낼 수 있게 배려하자. 아이가 찾아 읽는 게 가장 좋지만, 자녀의 관심사 및 진로에 맞게 부모가 추천하는 것도 의미가 있다.

모든 책을 함께 읽기는 어렵더라도, 가끔은 부모가 자녀와 함께 같은 책을 읽으면 최상이다. 이를 위해 청소년 자녀와 가족 북 클럽을 함께 하는 것이 효과적이다. 독서는 양보다 질이 중요하다. 특히 중고생들은 한 권을 읽어도 뭔가를 얻어 낼 수 있는 독서를 하는 쪽으로 지도해야 한다. 여러 가지 자료를 동시에 읽는 방법, 비교문학적인 경험을 통해 종합적 독서와 주제통합적·비판적 독서를 시도할 수 있다. 추론 능력은 독서를 통해 키울 수 있는데 입시용 문제 풀기에까지 도움이 된다. 전문적인 일을 하기 위해서도 필수적인 부분이므로 독서가 이 능력을 강화한다는 것을 잊지 말자.

공부 잘하는 아이로 키우는 법

지금은 평생학습의 시대다. 대학 입시를 치르고 나면 공부가 끝나는 게 절대 아니다. 고등학교 때까지의 공부도 그 이후에 원하는 공부를 더 잘하기 위해 준비하고 방향성을 찾기 위한 것이고, 대학을 졸업해도 공부는 끝나지 않는다. 전문직일수록 평생학습을 해야 직업을 유지할 수 있다.

그런데 요즘 아이들은 과도한 학습량과 선행학습에 시달리고 있어 소진된 아이들이 너무 많다. 초등 5-6학년 때부터 번아웃이 와서 어떤 질문을 해도 사고가 시작되지 않고 멍한 상태를 보인다. 공부에 아예 무관심해지기도 한다. 영유아기부터 그렇게 많은 시간을 들여서 선행학습을 했는데 현행이 되었을 때 성취도가 낮은 현상이 반복되면 불필요한 좌절까지 너무 빨리 겪게 된다. 학습 동기를 잃고 학습된 무기력을 얻는 것이다.

왜 이런 일이 벌어질까? 우리 사회에 팽배해 있는 불안 때문에 그렇다. 특히 학원가에서는 불안을 마케팅 재료로 삼는다. '지금 이 공부 안 하면 큰일 난다', '또래 아이들은 지금 더 앞서 있다'는 식의 홍보로 부모의 불안을 부채질한다. 현재 학부모 세대는 자라면서 말도 안 되는 상대평가를 경험했고 지독한 시험 준비를 거쳤다. 그 과정에서 받았던 상처와 좌절감이 자녀 세대로 전이되고 있는 것이다. '지금은 경쟁이 더 치열하다던데 우리 아이가 나만큼 힘들면 어쩌지? 장차 좋은 직업을 못 가지면 어쩌지? 남들과 비교되는 대학에 들어가면 창피해서 어쩌지?' 이런 생각이 부모에게 불안으로 작용한다.

그래서 이 시대에 부모에게 요구되는 첫 번째 마음가짐은 과도한 불안을 떨쳐 내는 것이다. '이 아이만의 고유한 특성, 잠재력, 호기심, 흥미가 있다', '이 아이는 살아가면서 많은 것을 배워 갈 것이고, 당당하게 잘 살아갈 것이다'와 같은 믿음이 필요하다. 부모의 불안은 자녀에게 전이된다. 부모가 먼저 "너 점수가 이렇게 낮으면 어떻게 하려고 그래? 지금 5등밖에 못 하면 앞으로 어쩌려고? 큰일 나! 너 ○○대학 못 가."라고 말하면 불안의 언어가 아이의 심리로 옮아간다. 무엇보다도 아이의 학습은 아이 자신의 뇌로 하는 거라서, 어떤 부모도 대신 해줄 수 없다는 것을 기억해야 한다.

비싼 학원비를 대주고 입시 정보를 수집하는 것만이 좋은 부모의 역할의 전부가 아니다. 가장 중요한 것은 이 평생학습 시대에 자녀가 자기 주도적인 학습자가 되어야 한다는 것이다. 우선 사교육에 대해 자문해 보라. 아이가 이 사교육이 필요하다고, 하고 싶다고 했는지. 만일 그렇지 않은데 학원에 보내고 있다면 시간과 비용과 에너지를 낭비하고 있을 뿐이다. 학원에 아이가 '가는' 게 아니라, 그저 아이를 '보내고' 있는 것이다. 이 상황이 지속되면 부모-자녀 관계까지 나빠질 가능성이 높다. 무엇보다도 그 시간 동안 아이가 스스로 뭔가를 배울 수 있는 능력은 손상되고 있다.

너무 어릴 때부터 과도한 선행학습을 하면 스스로 공부하는 힘이 자라지 못한다. 그런 학생이 대학생이 되면, 과연 대학 공부를 잘해 나갈 수 있을까? 그렇지 않다. 대학 공부에는 학원이 없다. 본인 스스로 공부해야 하는 상황에서 학업을 못 따라가는 학생들이 정말 많아지고 있다.

어떤 특정 과목에 대해서 영재성을 보이는 아이도 있고, 집중적인 공부를 재미있어하는 경우도 있어서 선행학습 자체가 무조건 무의미한 것은 아니다. 그러나 대다수의 일반적인 아이들은 그렇지 않다. 발달 수준에 맞게 잘 짜인 게 교육과정이고, 의미 있는 성취는 요즘 말로 '현행'에 대한 결과다. 학생들을 세심하게 관찰해 보면, 선행학습을 아주 일찍부터 여러 번 반복했던 학생들이 제 학년이 되어서는 현행 성취도가 낮은 경우가 수두룩하다.

진정한 공부를 하려면 자기 내면에서 나오는 호기심과 그것을 끝까지 추구하게 하는 에너지가 필요하다. 입시 제도를 개인이 바꿀 수는 없고, 집중적인 공부와 치열한 경쟁을 해야 할 때도 있다. 그전까지는 자유롭게 자라며 에너지를 쌓아 가는 게 필요하다. 그래야 '그때'가 왔을 때 폭발적인 에너지로 자기 주도적인 공부를 할 수 있다.

아이만의 고유성을 인정하자. 아이는 부모가 믿는 만큼 자란다. 아이의 성장에 대해 불안해하는 것은 결국 못 믿어서 그런 것이다. 세상이 하도 무서워서 어떤 부모도 때로는 흔들리겠지만, 그때마다 다시 신념을 다져야 한다. 양육관이 통하는 배우자가 있다면 도움이 된다.

이 책에서 다룬 문해력은 모든 학습의 근간이 되는 요소로, 정말 중요하다. 그럼 문해력만 뛰어나면 평생 공부를 잘할까? 솔직히 그렇지는 않다. 학습 동기와 메타인지도 필수적이다. 스스로 공부를 하고자 하는 마음, 내가 얼마나 알고 있고 모르고 있는지, 어떻게 하면 더 공부를 잘할지, 어떻게 계획을 세워야 할지에 대한 감각과 사고도 필요하기에 이 부분도 같이 발달하도록 도와주어야 한다. 그래야 자녀가 자기 주도적 학습자가 될 수 있다. 아이가 자기 주도적 학습자가 된다면 부모는 걱정할 것 없이 밥 잘 먹이고 따뜻하게 잘 자게 해 주기만 하면 된다.

문해력에 대한 이야기로 마무리를 하자면, 강조하고 싶은 것은 한 가지다. 아이들이 문제 푸는 기계가 되게 하지 말고, 진짜 읽을거리를 읽을 기회를 주자. 대표적인 것은 당연히 책이다. 또한 부모가 곁에서 도와줄 수 있는 것은 대화하기다. 부모로서 내가 가진 힘을 의심하거나 무시해서는 안 된다. 아이에게 중요한 문해력은 부모가 상당 부분 키워 주는 것이다. 아이가 태어나서부터 부모의 품을 떠날 때까지 대화를 멈추지 말자.

　우리는 보통 공부를 단거리 경주가 아닌 마라톤에 비유하며 아이들에게 지치지 말라고 격려한다. 이에 비해 문해력 성장은 평생 걷기라고 생각한다. 천천히, 느긋하게, 그러나 쉬지 않고 걷는 것이다. 우리가 삶에서 움직일 수 있는 한 계속 움직여야 하는 것처럼 문해력의 발달은 계속되어야 한다. 자녀뿐 아니라 부모에게도 문해력의 성장은 필요하다. 자녀와 함께 책을 읽고 이야기를 나누면서 가족 모두의 문해력이 성장하는 계기가 되었으면 한다.

문해력, 무엇이든 물어보세요

Q 휴대폰을 많이 보는 것이 왜 나쁜가요?

A 휴대폰은 우리 생활을 돕는 정말 편리한 기기이지만, 과도하게 사용하면 단점이 많아요. 첫째, 내게 필요한 정보 외에 잡다하고 자극적인 콘텐츠에 현혹되어 시간을 낭비하기 쉬워요. 그런 사용이 습관화되면 계획에 따라 내 생활을 이끌지 못하는 사람이 됩니다. 둘째, 휴대폰으로 읽는 글은 대충 훑어보기 쉬워서 제대로 이해하지 못하는 경우가 많아요. 셋째, 휴대폰을 많이 보면 시력에도 부정적인 영향을 미칩니다. 휴대폰에서 나오는 블루라이트는 수면을 방해하니 자기 전에는 특히 피하는 게 좋아요.

Q 부모님과 학교 선생님은 왜 꼭 종이로 된 책을 읽으라고 하시나요?

A 전통적인 종이책은 만지며 책장을 넘길 수 있는 물성을 가져 독서의 습관화에 좋습니다. 반면 모니터나 디지털 기기로 읽을 때는 'F 자' 형태의 빠른 훑어 읽기를 하게 되어 읽기 능

력의 발달에 그다지 도움이 되지 않아요. 다독이나 속독보다 깊이 있게 생각하며 책을 정독하는 것이 가장 좋습니다.

Q 휴대폰으로 글을 읽어도 문해력이 느나요?
A 아무것도 읽지 않는 것보다는 낫습니다. 하지만 독자를 '낚기' 위한 글이나 상업적인 가짜 뉴스와 같은 온라인상의 저급한 글은 가려야 하고, 책을 읽을 때처럼 정독하는 습관을 가지도록 노력해야 해요.

Q 책을 읽을 때는 재미있는데 읽고 난 뒤에 남는 게 없는 것 같아요. 책을 많이 읽으면 자연스럽게 성적이 오르나요?
A 좋은 책을 읽었다면 아무것도 남지 않을 수는 없어요. 독서를 하면 읽기 유창성과 읽기 이해력이 모두 발달합니다. 이 능력은 학업에 직접적으로 도움이 되기 때문에 성적도 오르게 되지요. 한두 권의 책을 읽은 것 자체가 성적을 설명한다기보다는 독서로 인해 뇌 인지 발달이 촉진되는 것으로 볼 수 있어요. 독서는 가장 효율적인 전뇌운동입니다.

Q 독서 시간과 학업성적 간에 관계가 있나요?
A 정적인 상관관계가 있습니다. 즉, 책을 많이 읽은 학생의 성적이 더 좋습니다. 하지만 무조건 많이 읽는 것만이 유리한 것은 아니에요. 어떤 책을 얼마나 잘(제대로) 읽었는지가 더 중요합니다.

Q 중학생이 된 이후에도 독서 시간을 확보해야 하나요? 아니면 학교 시험에 집중하는 것이 나은가요?

A 중학생 시기에는 독서할 시간을 충분히 확보할 수 있어요. 학원 숙제나 학교 시험 준비에만 시간을 쓰는 것이 오히려 시간 낭비입니다. 이때 독서를 충분히 해야 탄탄한 문해력을 가지고 고등학교, 대학교에서도 어려움 없이 공부할 수 있음을 명심하세요.

Q 제가 읽고 싶은 책만 많이 읽어도 되나요?

A 누구도 세상의 수많은 책을 모두 읽을 수는 없습니다. 교육과정상 꼭 읽어야 하는 책은 읽되, 다른 시간에는 여가 독서를 충분히 하는 것이 좋아요. 공부와 직결되지 않더라도 읽고 싶은 책을 읽는 것이 좋습니다. 그래야 꾸준한 애독자가 될 수 있고 문해력도 자연스럽게 큽니다.

Q 그림 필기, 깜지, 실험, 문제 풀이 중 가장 효과적인 공부 방법은 무엇인가요?

A 자신에게 잘 맞는 것이 가장 효과적이니 하나씩 시도해 보세요. 다만 내용을 제대로 이해하기 전에 문제만 많이 푸는 것은 비효율적입니다. 집중하지 않고 습관적으로 반복해 쓰는 깜지도 추천하지는 않아요. 단기기억이 장기기억으로 전환되어야 진정한 학습이 이루어지므로, 효과적인 반복이 필요해요. 실험처럼 감각을 활용해 학습 내용을 직접 경험

해 보거나, 학습한 내용을 요약 및 정리하여 조직화하는 방법은 모두 좋습니다.

Q 갑자기 어려워진 내신과 수능 지문 읽기를 어떻게 대비하면 좋을까요?

A 고등학생이 되기 전에 어려운 글도 읽어 낼 수 있는 정도의 문해력을 갖추는 것이 우선시됩니다. 만약 아직 그 정도 수준이 아니라면 이제라도 다양한 글을 읽어 따라잡으려고 노력해야 해요. 설명문, 논설문, 신문 기사 등 수준 있는 글을 매일 꾸준히 읽어 보세요. 제목과 소제목을 먼저 새기고, 각 문단에서 중심 문장을 찾으며 문단별 제목을 지어 보세요. 시간에 구애받지 말고 기출문제를 천천히 읽어 내용을 파악해 보면 좋습니다. 독해 능력을 우선 갖춘 후에 점차 빠른 속도로 내용을 이해할 수 있도록 스키밍(훑어읽기)과 스캐닝(특정 정보 찾기) 전략을 활용하세요.

Q 고등학생을 위한 영역별 문해력 학습 방법에는 어떤 것이 있나요?

A 시나 소설 같은 문학작품은 여가 독서처럼 여유 있게 읽고 감상해서 나만의 관점을 형성한 다음, 참고서에서 제시한 타인의 관점과 비교해 보세요. 과학, 사회, 예술 등 다양한 영역에 대한 글은 국어 지문으로만 접하기보다는 해당 교과목에서 관련된 읽기를 많이 해야 돼요. 문제집 지문 외에

실제적인 글을 많이 찾아서 읽으세요. 내가 가장 관심 있는 영역을 다룬 수준 높은 논픽션 한 권을 처음부터 끝까지 읽어 보면 자신감이 생길 거예요.

Q 어려운 글이 나오면 겁부터 나요. 난이도가 낮은 글만 읽어도 되나요?

A 어려운 글을 접했을 때 불안하거나 겁이 나는 것은 읽기 효능감이 낮음을 의미합니다. 난이도가 너무 낮은 글은 문해력 성장에 도움이 되지 않아요. 모르는 단어가 15-20% 정도 포함된 글을 읽을 때 의미를 능동적으로 유추하며 이해하고 새로운 어휘도 배울 수 있습니다. 우선 관심 있는 주제의 글부터 수준을 올려 읽기에 도전해 보세요.

Q 언어 능력이 느는 건 어떻게 알 수 있나요?

A 언어 능력은 수용언어(듣기, 읽기), 표현언어(말하기, 쓰기) 또는 구어(듣기, 말하기), 문어(읽기, 쓰기)를 포함합니다. 아동의 언어 능력이 느는 것은 주로 말하기를 통해 드러납니다. 대화에서 모르는 단어를 되묻는 것을 통해서도 알 수 있지요. 문해력이 점차 늘면서는 읽는 책이나 쓴 글의 수준으로도 드러납니다. 특별히 또래에 비해 지연이 없다면 굳이 언어 능력 검사까지 할 필요는 없어요.

Q 한글을 읽을 수 있음에도 '문해력'을 따로 길러야 하는 이유는 무엇인가요?

A 읽기는 해독과 독해로 나뉘는데 문해력에서 훨씬 큰 부분을 차지하는 것은 독해, 즉 읽고 이해하는 것입니다. 해독이 중요한 시기는 초등 취학 무렵 2-3년뿐이에요. 하지만 독해와 같은 이해력은 현대사회를 살아갈 때 필요한 핵심 능력으로, 학업성취와 직무 능력, 대인 간 의사소통에 모두 영향을 주기에 반드시 원활하게 길러야 합니다.

참고문헌

교육부. 2015. 「국어과 교육과정」. 고시 제2015-74호.[별책5].
교육부·보건복지부. 2019. 「2019 개정 누리과정」.
권태형·주단. 2022. 『1일 1페이지로 완성하는 초등 국영수 문해력』. 북북북.
김경환. 2019. 「읽기 능력과 학업성취의 상관관계 연구」. 『리터러시연구』 10(3): 431-466.
김동일·조영희·정소라·고혜정. 2015. 「다층메타분석을 활용한 학습장애 및 학습부진 학생들의 어휘력 향상을 위한 중재효과분석」. 『특수교육학연구』 50(1): 121-145.
김윤정. 2021. 『EBS 당신의 문해력』. EBS BOOKS.
김은영·최효미·최지은·장미경. 2016. 『영유아 사교육 실태와 개선 방안 II』. 육아정책연구소.
김효은·최나야. 2023. 「유치원과 초등학교 부모 및 교사의 문해지도 비교: 아동의 한글 해득 수준을 중심으로」. 『열린유아교육연구』 28(3): 153-175.
남창훈. 2010. 『탐구한다는 것』(너머학교 열린교실 02). 너머학교.
문병상. 2012. 「내재적 읽기동기, 자기조절학습전략, 국어성취도 간의 종단적 관계」. 『아시아교육연구』 13(4): 143-162.
박경화. 2015. 『지구인의 도시 사용법』. 휴.
박만구. 2022. 『초등 수학익힘 4-2』. 천재교과서.
박세미. 2021. 4. 27. 「유튜브 빠져 책 안읽어…방과후교실서 국어 배울 판」. 조선일보. https://www.chosun.com/national/education/2021/04/27/NWS4LCICMBBAZM3QE3ZQICIKBA
박은아·송미영. 2008. 「고등학교 1학년 학생의 국어과의 읽기 능력과 사회과 학업성취도 간의 관계 분석」. 『사회과교육』 47(3): 241-266.
박일우. 2023. 『초등학교 과학 5~6학년군 과학 6-1』. 금성출판사.
방송통신위원회. 2020. 4. 3. 「코로나19 시기를 이겨내는 미디어 리터러시 백신 10가지」. https://www.korea.kr/news/policyNewsView.do?newsId=148870937

사교육걱정없는세상. 2020. 「영어유치원도 모자라 수학·과학 유치원? 과도한 평가 실시하며 유아 경쟁에 내몰아-2020 서울시 유아 대상 수학·과학학원 현황 분석」. https://noworry.kr/policyarchive/?q=YToyOntzOjEyOiJrZXl3b3JkX3R5cGUiO3M6MzoiYWxsIjtzOjQ6InBhZ2UiO2k6Mjt9&bmode=view&idx=5202276&t=board&category=726p36918L

사교육걱정없는세상. 2023. '영유아 사교육비 실태 설문조사' 결과 발표[회견 자료]. https://noworry.kr/policyarchive/?q=YToyOntzOjEyOiJrZXl3b3JkX3R5cGUiO3M6MzoiYWxsIjtzOjc6ImtleXdvcmQiO3M6MTk6IuyCrOq1kOycoeu5hCDsi6Ttg5wiO30%3D&bmode=view&idx=15662495&t=board

서울특별시교육청. 2022. 「서울교육중기발전계획위원회 최종보고서: 서울미래교육 2030」.

서울특별시교육청. 2023. 「2023학년도 3월 전국연합학력평가 국어 영역 문제지」. https://www.sen.go.kr/user/bbs/BD_selectBbsList.do?q_bbsSn=1036&q_bbsDocNo=&q_rowPerPage=10&q_currPage=9&q_sortName=&q_sortOrder=&q_clsfNo=&q_lwrkCdId=&q_searchKeyTy=&q_searchVal=&

서울특별시육아종합지원센터·스마트쉼센터. 2021. 『엄마, 아빠는 하면서 왜 나는 안 돼요?』.

양혜정. 2022. 『가족과 함께하는 독서토론과 글쓰기』. 선비북스.

엄훈. 2012. 『학교 속의 문맹자들: 한국 공교육의 불편한 진실』. 우리교육.

오선균. 2022. 『초등 문해력이 평생 성적을 결정한다』. 부커.

이대열. 2018. 『이대열 선생님이 들려주는 뇌과학과 인공지능』. 우리학교.

이봉주. 2006. 「초등학교 3학년 학생의 기초수학능력과 읽기 능력의 상관 분석」. 『수학교육』 45(1): 97-104.

이순영. 2012. 「21세기의 독서와 독서 교육」. 『새국어생활』 22(4): 37-47.

이순영. 2019. 『청소년 독자·비독자 조사 연구』. 한국출판문화산업진흥원.

이윤환·나덕렬·정해관·홍창형·백종환·김진희·김시헌·김윤구. 2009. 「치매예방을 위한 생활습관」. Journal of Korean Geriatrics Society, 13(2): 61-68.

이향안. 2012. 『2등을 기록하는 역사책』. 현암사.

인천광역시교육청. 2023. 「2023학년도 7월 전국연합학력평가 수학 영역 문제지(미적분)」. https://www.ice.go.kr/boardCnts/view.do?boardID=530&boardSeq=2483410&lev=0&searchType=S&statusYN=W&page=1&s=ice&m=0319&opType=N

임태훈. 2019. 『중학교 과학 2』. 비상교육.

전초원·성현란. 2017. 「스마트폰 과다사용이 유아의 기억과 추론에 미치는 영향: 이야기

회상, 일반 추론 및 사회적 추론을 중심으로」.『한국심리학회 학술대회 자료집』.
정수정·최나야. 2012.「만 5세 때의 가정문해환경과 독서경험이 초등학교 1학년 아동의 읽기동기와 읽기능력에 미치는 영향」.『어린이미디어연구』11(2): 193-223.
정수정·최나야. 2018.「초등학생 읽기동기 척도의 타당화 및 규준 연구」.『아동교육』27(1): 215-240.
정춘순. 2014.『유아·아동을 동반한 가족 독서치료 프로그램(EAP적용)』. 한국독서치료연구소.
정현선·장은주. 2021.『2022 개정 교육과정의 미디어 리터러시 교육 강화 방안』. 한국청소년정책연구원.
조미아. 2007.「독서방식이 아동의 창의력과 자기주도적 학습능력 성향에 미치는 영향 비교 연구」.『한국문헌정보학회지』41(1): 33-54.
중앙치매센터. 2018. 중앙치매센터, '2016년 전국 치매역학조사' 결과 발표[보도자료].
채창균·신동준. 2015. 독서, 신문읽기와 학업성취도, 그리고 취업. 한국직업능력개발원.
초록우산어린이재단. 2021. 10. 7.「"의심 가도 따로 확인 안 해요." 아동의 과반수 이상 뉴스 기사 사실 여부 확인 안 해[보도자료]」. https://www.childfund.or.kr/news/bizView.do?bdId=20026442&bmId=10000027#!
최나야. 2012.「가정문해환경, 어머니의 문해신념과 양육효능감이 유아와 어머니의 그림책 읽기 상호작용에 미치는 영향」.『아동학회지』33(6): 109-131.
최나야·박유미·최지수. 2020.「기관 내외 교육과 어머니의 영어교육 신념이 유아의 영어 흥미에 미치는 영향: 일반유치원과 영어학원 유치부의 비교」. *Family and Environment Research*, 58(4): 585-599.
최나야·정수정. 2021.『초등 문해력을 키우는 엄마의 비밀 1, 2단계』. 로그인.
최나야·정수정. 2022.『초등 문해력을 키우는 엄마의 비밀 3단계』. 로그인.
최나야·정수지·최지수·김효은·박상아. 2022a.『EBS 문해력 유치원: 우리 아이 문해력 발달의 모든 것』. EBS BOOKS.
최나야·정수지·최지수·박상아·김효은. 2022b.「균형적·통합적 유아 문해교육 프로그램이 유아의 기초문해력에 미치는 효과」.『인지발달중재학회지』13(1): 21-49.
최상덕. 2018.『행복한 교육: OECD 교육 2030에 대하여』. 교육부.
편지애·김효은·최나야. 2022.「초등학교 고학년 아동과 어머니의 여가독서 실태와 모델링」.『한국아동학회 학술발표논문집』, 142-142.
한국교육과정평가원. 2020.「2021학년도 대학수학능력시험 수학영역 가형[문제지]」. https://www.suneung.re.kr/boardCnts/list.do?boardID=1500234&m=0403&s=s

uneung#contents

한국교육과정평가원. 2022. 「2023학년도 대학수학능력시험 국어영역[문제지]」. https://www.suneung.re.kr/boardCnts/list.do?boardID=1500234&m=0403&s=suneung#contents

한국교육학술정보원. 2022. 『2022년 국가수준 초·중학생 디지털 리터러시 수준 측정 연구』.

한국직업능력개발원. 2018. 「우리나라 고등학생들의 독서 활동 실태 분석」. KRIVET Issue Brief.

加藤映子. 2020. 『思考力·讀解力·傳える力が伸びるハーバードで學んだ最高の讀み聞かせ』. かんき出版. (오현숙 옮김, 『하버드에서 배운 최강의 책육아』, 길벗, 2023.)

Accardo, A. P., Genna, M., & Borean, M. 2013. "Development, Maturation and Learning Influence on Handwriting Kinematics." *Human Movement Science*, 32(1): 136-146.

Attig, M., & Weinert, S. 2020. "What Impacts Early Language Skills? Effects of Social Disparities and Different Process Characteristics of the Home Learning Environment in the First 2 Years." *Frontiers in Psychology*, 11: 557751.

Becker, M., McElvany, N., & Kortenbruck, M. 2010. "Intrinsic and Extrinsic Reading Motivation as Predictors of Reading Literacy: A Longitudinal Study." *Journal of Educational Psychology*, 102(4): 773-785.

Caponera, E., Sestito, P., & Russo, P. M. 2016. "The Influence of Reading Literacy on Mathematics and Science Achievement." *The Journal of Educational Research*, 109(2): 197-204.

Choi, N., Sheo, J., Jung, S., & Choi, J. 2022. "Newspaper Reading in Families with School-Age Children: Relationship between Parent-Child Interaction Using Newspaper, Reading Motivation, and Academic Achievement." *International Journal of Environmental Research and Public Health*, 19(21): 14423.

Daud, A., Aman, N., Chien, C., & Judd, J. 2020. "The Effects of Touch-screen Technology Usage on Hand Skills Among Preschool Children: A Case-control Study." *F1000 Research*, 9: 1306.

Dehaene, S. 2009. *Reading in the Brain: The Science and Evolution of a Human Invention*. Viking Adult. (이광오·배성봉·이용주 옮김, 『글 읽는 뇌』, 학지사, 2017.)

Escolano-Pérez, E., Herrero-Nivela, M., & Losada, J. 2020. "Association between Preschoolers' Specific Fine But Not Gross Motor Skills and Later Academic Competencies: Educational Implications." *Frontiers in Psychology*, 11: 1044.

Farrant, B. M., & Zubrick, S. R. 2012. "Early vocabulary development: The importance of joint attention and parent-child book reading." *First Language*, 32(3): 343-364.

Feder, K., & Majnemer, A. 2007. "Handwriting Development, Competency, and Intervention." *Developmental Medicine and Child Neurology*, 49(4): 312-317.

Grissmer, D., Grimm, K. J., Aiyer, S. M., Murrah, W. M., & Steele, J. S. 2010. "Fine Motor Skills and Early Comprehension of the World: Two New School Readiness Indicators." *Developmental Psychology*, 46(5): 1008-1017.

Hannon, P., & Nutbrown, C. 1997. "Teachers' Use of a Conceptual Framework for Early Literacy Education Involving Parents." *Teacher Development*, 1(3): 405-420.

Hart, B., & Risley, T. R. 1995. *Meaningful Differences in the Everyday Experience of Young American Children*. Baltimore, MD: Paul H Brookes Publishing.

Leech, K., McNally, S., Daly, M., & Corriveau, K. 2022. "Unique Effects of Book-Reading at 9-months on Vocabulary Development at 36-months: Insights from a Nationally Representative Sample of Irish Families." *Early Childhood Research Quarterly*, 58: 242-253.

Miller, G. A., & Gildea, P. M. 1987. "How Children Learn Words." *Scientific American*, 257(3): 94-99.

National Assoiation for Media literacy Education. 2020, September. Media Literacy! [pdf]. https://namle.net/wp-content/uploads/2020/09/media_literacy_onesheet.pdf

O'Reilly, T., & McNamara, D. S. 2007. "The Impact of Science Knowledge, Reading Skill, and Reading Strategy Knowledge on More Traditional 'High-Stakes' Measures of High School Students' Science Achievement." *American Educational Research Journal*, 44(1): 161-196.

Park, J., Choi, N., No, B., & Kim, M. 2019. "English Learning Motivation and Demotivation of Korean EFL Students: Relationship with English Learning Time." *International Conference on Early Childhood Development(ICECD)*, 2019, 7-12.

Paulson, J. F., Keefe, H. A., & Leiferman, J. A. 2009. "Early Parental Depression and

Child Language Development." *Journal of Child Psychology and Psychiatry*, 50(3): 254-262.

Pinaud, F. 2018. *Ma vie sous algorithmes*.(허린 옮김,『세상을 읽는 커다란 눈 알고리즘』, 다림, 2019.)

Rueckriegel, S., Blankenburg, F., Burghardt, R., Ehrlich, S., Henze, G., Mergl, R., & Hernáiz Driever, P. 2008. "Influence of Age and Movement Complexity on Kinematic Hand Movement Parameters in Childhood and Adolescence." *International Journal of Developmental Neuroscience*, 26(7): 655-663.

Shanahan, T., & Lonigan, C. 2010. "The National Early Literacy Panel: A Summary of the Process and the Report." *Educational Researcher*, 39(4): 279-285.

Silander, M., Grindal, T., Hupert, N., Garcia, E., Anderson, K., Vahey, P., & Pasnik, S. 2018. *What Parents Talk about When They Talk about Learning: A National Survey about Young Children and Science*. Education Development Center, Inc.

Skeide, M. A., Kumar, U., Mishra, R. K., Tripathi, V. N., Guleria, A., Singh, J. P., Eisner, F., & Huettig, F. 2017. "Learning to Read Alters Cortico-subcortical Cross-talk in the Visual System of Illiterates." *Science Advances*, 3(5), e1602612.

Stanovich, K. E. 2004. "Matthew Effects in Reading: Some Consequences of Individual Differences in the Acquisition of Literacy." In David Wray (ed.), *Literacy: Major Themes in Education*, vol. II (pp. 97-167). Routledge.

Strouse, G. A., O'Doherty, K., & Troseth, G. L. 2013. "Effective Coviewing: Preschoolers' Learning from Video after a Dialogic Questioning Intervention." *Developmental Psychology*, 49(12): 2368-2382.

Swain, J., Brooks, G., & Bosley, S. 2014. "The Benefits of Family Literacy Provision for Parents in England." *Journal of Early Childhood Research*, 12(1): 77-91.

Uhls, Y. T., & Robb, M. B. 2017. "How Parents Mediate Children's Media Consumption." In F. C. Blumberg & P. J. Brooks (eds.), *Cognitive Development in Digital Contexts* (pp. 325-343). Elsevier Academic Press.

Valcke, M., Bonte, S., De Wever, B., & Rots, I. 2010. "Internet Parenting Styles and the Impact on Internet Use of Primary School Children." *Computers & Education*, 55(2): 454-464.

Vaterlaus, J. M., Beckert, T. E., Tulane, S., & Bird, C. V. 2014. "They Always Ask What I'm Doing and Who I'm Talking to: Parental Mediation of Adolescent Interactive

Technology Use." *Marriage & Family Review*, 50(8): 691-713.

Wellington, J., & Osborne, J. 2001. *Language and Literacy in Science Education*. Open University Press.(임칠성·김종희·전은주·박종원·원진숙·이창덕·심영택·최재혁·박철웅 옮김, 『과학 교실에서 언어와 문식력』, 교육과학사, 2010.)

Whitehurst, G. J., & Lonigan, C. J. 1998. "Child development and Emergent Literacy." *Child Development*, 69(3): 848-872.

Whitehurst, G. J., Falco, F. L., Lonigan, C. J., Fischel, J. E., DeBaryshe, B. D., Valdez-Menchaca, M. C., & Caulfield, M. 1988. "Accelerating Language Development Through Picture Book Reading." *Developmental Psychology*, 24(4): 552-559.